Bibliografische Information der Deutschen Nationalbibliothek:

Die Deutsche Nationalbibliothek verzeichnet diese Publikation in der Deutschen Nationalbibliografie; detaillierte bibliografische Daten sind im Internet über http://dnb.d-nb.de abrufbar.

Impressum:

Copyright © 2014 ScienceFactory

Ein Imprint der GRIN Verlags GmbH

Druck und Bindung: Books on Demand GmbH, Norderstedt, Germany

Coverbild: pixabay.com

David Lynch. Der Film als Kunstwerk

Analysen und Interpretationen der Filme *Lost Highway*, *Blue Velvet* und *Mulholland Drive*

Sema Kara: Postmoderne Tendenzen in David Lynchs Film
Blue Velvet (1986)

Einleitung

> „Es begann mit dem Lied "Blue Velvet" von Bobby Vinton, das 1964 herauskam. Durch das Lied kam ich auf die Idee mit dem Geheimnis, dass sich hinter der Fassade einer ruhigen Kleinstadt verbarg. Ich wollte eine Frau eine Nacht lang heimlich in ihrem Zimmer beobachten und dabei möglichst einen Hinweis zur Lösung des Rätsels finden. Dann kam ich auf die Idee mit dem Ohr. Es sollte den Übergang in eine andere Welt eröffnen. Aus einer Reihe solcher Ideen fügte sich ein Rahmen für eine Geschichte zusammen, in die ich die fehlenden Teile nach und nach einsetzte."[1]

David Lynchs Erläuterung zu Ursprung und Handlung seines Filmes „Blue Velvet"[2] von 1986 lässt im ersten Blick nicht darauf schließen, dass es sich hier um den Prototyp des postmodernen Films handelt[3]. Bei seinem Erscheinen löste der Film Stürme der Begeisterung ob seiner strukturellen und visuellen Unkonventionalität aus, genauso heftig war jedoch die Kritik an den exzessiven Gewalt – und Sexualdarstellungen des Filmes[4]. Wie kann es sein, dass ein - und derselbe Film von den Einen als Juwel des Avantgarde – Kinos gefeiert, von anderen aber als quasi – pornografisches und misogynistisches Sittengemälde verteufelt wird? Die Antwort liegt hier in der postmodernen Struktur des Films, die vielfältige Rezeptionen ermöglicht und fast schon herausfordert. Aber was bezeichnet der gleichzeitig schwer definierbare und beinahe schon inflationär gebrauchte Begriff *Postmoderne*, der aus der Literaturtheorie in die Architektur und dann in die bildenden Künste übertragen wurde, überhaupt? Auch in die Filmwissenschaft hat die Postmoderne Einzug erhalten, hier stellt der postmoderne Film eine „zum klassischen Erzählfilm gegen- läufige Form"[5] dar.

In der vorliegenden Arbeit soll nun betrachtet und begründet werden, ob und warum „Blue Velvet" tatsächlich einen der typischsten postmodernen Filme darstellt. Hierfür soll zu Beginn eine allgemeine Definition der Postmoderne

---

[1] Lynch, David. In: Mysteries of Love – Dokumentation. Blue Velvet, USA 1986, R: David Lynch. DVD (MGM Gold Edition 2004). 00:49 – 01:30.

[2] Blue Velvet, USA 1986, R: David Lynch.

[3] Vgl. Denzin, Norman K.: *Blue Velvet*. Postmodern Contradictions, in: Theory, Culture and Society 5 (1988), S. 461 – 73, hier: S. 469.

[4] Vgl.Ebd. 467.

[5] Dabbert, Julia: Wiederholung und Spiegelung - Mittel der Variation im Werk von David Lynch am Beispiel von Inland Empire, in: Kerstin Stutterheim (Hrsg.): Studien zum postmodernen Kino. David Lynchs *Inland Empire* und Bennett Millers *Capote*, Frankfurt am Main 2011, S. 23 – 83, hier S. 29

folgen, im Anschluss dazu werden der postmoderne Film und seine typischen Merkmale betrachtet. Jens Eders Kriterien für den postmodernen Film in seiner Abhandlung „Oberflächenrausch" werden hierfür als Referenzpunkt dienen.

Diese Kriterien sollen in der anschließenden praktischen Analyse auf den Film „Blue Velvet" angewendet werden. Zudem soll eine kurze Betrachtung des Werkstils von David Lynch die Analyse von „Blue Velvet" abrunden und gängige Stilmerkmale des Regisseurs aufzeigen.

Die Postmoderne – Versuch einer Begriffsdefinition

> „Die Postmoderne, wie sie im folgenden dargestellt wird, ist die Ära der Indifferenz."[6]

Pluralität, Austauschbarkeit, Fragmentierung, Oberflächlichkeit, Ironie – Stichworte, denen man im Zusammenhang mit der Postmoderne häufig begegnet. Aber was genau bezeichnet der Begriff *Postmoderne*? Eine Epoche? Ein ästhetisches Phänomen? Eine Ideologie? Die inhärente Schwierigkeit der Definition des Begriffes spiegelt die heterogene Struktur der Postmoderne wider. Mal wird sie als ästhetische Reaktion auf politische Mechanismen bestimmt[7], mal als ideologisches Konstrukt[8], für andere mag sie lediglich als Element der narzisstischen Bestätigung von obsolet gewordenen Akademikern als Phantom in die Welt gesetzt worden sein[9]. Kein Definitionsansatz gleicht hier dem anderen; dennoch lassen sich zwei Fixpunkte in der Diskussion um die Postmoderne festmachen: zum einen spiegelt die Unstimmigkeit und radikale Pluralität der akademischen Meinungen das Wesen der Postmoderne als Austragungsort intellektueller, ästhetischer und politischer Debatten wider, das Homogenität und Vorhersehbarkeit leugnet[10]. Zum anderen suggeriert das Wort Post – Moderne, dass dieses Phänomen eine Liaison zur Epoche der Moderne aufweisen könnte.

Die Debatte um die Postmoderne wurde ursprünglich in den späten 1950er Jahren in Amerika in den akademischen Diskurs eingeführt, geprägt wurde der Begriff von den amerikanischen Literaturwissenschaftlern Harry Levin und Irving Howe zur Bezeichnung der Literatur nach dem zweiten Weltkrieg[11]. Die amerikanische Schriftstellerin und Essayistin Susan Sontag griff das Thema Mitte der 60er Jahre in den Intellektuellen – Kreisen New Yorks auf, und rückte die postmoderne Transgression der Grenzen zwischen Hoch– und Populärkultur in den Fokus ihrer Betrachtungen[12]; dieses Element der Postmoderne ist bis heute eine ihrer

---

6 Zima, Peter V.: Moderne/ Postmoderne. Gesellschaft, Philosophie, Literatur, Tübingen 2001, S.44.

7 Featherstone, Mike: In pursuit of the Postmodern: An Introduction, in Theory, Culture and Society 5 (1988), S. 195 – 215, hier: S. 195.

8 Ebd. 22f.

9 Zitiert nach Featherstone 195.

10 Vgl. Brooker, Peter, Will Brooker (Hrsg): Postmodern After – Images. A Reader in Film, Television and Video, London 1997. S. 21.

11 Vgl.. Zima 255.

12 Vgl. Sandbothe, Mike: Was heißt hier Postmoderne? – Von diffuser zu präziser Postmoderne – Bestimmung, in: Andreas Rost, Mike Sandbothe (Hrsg.): Die Filmgespenster der Postmoderne, Frankfurt am Main 1998. S. 41 – 54, hier: S.43.

herausragendsten und am kontroversesten diskutierten Eigenschaften. Mitte der 70er Jahre wird die Postmoderne-Debatte durch den amerikanischen Architekturtheoretiker Charles Jencks nach Europa und auf die bildenden und visuellen Künsten, Architektur und Musik übertragen[13]. In Europa wird Ende der 70er Jahre die akademische Rezeption des Phänomens durch vor allem französische Philosophen wie Jean – François Lyotard, Jacques Derrida und Jean Baudrillard initiiert[14]. In Deutschland ist die Postmoderne – Debatte, die ab den 80ern Einzug erhält und zu diesem Zeitpunkt bereits in den USA längst akademisch etabliert ist, geprägt von einer dezidiert unakademischen Herangehensweise: der Widerstand im deutschen Universitätsumfeld gegen die etablierten akademischen und französischen Konzepte verlagert die Analyse der Postmoderne ins Feuilleton deutscher Tagesblätter und führte durch die überspitzte Darstellung der Massenmedien zu superfiziellen Vorurteilen, die erst in den 90er Jahren im wissenschaftlichen Diskurs abgebaut werden sollen[15]. Mike Sandbothe ordnet die Missverständnisse, die in der frühen deutschen Postmoderne – Debatte aufkamen, vier Analysebereichen zu: dem *Epochenmissverständnis,* dem *Moderne – Missverständnis,* dem *anything – goes – Missverständnis* und dem *Kompensationsmissverständnis*[16]. Das *Epochenmissverständnis* und das *Modernemissverständnis* haben ihren Ursprung in der Etymologie des Wortes Post - Moderne. Entgegen der herkömmlichen Bedeutung des Präfixes *post-,* das auf etwas Nach- folgendes hinweisen soll, ist die Postmoderne weder als „epochale Überbietung"[17] noch als „radikale Verabschiedung der Tradition"[18] der Moderne zu verstehen. Die Postmoderne ist keine Epoche, die die Moderne ersetzen oder ablösen will – denn gerade dieses teleologische Bestreben würde dem Ethos der Postmoderne, die Metanarrativen leugnen will[19], widersprechen. Gerade die Koexistenz von Gegensätzlichkeiten ist signifikant für die Post- moderne und führt zu einer synchronen und vielfältigen Zeitauffassung, die fernab eines totalisierenden Geschichtsempfindens liegt. Eine treffende Bestimmung des postmodernen Denkens lässt sich bei Jean – François Lyotard, dem bekanntesten Vertreter der philosophischen Postmoderne, finden. Dieser betrachtet die

---

[13] Vgl. Sandbothe 43 und Featherstone 203.
[14] Vgl. Featherstone 203.
[15] Vgl. Sandbothe 43.
[16] Vgl. Sandbothe 44 – 52.
[17] Vgl. Ebd. 44.
[18] Ebd.
[19] Vgl. Butler, Christopher: Postmodernism: A Very Short Introduction, Oxford 2002. S. 13.

Postmoderne als radikalere moderne Denkweise und eine der Moderne innewohnende kritische Gegenbewegung[20].

Die Abschaffung einer totalisierenden Metanarrative eröffne einen Raum für die Pluralität der Sprache und ermögliche die Synthese widersprüchlicher Gegebenheiten und einer resultierenden Erweiterung der Wahrnehmung[21]. Weiterhin führt Lyotard an, dass es grundlegend falsch wäre, das Präfix post- als Zeichen einer Periodisierung zu sehen, da eine epochale Einteilung ein modernes oder gar klassisches Konzept wäre, das in der Postmoderne nicht mehr haltbar sei[22]. Die postmoderne Neuzeitkritik an Periodisierung und Totalisierung ergibt sich aus ihrer Leugnung der Aufklärung und des Logozentrismus: nach den Grausamkeiten des zweiten Weltkrieges scheint es unmöglich ein, das Subjekt als ein Wesen anzusehen, das seine Vernunftbegabung nicht zum Nachteil andere nutzen kann und will, somit werden die Errungenschaften der Aufklärung hinfällig und fast schon zynisch in der Postmoderne betrachtet[23]. Es gibt keine monolithische Vernunft, nur verschiedene Vorstellungen von vernünftigem Handeln, gemäß der Pluralität der Postmoderne. Dies stellt jedoch keinen Bruch mit der Logik der Moderne dar, da die Postmoderne immer im Hinblick auf die Moderne gedacht werden muss und „die Moderne [...] konstitutiv und andauernd mit ihrer Postmoderne schwanger [geht]"[24]. Die Postmoderne als Intensivierung der Moderne ist jedoch am deutlichsten in der Franz – Fechner – Regel illustriert, die besagt, dass Moderne, Modernismus und Postmoderne zusammen gedeutet werden müssen[25]. Modernismus ist hier als die kritische Betrachtung der modernen Kunst – und Literaturformen zu verstehen, sprich eine der Moderne innewohnende Selbstkritik[26]. Dier Postmoderne kann demnach als die Steigerung des Modernismus gesehen werden, die aber nicht wie die Neuzeitkritik durch Kant, Nietzsche und Rousseau im 18. Und 19. Jahrhundert und die Avantgarde im 20. Jahrhundert existentielle, historische und politische Probleme mit ihrer Kritik erörtern will[27].

Ästhetisch lässt sich die Postmoderne ebenfalls als eine neuen Denkart der Moderne betrachten: die Merkmale der Moderne, wie die ästhetische Reflexivität, das

---

[20] Vgl. Featherstone 198.
[21] Vgl.. Ebd. 196.
[22] Vgl. Ebd. 198.
[23] Vgl. Zima 52 f.
[24] Vgl. Sandbothe 48.
[25] Zima 25.
[26] Vgl. Ebd. 27f.
[27] Vgl. Ebd. 30.

Bevorzugen von Montage – und Collagetechniken gegenüber einer einheitlichen Narration, die kritische Hinterfragung der Realität und die Fragmentierung des Subjekts[28] lassen sich auch in den Topoi der Postmoderne wiederfinden: Pluralität der Stile und Lebensformen, die Ungläubigkeit an eine sinnstiftende Metaerzählung, das Auflösen des Subjekts und die Leugnung einer linearen Historizität[29]. Der Unterschied ist hier jedoch, dass der moderne Mensch angesichts der Brüche mit der Tradition, seiner neu empfundenen Abkopplung von der Geschichte und neuen Wahrnehmung in der Orientierungslosigkeit der Großstadt den- noch einen Sinn, einen Anker suchte[30]. Der postmoderne Mensch hat dieses Vorhaben je- doch aufgegeben, da die Welt keinen allgemeingültigen Sinn bieten kann; stattdessen feiert der postmoderne Mensch zynisch das, was der moderne Mensch noch lamentierte[31].

Das *anything – goes* – Missverständnis, das Sandbothe als nächstes anführt, ist ein Resultat aus der Synthese des Epochen - und Modernemissverständnisses: da die einzigen Anliegen der Postmoderne in der Überbietung und dem Missverstehen der Moderne als reine Epoche der Totalisierung liegen, muss die Postmoderne ein Phänomen der Beliebigkeit, Anarchie und Orientierungslosigkeit sein[32]. Dass dies nicht zutrifft, zeigen die bereits genannten Stilmerkmale der postmodernen Ästhetik. So wurde fälschlicherweise die post- moderne Pluralität von Meinungen und Stilen und Leugnung von Totalisierungen pejorativ als Beliebigkeit gewertet, und nicht als eine wahrheitsgetreuere Wahrnehmung der Realität: denn die Wirklichkeit ist chaotisch und komplex anstatt linear und fordert eine immer-während Flexibilität des Denkens und Handelns, die im postmodernen Denken sensibilisiert werden soll[33].

Durch die Tatsache, dass die Postmoderne als beliebiges, frivoles Freizeitvergnügen ohne Substanz betrachtet wurde, folgt das *Kompensationsmissverständnis*. Dieses besteht darin, die Postmoderne als „kulturelles Surrogatphänomen"[34] zu verstehen, das die Umbrüche der Moderne divertierend abmildern und das Individuum in ein oberflächliches Vakuum packen soll. Diese Ansicht beherbergt zweierlei Vorurteile: nämlich, dass die

---

[28] Vgl. Featherstone 202.
[29] Vgl. Zima 102.
[30] Vgl. Featherstone 199.
[31] Vgl. Woods, Tim: Beginning Postmodernism, Manchester 1999. S.8.
[32] Vgl. Sandbothe 49.
[33] Vgl. Ebd. 50.
[34] Ebd

Postmoderne ein rein ästhetisches Phänomen sei und dass Kunst und Kultur nur in ihrer kompensatorischen Funktion für die Gesellschaft von Nutzen wären.

Vor allem die marxistische Kulturkritik reduziert die Postmoderne auf ihr Dasein als Überbau für die reale ökonomische Basis, das nicht autonom bestehen kann. Somit wird der Kultur jegliche wirklichkeitsformende Macht abgestritten, was gerade in den Tagen des Internets und dem Einfluss von Social – Media – Plattformen nicht der gelebten Wirklichkeit entspricht.

Stellvertretend für die marxistische Kulturkritik der Postmoderne steht das Werk „Postmodernism, or, the cultural logic of late capitalism" des amerikanischen Literaturtheoretikers Fredric Jameson. Hier skizziert er die Postmoderne als ästhetische und kulturelle Dominante und Überbau des Spätkapitalismus, den resultierenden Warencharakter der Kultur, Konsumorientierung des Individuums und die Erscheinungsformen der Postmoderne in Architektur, Literatur, Malerei, Wirtschaft, Film und Fernsehen. Jameson definiert die Postmoderne durchwegs negativ und weist ihr folgende Merkmale zu: eine profunde Oberflächlichkeit, Abflachen der historischen Wahrnehmung, Beliebigkeit, Missachtung der Grenzen zwischen Hoch – und Populärkultur, Schizophrenie des Subjekts aufgrund fehlender eindeutiger Interpretationsmöglichkeiten von Kunst und Realität aufgrund der Nicht-Referenzialität von Signifikanten und Pastiche als neue Kunstform[35]. Vor allem das Pastiche und das Abflachen der historischen Wahrnehmung nehmen in Jamesons Abhandlung über die Postmoderne eine entscheidende Rolle ein: dadurch, dass Geschichte in der Postmoderne nicht länger als ein monolithisches Faktum, sondern als subjektiver Diskurs wahrgenommen wird den jedes Individuum anders gestaltet, kommt es zu einer Abflachung der historischen Dimension, die wiederum das Einreißen von ästhetischen Genre- grenzen begünstigt und dem Pastiche – dem oberflächlichen Nebenordnen verschiedener Stile und Epochen ohne Rücksicht auf die ursprüngliche Bedeutung – den Vorrang vor einem originären künstlerischen Ausdruck gibt. Das Subjekt wird nicht mehr mit einem Kunstwerk konfrontiert, sondern mit einer *Bricolage* vergangener Stilepochen, die in ihrer neuen Zusammensetzung und Kontextualisierung keinerlei emotionale Reaktionen mehr hervorrufen können, da sie aus ihrem ursprünglichen Kontext gerissen wurden und lediglich auf sich selbst verweisen.

---

[35] Vgl. Jameson, Fredric: Postmodernism, or, the Cultural Logic of Late Capitalism, Durham 1991. S.6.

Der Grund für die negative Herangehensweise Jamesons an die Postmoderne mag in seiner Argumentationsstruktur liegen: durch die Anwendung einer marxistischen Meta- narrative will Jameson die Postmoderne zu einer solchen formen und sie als historische Epoche periodisieren; ein Unternehmen, das aufgrund der Struktur der Postmoderne nur scheitern kann[36].

Des weiteren sind Jamesons Ansichten von einer tiefen Nostalgie gekennzeichnet, er bedauert die Fragmentierung und Entfremdung des Subjekts und fordert die Einheitlichkeit des Ich – eine zutiefst bourgeoise Sehnsucht, die Jameson daran hindert, die Vielfalt und Pluralität der Postmoderne zu erkennen.

Jamesons These, dass postmoderne ästhetische Produkte lediglich Nachahmungen vergangener Kunstwerke seien, die auf keinen transzendentalen Signifikanten mehr verweisen können und dadurch nicht analysierbar und zutiefst selbstreferentiell werden, stützt der französische Philosoph Jean Baudrillard. Realität existiert in der Postmoderne nicht mehr, das, was Wirklichkeit genannt wird, besteht aus Simulacra, die eine Hyperrealität erschaffen, die auf sich selbst verweist und die Stelle der Realität einnimmt. Im Zeitalter der Re-Produktion bricht die Dichotomie zwischen Imaginärem und Realem zusammen; Wirklichkeit, Sinn, Wahrheit und Geschichte verschwinden und die Welt wird vom Schein überwuchert[37].

Die gegensätzlichen Positionen in der Postmoderne – Debatte, die hier zum Einen exemplarisch in der negativen Wahrnehmung von Baudrillard und Jameson – die in der Postmoderne den Untergang der Wirklichkeit und Geschichte kritisieren – zum Anderen in der positiven von Lyotard – der in der Postmoderne die Chance einer neuen Diversität der Meinungen und Ausdrucks sieht, unterstreichen die Schwierigkeit, eine einheitliche Definition der Postmoderne festzusetzen. Will man dennoch versuchen die diametral entgegengesetzten Position zu vereinbaren, so lässt sich folgendes feststellen: die Postmoderne ist sowohl ein ästhetisches als auch politisches Phänomen und geht mit einem Umschwung in Produktions – und Konsummechanismen von Kultur einher. Ästhetisch distanziert sie sich vom Innovationsprinzip der Moderne und setzt stattdessen auf einen spielerisch-ironischen Umgang mit bestehenden Ausdrucksformen und Kunstprodukten

---

[36] Vgl. Zima 92.
[37] Vgl. Zima 113ff.

vergangener Epochen[38]. Das Fehlen einer Metanarrative führt zu einer anti-hierarchischen Vermischung von Hoch– und Populärkultur und erschafft durch das *Pastiche* eine eklektische Zelebrierung von Intertextualität und der Glorifizierung der Oberfläche.

Die Umsetzung oder Widerlegung dieser Eigenschaften im postmodernen Kino soll im Folgenden Gegenstand der Untersuchung sein.

---

[38] Vgl. Bleicher, Joan Kristin: Zurück in die Zukunft: Formen intertextueller Selbstreferentialität im postmodernen Film, in: Jens Eder (Hrsg.): Oberflächenrausch. Postmoderne und Postklassik im Kino der 90er Jahre, Hamburg 2008. S. 113 – 32, hier: S.114.

Der postmoderne Film

Die Anfänge des Kinos, die mit dem ersten Film der Gebrüder Lumière im Jahre 1895 der Moderne verhaftet sind, fanden ihren „Sinn" in der dokumentarischen, lehrhaften Aufnahmen und realistischen Darstellung, gewissermaßen im Realismus der Moderne[39]. Jahrzehnte später wollte der moderne Film – von Regisseuren wie Godard, Bresson und Fellini – diesen Realismus abwehren und die Fiktionalität des Films betonen[40]. Diese Selbstreflexivität ist eines der signifikantesten Merkmale des postmodernen Films, gewissermaßen ließ das Kino seit den 1950ern also bereits postmoderne Züge erkennen, vor dem Bruch in den 1960ern der die Ära des postmodernen Kinos einleiten sollte[41]. Entgegen Walter Benjamins Argumentation in „Das Kunstwerk im Zeitalter der mechanischen Produktion"[42] zerstörte das moderne Kino nicht die Aura eines Kunstwerkes, vielmehr bewahrte sie diese, unter anderem durch den stilistisch individuellen Ausdruck des Autoren – Regisseurs, der der modernen Auffassung der Künstleroriginalität gleichkam. Vielmehr scheint Benjamins Argumentation ein Zeugnis des postmodernen Kinos zu sein, das neben der genannten Selbstreflexivität den Tod des Autors im Sinne Roland Barthes' feiert, den Film – Text in den Mittelpunkt rückt und von seinem Erschaffer gänzlich abkoppelt[43]. Mit der Verabschiedung eines einheitlichen Stils erhielt die postmoderne Stilpluralität Einzug in den postmodernen Film: verschiedenste Genres von Horror über Komödie zu Thriller und Drama werden in einem einzigen Filmwerk amalgamiert, auch Anspielungen und Nachahmungen einzelner Szenen aus dem Fundus des kulturellen Filmgedächtnisses wer- den als *Pastiche* inkorporiert[44]. Dieses Element entspricht dem fragmentarischen, heterogenen Charakter der Postmoderne, woraus Lyotard die Bezeichnung für das postmoderne Kino als „zitierendes Formenflimmern"[45] ableitete. Durch die Einbettung bekannter

---

[39] Vgl. Lange, Konrad: Die >>Kunst<< des Lichtspieltheaters (1913), in: Helmut H. Diederichs (Hrsg.): Ge- schichte der Filmtheorie. Kunsttheoretische Texte von Méliès bis Arnheim, Frankfurt am Main 2003, S. 75 – 88, hier: S. 76.
[40] Vgl. Woods 209.
[41] Vgl. Connor, Steven: Postmodernist Culture: an Introduction to the Theories of the Contemporary, Oxford 1989. S.174.

[42] Vgl. Benjamin, Walter: Das Kunstwerk im Zeitalter seiner technischen Reproduzierbarkeit, in: Günter

Helmes, Werner Köster (Hrsg.): Texte zur Medientheorie, Stuttgart 2002, S. 163 – 89, hier: S. 167.

[43] Vgl. Ebd.176.
[44] Vgl. Woods 214.
[45] Vgl. Schreckenberg, Ernst: Was ist postmodernes Kino? – Versuch einer kurzen Antwort auf eine schwie-

Filmszenen in einen neuen Kontext wird zudem aktive Arbeit am kulturellen Gedächtnis betrieben, es wird sozusagen eine neue Wahrnehmung und eine Re – Aktivierung der Publikumspartizipation im Interpretationsprozess gefordert, die den Zuschauer einbindet und vom passiven Konsumenten wegbewegt[46]. Diese Form der Anti – Konventionalität wird auch in der Destruktion des klassischen, linearen Erzählverfahrens deutlich: Der Zuschauer soll mitdenken, und durch die Anti - Konventionalität und „Dramaturgie der offenen Form"[47] zu einem eigenen Urteil kommen.

Zitate und Intertextualität sind die dominantesten Eigenschaften des postmodernen Kinos, da sie Belege für die Überwindung der Grenzen von Hoch – und Populärkultur sind und gleichzeitig die Selbstreflexivität des Kinos herausstechen lassen. Das postmoderne Kino zelebriert mit Genrezitaten seine eigene Artifizialität; dieser Widerspruch gegen die künstliche Natürlichkeit des Films entspricht jedoch nicht der Brechtschen Illusionsbrechung, sondern sind „Reflex[e] auf die Mediatisierung der Lebensumwelt"[48] und spielen auf das Primat des Bildes im postmodernen Film an. Spektakuläre Bilder, die abgelöst vom narrativen Erzählstrang – soweit dieser überhaupt noch vorzufinden ist – entwickeln ein Eigenleben und stellen eine autonome Ebene im Filmtext dar. Repräsentiert werden jedoch keine Abbilder der Realität, sondern Klischees und Stereotypen des von uns konstruierten Diskurses der Vergangenheit. Es gibt keinen „transzendentalen Signifikanten"[49] namens „Geschichte" mehr auf den verwiesen werden könnte, alles besteht aus visuellen Spuren und Imitationen durch überwältigende Bilder[50]. Da Resultat ist eine Hyperrealität, in der Imitationen für die Wirklichkeit gehalten werden und die eine immerwährende Gegenwart suggeriert[51].

---

rige Frage, in: Andreas Rost, Mike Sandbothe (Hrsg.): Die Filmgespenster der Postmoderne, Frankfurt am Main 1998. S.118 – 30, hier: S.119.

[46] Vgl. Brooker 7.

[47] Stutterheim, Kerstin: Postmodernes Kino – ein Umriss, in: Kerstin Stutterheim (Hrsg.): Studien zum postmodernen Kino. David Lynchs *Inland Empire* und Bennett Millers *Capote*, Frankfurt am Main 2011, S.11 – 21, hier: S.19.

[48] Schreckenberg 120.

[49] Vgl. Derrida, Jacques und Linda Hutcheon, Joseph Natoli (Hrsg.): Structure, Sign, and Play in the Dis- course of the Human Sciences, in: A Postmodern Reader, Albany 1993, S. 223 – 42, hier: S. 225.

[50] Vgl. Hutcheon, Linda: Postmodern Film?, in: Peter Brooker und Will Brooker (Hrsg.): Postmodern After – Images. A Reader in Film, Television and Video, London 1997. S. 36 – 42, hier: S.37f.

[51] Vgl. Woods 212.

Die „Lust an der Überwältigung der Sinne"[52] dominiert den postmodernen Film, weshalb B - Genre – Movies, oft Horrorfilme, als die Prototypen postmoderner Filme gelten mit ihrer vernachlässigten Narrativität und Logik und subsequenten Konzentration auf das Erschaffen von Stimmungen durch furiose Bilderwelten[53]. Der subversive Stil der B – Movies wurde ab den 1970ern vom Hollywood – Mainstream – Kino adaptiert, ein Beleg für die von Jameson deklarierte innewohnende spätkapitalistische Logik der Postmoderne:

die dominante Ideologie verleibt sich potentiell schädliche Gegenbewegungen ein und setzt sie in den spätkapitalistischen Kreislauf des Konsums um ihn aufrechtzuerhalten. Für diese Vorgehensweise spricht im Weiteren, dass die Merkmale des postmodernen Kinos der 80er Jahre –Intertextualität, „Selbstreferenz, Ästhetisierung, Artifizialität und Dekonstruktion tradierter Verfahren"[54]- in den 90er Jahren von *Mainstream* – Blockbustern adaptiert und dem Geschmack des Massenpublikums angepasst wurden.

---

[52] Vgl. Schreckenberg 123.
[53] Ebd.
[54] Eder, Jens (Hrsg): Oberflächenrausch. Postmoderne und Postklassik im Kino der 90er Jahre, Hamburg 2008. S. 2.

Merkmale des postmodernen Films

Intertextualität

Jens Eder nennt in seiner Untersuchung des postmodernen Films „Oberflächenrausch" als eines der prägnantesten Merkmale dieser Filmart die distinktive Intertextualität ihrer Aufmachung: „Intertextualität bezeichnet die Eigenschaft von insbesondere literarischen Texten, auf andere Texte bezogen zu sein."[55]

Intertextualität stellt per se kein postmodernes Phänomen dar, da bereits in früheren Epochen und Genres Anspielungen auf andere Medien und Werke vorfindbar sind. Jedoch sind der zitierte Inhalt, und vor allem die Art und Weise dieser Zitationen, zutiefst postmodern. Fredric Jameson führt hier an, dass Zitate anderer Werke in der Postmoderne nicht mehr lediglich als Zitate vorhanden sind, sondern völlig in die Substanz des Textes inkorporiert werden, ja ihn ganz und gar ausmachen[56].

Die inhaltliche Erweiterung des kulturellen Archivs durch das Internet ermöglicht dem postmodernen Film die vielfältigsten Zitate aus einer Vielzahl von Stilperioden. Die Vermischung von Trivial – und Hochkultur, die die *Nouvelle Vague* bereits in den 50ern initiierte, führt die Postmoderne weiter und variiert bewusst Merkmale früherer Filme. Im Unterschied zur *Nouvelle Vague*, die ihre subversiven Filmzitate zwar aus B- Movies, aber immer noch aus Hollywood bezog, vollzieht sich im postmodernen Film eine weitreichendere Stilmischung aus anderen Medien – und Kulturbereichen. Das Publikum, das durch das demokratische Medium Internet ebenso einen nahezu uneingeschränkten Zugriff auf das kulturelle Archiv hat, erkennt die Zitate im postmodernen Film und kann so eine weitere Interpretationsebene einfließen lassen. Dank der Doppelcodierung des postmodernen Films ist es aber auch möglich, die Filme ohne das Erkennen von den jeweiligen Filmzitaten anzusehen und zu einer alternativen Deutung des Filmgeschehens zu kommen, was eine Zusammenführung unterschiedlicher Zuschauer – und Affektwelten und eine weite Auffächerung des Publikums herbeiführt[57]. Die Doppelcodierung, ein rezeptionsstrategischer Vorgang, gründet sich auf die Tatsache dass in postmodernen Filmen intertextuelle Bezüge vom

---

[55] *Intertextualität*, in: Nünning, Ansgar (Hrsg): Metzler Lexikon Literatur – und Kulturtheorie. Ansätze, Personen, Grundbegriffe, Stuttgart 2008. S. 330.
[56] Vgl. Jameson 2f.
[57] Vgl. Eder 15.

Zuschauer je nach kulturellem Vorwissen verschieden wahrgenommen werden[58]. So entsteht zwei Arten der Zuschauerschaft: entweder naiv oder eingeweiht – die Einen nehmen den Film im Kontext seiner Kulturzitate wahr, die anderen rezipieren die Aussagen im Film als eigenständige[59]. Dieser Umstand spricht für die Demokratisierungstendenzen der postmodernen Kunst, die sich dezidiert gegen Elitismus und kulturelles Klassendenken stellt; Fredric Jameson führt jedoch für den gleichen Umstand an, dass dieser zu einer Schizophrenie und Fragmentierung des Zuschauers führen könnte[60]: da eine eindeutige Interpretation im postmodernen Film nicht mehr gewährleistet werden kann, entfällt die Identifikationsmöglichkeit für den Zuschauer, er verliert sich in einer Hyperrealität aus uneindeutigen Zitaten und autonomen Aussagen und die auf keine objektive Realität außerhalb der filmischen Scheinwelt verweisen. Der Rückgriff auf filmische Stereotypen und Zitate lässt den Zuschauer fragmentiert zurück, in einer Hyperrealität und ohne historischen Sinn[61].

Die Art und Weise der Verweise hängt eng mit dem Inhalt der Zitationen zusammen. So wie mit der inhaltlichen *Bricolage* alte Konventionen aufgebrochen werden, so ist auch die Zitierweise unkonventionell: das dominante Merkmal ist hier die Ironie, mit der Zitate behandelt werden[62]. Eine „wissende Überlegenheit"[63] kennzeichnet die Postmoderne, abgeklärt und gefühlskalt werden Inhalte vermittelt. Die postmoderne Gesellschaft der 1980er und 90er hat den Glauben an Authentizität und Wahrheit verloren, aber anstatt daran zu verzweifeln, wird dieser Umstand zynisch zelebriert. Filmwelten ermöglichen hier unter Umständen eine kathartische Wirkung: je mehr Zynismus und Verzweiflung auf der Leinwand miterlebt und wahrgenommen wird, desto erträglicher sind Zukunfts – und Gegenwartsängste, desto abbildbarer wird das Unabbildbare[64]. In dieser Hinsicht haben Filme in der Postmoderne eine eskapistische, gar nostalgische Wirkung, filmische Traumwelten quasi als Lösung für das Leben in der Gegenwart[65].

Die Ironie in postmodernen Filmen drückt sich zum Einen in parodistischen Formen der Intertextualität aus, die bekannte Szenen aus berühmten Filmen

---

[58] Vgl. Ebd. 17.
[59] Vgl. Bleicher 113.
[60] Vgl. Jameson 26f
[61] Vgl. Ebd. 296.
[62] Vgl. Ebd. 16.
[63] Ebd.
[64] Vgl. Stutterheim 15f.
[65] Vgl. Denzin 471.

überspitzt darstellt und ihre kulturelle Konstruiertheit herausarbeitet. Zum Anderen herrscht neben der Ironie in postmodernen Filmen vermehrt das *Pastiche* vor, das einen Gegenpol der ironischen Parodie bezeichnet und „Imitation in neutraler Haltung zum Imitierten, ohne satirischen Impuls und ohne Annahme, es könnte etwas „normales" geben mit dem das Verglichene komisch wirken könnte"[66]. Das Imitierte wird nicht mehr gewertet, sondern lediglich kommentarlos verwendet. Aber was ist nun das Ziel der *Pastiche* dieser vorgefertigten Bilder? Zitate tragen immer die Bedeutung ihres Originals in sich und bringen diese in den neuen Filmkontext mit. Die *Pastiche*, die eine Vielzahl solcher Zitate jedoch kommentar- los nebeneinander stellt, reduziert die originären Bedeutungen der Zitate zu puren Klischees, die dem Zuschauer durch die langjährige Kinoerfahrung bekannt sind und ihm ein beruhigendes Gefühl ob ihrer Familiarität bereiten[67]. Die nostalgische Traumqualität des postmodernen Films ist somit durch eine der Nostalgie zuwiderlaufende Vorgehensweise sichergestellt. Im Zuge dieses Prozesses verlieren Klischees jedoch ihr moralisches Moment, in dem Maße wie sich ihre ästhetische Struktur durchsetzt[68].

Spektakularität durch Darstellung anti – ästhetischer Exzesse

Die bereits erwähnte Tendenz des postmodernen Kinos, das Unabbildbare abbildbar zu machen, wird durch die Synästhesie sensorischer Reize im postmodernen Film unter- mauert. Bilder entwickeln ihre eigene „dramaturgische Autonomie"[69] und stehen nicht mehr im Dienst der Narration. Die visuelle Ästhetik des postmodernen Films überbrückt einmal mehr die konventionelle Grenze zwischen Hoch – und Populärkultur und speist sich aus den formalen Provokationen der Avantgarde – Filme und den bombastischen Inszenierungen von Hollywood Action - Filmen[70]. Der transgressive Charakter des postmodernen Films offenbart sich neben dem Inhalt der Darstellung, der Tabubrüche sämtlicher Arten umfasst, auch in der Inszenierung: anstatt Realismus in Darstellung, Ton und Montage wird Expressivität und Ästhetisierung angestrebt[71], die expressionistische Ästhetik des Hässlichen kommt einem hier in den Sinn. Eine

---

[66] Vgl. Jameson 17, hier in der deutschen Übersetzung von Jens Eder in Oberflächenrausch, S. 16.
[67] Vgl. Pearson, Matt: Authorship and the Films of David Lynch: Chapter 3 Blue Velvet, The British Film Resource 1997, unter: http://www.britishfilm.org.uk/lynch/blue_velvet.html (aufgerufen am 15.07.2012).
[68] Vgl. Seeßlen, Georg. David Lynch und seine Filme, Marburg 2007. S. 126.
[69] Schreckenberg 123.
[70] Vgl. Eder 18.
[71] Ebd.

gängige Methode, die Wirkung des abgebildeten Exzesses zu steigern, liegt in der Kontrastierung zu Alltäglichem: hiermit wird die profunde Groteske von Gewaltdarstellungen evident und wirkt ironisch, was dem Zuschauer eine distanziere Betrachtungsweise ermöglicht[72]. Da sich der kinematographische Exzess nicht der Narration unterordnet und sich immer nur im Bereich des autonomen Visuellen bewegt, spricht diese Ebene für die inhärente Selbstreferentialität des postmodernen Films.

Selbstreferentialität

Die Selbstreferenz stellt einen „Oberbegriff für verschiedenartige Formen des Selbstbezugs und der Selbstthematisierung kommunikativer Akte und Artefakte"[73] dar. Im postmodernen Film wird durch die Ironie der Darstellung, Intertextualität und die Autonomie der spektakulären Ebene Selbstreferentialität erzeugt, jedoch nicht ausschließlich um die Artifizialität des filmischen Textes bewusst zu machen[74]. Während im modernen Film selbstreferentielle Elemente dazu dienten, eine Illusionsbrechung beim Zuschauer zu bewirken und die konstruierte Natürlichkeit des zu entlarven, liegt der Schwerpunkt der postmodernen Selbstverweise nicht auf der Darlegung des Produktionsprozesses, sondern in der Thematisierung des filmischen Stils, quasi einmal mehr zum Selbstzweck[75]. Durch sein gesteigertes Medienbewusstsein ist sich der postmoderne Zuschauer in jedem Moment des Films der Selbstreferentialität des Mediums bewusst, er ist in der Lage klassische Narrativen als solche zu entlarven und verharrt somit von vornherein in kritischer Distanz dem Filmgeschehen gegenüber[76].

Neben der überhöhten Spektakularität ist im postmodernen Film vor allem eine Änderung von narrativen Strukturen zu beobachten, die filmische Selbstbezüge offensichtlich machen sollen[77]. Klassische lineare Erzählstränge werden fragmentiert, temporale Bezüge verschoben oder gänzliche aufgehoben um den Schein klassischer Erzählvorgänge zu offenbaren und dem visuellen Element einen größeren Platz einzuräumen und einen umfassenderen Wirkungsrahmen zu

---

[72] Vgl. Ebd. 24.
[73] Eder 113.
[74] Vgl. Ebd. 20f.
[75] Vgl. Bleicher 115.
[76] Vgl. Eder 21.
[77] Vgl. Bleicher 113.

ermöglichen: diese auf der visuellen und narrativen Ebene vollzogene Dekonstruktion ermöglicht dem Zuschauer pluralistische Lesarten ein – und desselben Films, die wiederum von dem kulturellen Erfahrungshorizont des Zuschauers abhängig ist.

Die Formen der Selbstreferenz im postmodernen Film sind zahlreich, allen voran das *Palimpsest*, das nach Gérard Genette das „Überschreiben eines alten Textes durch einen neuen auf einem Pergament"[78] darstellt. Die Überlagerung von verschiedenen Texten und Genres wird im filmischen Kontext durch das das mosaische Nebeneinander von diversen Genre – Elementen vollzogen: Stilzitaten, die den Erzählstil früherer filmsicher Epochen und Genres imitieren; Zitate im Schauspiel der Darsteller; Motivzitate, die Originalszenen in einen neuen filmischen Kontext setzen; Embedding, das den Film durch Rückverweise in eine Genre – Tradition und Gattung einbettet; zuletzt der Rückgriff auf Elemente älterer Filme desselben Regisseurs[79]. Schließlich stellt die postmoderne Parodie ebenfalls eine Form der Selbstreferenz dar, die durch übertriebene Darstellung von formalen und inhaltlichen Stereotypen verschiedener Genres auf den konstruierten Charakter dieser verweist.

Anti – Konventionalismus und dekonstruierte Narrativität

Die bisher erwähnten Merkmale des postmodernen Films – Intertextualität, Spektakularität und Selbstreferentialität – stehen in ihrer Gesamtheit als Zeugnisse des profunden Anti – Konventionalismus dieser Filmart. Auf narrativer Ebene werden Dekonstruktion und Konventionsbruch durch das „Spiel mit narrativen Versatzstücken, Lockerung [...] der Kausalkette, Dekonstruktion von Handlungsabläufen"[80] und dem bewussten Spiel mit dem Image eines Schauspielers bewirkt, indem man diesen beispielsweise gegen den Strich besetzt. Diese Vorgangsweisen ließen sich bereits im Avantgarde – Kino des 20. Jahrhunderts feststellen, werden aber in der Postmoderne mit Versatzstücken der Populärkultur vermischt: die hohe Medienexposition, das Wissen des postmodernen Zuschauers über konventionelle Dramaturgien und seine Kenntnis der Populärkultur ermöglichen diese Arten der Dekonstruktion. So will der postmoderne Film seine ohnehin bereits aufgeklärten Zuschauer nicht über

---

[78] Ebd. 118.
[79] Vgl. Eder 119f.
[80] Dabbert 28.

Prozesse der Fiktion und Wirklichkeit belehren, sondern Erzählmitteln einen ungehinderten Rahmen zur Subversion und Bedeutungserweiterung bieten.

Der postmoderne Film führt seinen Zuschauern keine klassischen Erzählungen mehr vor die von den Umwälzungen einer neuen Epoche oder der Errettung aus dieser handeln, sondern beleuchtet Abgründe und Geheimnisvolles im Inneren des Subjekts, ohne diese moralisch zu bewerten[81].

Damit der Zuschauer keiner anscheinend vollkommen zusammenhangslosen Bilderflut ausgesetzt ist, wird die Zerstörung der linearen Erzählstruktur und Zeitebenen, die durch Überlagerung und Vernetzung verschiedener Erzählvorgänge entsteht, im postmodernen Film durch das „Bedeutungsfazit"[82] in eine zugrundeliegende Struktur eingebettet und ermöglicht dem Zuschauer die Decodierung des filmischen Textes: die „Situation [...], die alle Erzählebenen oder Episoden zueinander in Beziehung setzt, [...] gibt jedem scheinbar unabhängigen Abschnitt des Films einen Sinn und setzt sie zueinander in Beziehung."[83] Gemeint ist hiermit eine Grundsituation, auf die sich sämtliche visuelle und narrative Elemente des Filmes beziehen, wenn auch nicht unbedingt immer offensichtlich.

---

[81] Vgl. Seeßlen 126.
[82] Stutterheim 19.
[83] Ebd, Fußnote 24.

David Lynch – ein postmoderner Regisseur?

"An academic definition of Lynchian might be that the term 'refers to a particular kind of irony where the very macabre and the very mundane combine in such a way as to reveal the former's perpetual containment within the latter.' But like post – modern and pornographic, Lynchian is one of those words that's ultimately definable only ostensibly – i.e., we know it when we see it. […] I think the most important word he uses here is 'ostensibly', the Lynchian is not something easily defined but it is easily recognizable."[84]

Mit einem Stil, der mit bloßen Worten so schwer zu bestimmen ist wie die Postmoderne selbst, ist David Lynch in filmwissenschaftlichen Kreisen zur Apotheose des post- modernen Regisseurs aufgestiegen[85]. Einer der Gründe für das große Interesse an seinem Schaffen mag sicherlich Lynchs standhafte Weigerung sein, Interpretationen und Kommentare zu seinen Werken zu veröffentlichen[86]. Das Zitat von David Foster Wallace illustriert einen weiteren reizvollen Aspekt seiner Arbeit: die visuelle Qualität, die der postmodernen Spektakularität Rechnung trägt - seine Filme sind nicht so sehr Texte, die der Zuschauer „lesen" kann, sondern elaborierte Tableaus, deren Stimmungen er sich hingeben soll[87]. Die strukturelle Nähe zur Malerei, bedingt durch Lynchs Kunststudium und Bewunderung für Maler wie Edward Hopper, Norman Rockwell und vor allem Francis Bacon[88], stattet Lynchs Filme mit einem postmodernen Intermedialität und Synästhetismus aus, in dem mentale Räume der Figuren bildhaft als konkrete Schauplätze dargestellt werden, ohne einer logisch – kausalen Prämisse unterworfen zu sein[89]. Viele Bilder haben inhaltlich keinerlei Funktion, außer die Intensität des Augenblicks visuell zu erhöhen, was sich auch in der assoziativen Arbeitsweise des Regisseurs beobachten lässt: „Die Illusionsmaschine arbeitet unverdeckt, löst Fiktionsgrenzen auf, und kreiert zu Lasten der Handlungseinheit eine durchgehende Stimmung – […] wie ein

---

[84] Vgl. Pearson, Matt: Authorship and the Films of David Lynch: Chapter 1 Eraserhead, The British Film Resource 1997, unter: http://www.britishfilm.org.uk/lynch/eraserhead.html (aufgerufen am 15.07.2012).

[85] Vgl. Davison, Annette und Erica Sheen (Hrsg): The cinema of David Lynch. American Dreams, Night- mare Visions, London 2004. S. 3.

[86] Vgl. Kaul, Susanne, Jean – Pierre Palmier: David Lynch. Einführung in seine Filme und Filmästhetik, München 2011. S. 11.

[87] Vgl. Dabbert 41.

[88] Vgl. Drazin, Charles: Blue Velvet. Bloomsbury Movie Guide No.3, London 1998. S.7f.

[89] Vgl. Dabbert 38.

Gemälde."[90] Eine durch und durch postmoderne Haltung, die der Wirkung der Oberfläche das Primat vor der Bedeutung der Narrative beimisst.

Trotz der scheinbaren Inkohärenz seiner Bilder, werden diese letztendlich durch ein zugrundeliegendes Bedeutungsfazit für den Zuschauer dennoch verständlich: Lynchs Filme bestehen aus zweierlei Codes, einem durch Betrachtung erfahrbaren Bildercode und einem narrativen Code, dessen Linearität jedoch dekonstruiert ist und der dem Bildercode nicht übergeordnet ist, wie im klassischen Erzählkino[91]. Häufige Bedeutungsfazits in Lynchs Filmen stellen Angst und Identitätskrisen dar[92].

Die dekonstruierte Narrative findet ihren Ausdruck am deutlichsten in der traumhaften Qualität von Lynchs Filmwelten: „Träume, fremde Welten und Metamorphosen bestimmen das filmische Universum des David Lynch"[93] Wie im Traum existieren in Lynchs Filmen mehrere Meta – Welten nebeneinander, im postmodernen „Lynchville"[94] formen verdichtete Traumzeichen eine filmische Hyperrealiät. Die dekonstruierte Narrative spiegelt die Träume und Ängste der fragmentierten, postmodern–pluralistischen Filmcharaktere wider, die Protagonisten sind „nicht zu Ende geborene junge Männer"[95]. Diese haben zumeist ein signifikantes ödipales Trauma durchlitten: indem sie die Bindung zur Mutter nie gänzlich durchbrochen haben, kreisen sie als Erwachsene geradezu manisch um ein weibliches Objekt der Begierde, und suchen nach einer Erklärung für ihre gefühlte Fremdheit in der Welt[96]. Lynch hebt hierbei die klassisch - teleologische Initiations – und Bildungsgeschichte auf und illustriert den erfolglosen Kampf der Protagonisten, der letzt- endlich nicht zur Reife und Sozialisation führt. Die fragmentierten Charaktere machen in der dekonstruierten Filmwelt keine Charakterentwicklung mehr durch, stattdessen „durchleben sie immer wieder sich selbst". Dabei sind sie nicht mehr in der Lage, zwischen Außen – und Innenwelt zu unterscheiden, ihn Inneres wird gleichsam veräußert, im Sinne einer Schizophrenie. Diese „inversive Dramaturgie"[97] drückt den Rückzug des Subjekts nach der Veräußerung in die zerstückelte Welt wider: nicht die Charaktere sind verrückt, sondern die Welt um sie herum. Die Figuren halten der

---

⁹⁰ Kaul 20.
⁹¹ Vgl. Seeßlen 12.
⁹² Vgl. Dabbert 41f.
⁹³ Fischer, Robert: David Lynch. Die dunkle Seite der Seele, München 1992.S. 12.
⁹⁴ Seeßlen 8.
⁹⁵ Ebd. 12.
⁹⁶ Vgl. Ebd.
⁹⁷ Ebd. 224.

postmodernen Schein – Wirklichkeit nicht mehr stand und implodieren, ziehen sich letztendlich in ihre eigene Traumwelt zurück um der sie umgebenden Instabilität zu entfliehen.

In Lynchs dekonstruierter Narrative lassen sich wiederkehrende Elemente, wie die bereits erwähnten parallelen Metawelten, seine Obsession mit fragmentierten Körpern und die idyllisch – verkommene amerikanische Kleinstadt finden[98]. Diese Elemente bewegen sich unabhängig von der Narration und werden als *Bricolage* in jedem Film in einem neuen Kontext verwendet. Die Prozesse der *Bricolage* und *Pastiche* nutzt Lynch in Zusammenhang mit der ausgesprochenen Intertextualität seiner Filme: indem er die Filmgeschichte als Zitate - Archiv benutzt und diese gegen den Strich führt, setzt er den postmodernen Gedanken der Genre – und Stiltransgression in seinen Werken um[99]. Die so erlangten Entfremdungsprozesse in seinen Filmen spiegeln jene der amerikanischen Kultur und Politik der Reagan – Ära wider[100].Indem Lynch auch immer wieder seine eigenen früheren Werke zitiert, inkorporiert er eine selbstreferentielle Komponente in seinen Filmen[101]. All diese autonomen Elemente existieren in Lynchs Filmen in postmodernistischem Sinne nebeneinander, anstatt sich hinter einer klassischen Metanarrative einzureihen.

Die postmoderne Ambivalenz der Thematiken und Motive wird in Lynchs Kultfilm „Blue Velvet“ (1986) mehr als deutlich. In der filmischen Mischung aus *Thriller* -, Märchen – und *Film Noir* - Elementen zeichnet der Regisseur das stellenweise realistische, stellenweise fantastische Bild einer scheinbar idealen Kleinstadt, unter deren Oberfläche Verfall, Tod und Wahnsinn schwelen: „ein Traum von merkwürdigen Sehnsüchten, verpackt in eine Kriminalgeschichte.“[102]

---

[98] Vgl. Pearson Chapter 1.
[99] „See, I love 47 different genres in one film. And I love B – movies. But why not have three or four B's running together? Like a little hive!" Pearson Chapter 3.
[100] Vgl.Seeßlen 13.
[101] Vgl. Ebd. 223.
[102] Lynch, David und Chris Rodley (Hrsg.): Lynch über Lynch, Frankfurt am Main 2006. S. 185.

Postmoderne Aspekte in „Blue Velvet" (1986)

Handlungsübersicht

Der College – Student Jeffrey Beaumont (Kyle MacLachlan) kehrt in seine Heimatstadt, die amerikanische Vorstadt Lumberton, aufgrund eines Schlaganfalls seines Vaters zurück. Nach einem Krankenhausbesuch bei jenem findet er bei einem Spaziergang durch ein Feld ein abgeschnittenes Menschenohr. Er übergibt das Ohr der örtlichen Polizei, genauer gesagt Detective John Williams. Aufgrund der Weigerung des Detectives ihm weitere Einzelheiten über das Ohr zu verraten, beschließt Jeffrey auf den Fall auf eigene Faust zu lösen. Das Ohr führt ihn und Sandy Williams (Laura Dern), Jeffreys Gehilfin und Tochter von Detective Williams, auf die Spur der geheimnisvollen Nachtclubsängerin Dorothy Vallens (Isabella Rossellini). Fasziniert und neugierig verschafft sich Jeffrey, verkleidet als Kammerjäger, Zugang zu Dorothys Wohnung. Als diese von einem Mann in gelbem Jackett – wie sich später herausstellen wird, ein korrupter Polizist – abgelenkt wird, entwendet Jeffrey ihren Wohnungsschlüssel. Kurze Zeit später bricht Jeffrey in Dorothys Wohnung ein und versteckt sich in ihrem Kleiderschrank, als diese unterwartet die Wohnung betritt. Mit einem Messer bewaffnet, fordert Dorothy Jeffrey auf den Schrank zu verlassen und es kommt beinahe zum Geschlechtsverkehr, als der Drogendealer Frank Booth (Dennis Hopper) auftaucht. Dorothy drängt Jeffrey zurück in den Wandschrank, wo er Zeuge eines sadistisch masochistischen Rollenspiels zwischen den beiden wird. Jeffrey erfährt dass Frank Booth Dorothys Mann und Kind entführt hat und sie mittels seines sadistischen Rituals gefügig machen will. Das Ohr, das Jeffrey gefunden hat, stammt von Dorothys Mann Don. Jeffreys Neugier ist nun vollends geweckt und er beschließt, Frank zu beschatten und mehr über die Entführung zu erfahren. Bei Jeffreys zweitem Besuch kommt es zum Geschlechtsverkehr mit Dorothy, während dessen sie ihn auffordert, sie zu schlagen und zu demütigen. Als Jeffrey Dorothys Wohnung verlassen will, stößt er auf Frank und seine Schergen, die ihn und Dorothy mit dem Auto entführen und zu einem obskuren Nachtclub außerhalb Lumbertons bringen. Nachdem Dorothy ihren Sohn und Mann besucht hat, wird Jeffrey von Frank und seinen Komplizen verprügelt und im Nirgendwo liegengelassen. Am nächsten Tag berichtet Jeffrey Detective Williams von seinen Erlebnissen und zeigt ihm die Fotos, die er von Frank und seinen Komplizen während seiner Beschattungsaktion gemacht hat. Am Abend desselben Tages gehen Jeffrey und Sandy zu einer Feier, auf der sie sich ihre

Liebe gestehen. Auf dem Heimweg werden sie von einem Ex – Freund Sandys verfolgt und konfrontiert, als plötzlich die nackte, missbrauchte und verwirrte Dorothy über einen Vorgarten auf sie zuläuft. Sandy und Jeffrey bringen sie zum Haus der Williams, wo Sandy realisiert, dass Jeffrey und Dorothy eine Beziehung zueinander haben. Dorothy wird daraufhin mit dem Krankenwagen abtransportiert. Jeffrey geht zurück in Dorothys Wohnung und findet dort Dorothys toten Ehemann und den ebenfalls toten Mann mit dem gelben Jackett vor. Als er hört dass Frank Booth auf dem Weg in die Wohnung ist, greift er sich die Dienstwaffe des toten Polizisten, versteckt sich im Wandschrank und erschießt Booth, als dieser ihn entdeckt. Das Ende des Filmes zeigt, dass die Idylle in Lumberton nach diesen Ereignissen wiederhergestellt ist: Jeffrey und Sandy genießen den Sommer glücklich als Paar im Garten von Jeffreys Eltern, und Dorothy ist wieder mit ihrem Sohn Don vereint.

„Blue Velvet" – ein postmoderner Film?

„Es ist eine seltsame Welt, nicht wahr?"[103] Mehrmals wird dieser Satz im Laufe von Blue Velvet von Jeffrey und Sandy wiederholt, wird quasi zum Leitmotiv des Films. Tatsächlich ist die Filmwelt von Blue Velvet, und die postmoderne Welt, in der dieser Film erschienen ist, eine sonderbare: der Anspruch auf eine objektiv ehrfahrbare Realität ist in der Postmoderne entfallen, was bleibt sind historische Diskurse, die abhängig vom Subjekt sind und der Simulation einer objektiven Realität gleichkommen. David Lynch hat in Blue Velvet diese von Baudrillard postulierte postmoderne, simulierte Realität in einer amerikanischen Kleinstadt eingefangen[104]. Da die postmoderne Welt aus vielen kleinen Fragmenten zusammengesetzt wird und diese Teile kein großes Ganzes mehr bilden, lässt sich die filmische Aussage über die seltsame Filmwelt in Blue Velvet direkt auf die Filmrealität selbst anwenden: diese ist in sich selbst nicht mehr kontinuierlich, der Zuschauer wird sich der Konstruiertheit dieser Welt bewusst[105]. Anhand der praktischen Anwendung von Jens Eders im vorherigen Kapitel dargelegten postmodernen Filmkriterien soll nun aufgezeigt werden, wie die Dekonstruktion der linearen Filmwelt zugunsten einer filmischen Hyperrealität in „Blue Velvet" zustande kommt.

---

[103] Blue Velvet, Lynch 15:38, 54:14, 55:00, 1:52:03.
[104] Vgl. Denzin 461.
[105] Vgl. Schmidt, Oliver: Leben in gestörten Welten. Der filmische Raum in David Lynchs *ERASERHEAD, BLUE VELVET, LOST HIGHWAY* und *INLAND EMPIRE*, Stuttgart 2008.S. 32f. und 71.

„Blue Velvet" ist ein Versatzteillager aus Klischees verschiedenster Epochen und Filmgenres; Lynch selbst merkte an, dass der Film sich in kein eindeutiges Genre einordnen ließe[106]. Die Präferenz des Regisseurs, stark intertextuell zu arbeiten[107], veranlasste den amerikanischen Soziologen Norman Denzin dazu, in „Blue Velvet" Spuren von Pornographie, religiöser Kunst und dem Schauerroman bis hin zu Konventionen des Kriminalromans, des Surrealismus und der Komödie herauszuarbeiten[108]. Der Auftakt des Films – ein Vorhang aus blauem Samt – spielt auf Konventionen des Theaters, der Zuschauer wird sich darüber bewusst, dass dieser Vorhang sich lüften und sich eine fiktionale Welt sich in den nächsten zwei Stunden auf dem Bildschirm abspielen wird. Die Anfangssequenz, die eine idyllische amerikanische Kleinstadt samt roter Rosen, strahlend weißem Zaun, Schulkindern und einem Feuerwehrwagen beinhaltet[109], ist eine klischeehaft – idealisierende Darstellung der geordneten amerikanischen Vorstadt. Hier scheint alles mit rechten Dingen zuzugehen, selbst der Feuerwehrmann winkt fröhlich von seinem Wagen. Die illusorische Scheinrealität, die hier in den ersten Sekunden bereits aufgebaut wird, wird jedoch genau durch diesen Feuerwehrmann dekonstruiert: er winkt der Kamera, dem Zuschauerraum zu, und bezeugt die Selbstreferenz der filmischen Welt. So kommentarlos wie Lynch Klischees der amerikanischen Kleinstadt verwendet, so inkludiert er auch intertextuelle Verweise auf Filme und verschiedene Genres in Blue Velvet im Sinne des postmodernen *Pastiche.* In der Eingangssequenz wird Jeffreys Mutter beim Anschauen eines Film Noir gezeigt, deutliches Indiz hierfür ist die Licht – Schatten – Komposition auf ihrem Bildschirm und die Waffe, die im Bildfokus steht[110]. Weitere Anspielungen auf das Noir – Genre lassen sich auch in der Struktur von „Blue Velvet" erkennen: vordergründig geht es um einen Kriminalfall, der Held wird in moralische Abgründe gezogen, Frank Booth ist der verkommene Bösewicht und die Nachtclubsängerin Dorothy Vallens ist die klassische Femme Fatale.

Besonders die Figur der *Femme Fatale* Dorothy wird jedoch bei Lynch de-konstruiert und nicht in typischer *Noir* – Manier als manipulatives, seduktives Mysterium dargestellt: einerseits ist Dorothy das Opfer der sie umgebenden

---

[106] Vgl. Denzin 467.
[107] Vgl. Seite 17, Fußnote 96 dieser Hausarbeit.
[108] Vgl. Featherstone 210.
[109] Vgl. Blue Velvet, Lynch 2:20 – 2:50.
[110] Vgl. Blue Velvet, Lynch 3:12

maskulinen Hierarchie[111], andererseits entspricht ihre ästhetische Darstellung nicht den Konventionen der äußerlich makellosen Verführerin. Hier lässt sich der Einfluss des irischen Malers Francis Bacon beobachten: die realistische, nicht idealisierte und teilweise unästhetische Darstellung Dorothys – z.B. wenn Dorothy auf dem Boden ihrer Wohnung sitzt, sich die Perücke her- unterreißt und „entblößt" sitzenbleibt[112] entspricht der brutalen, kühlen Ästhetik Bacons[113]. Die genannte Szene sieht der Zuschauer aus der Perspektive von Jeffrey, der sich in Dorothys Wandschrank versteckt hat und sie beobachtet. Die Thematik des Voyeurismus, die Sehnsucht „Dinge sehen zu wollen"[114] war für Lynch eines der Leitmotive des Films und kann als Allusion auf Hitchcocks Film „Rear Window" (1954) verstanden werden[115]. Sowohl der Name des Protagonisten von Rear Window, L.B. ‚Jeff' Jefferies, als auch die ausgeprägte Neugier und Schaulust der Protagonisten von Blue Velvet und Rear Window, die beide zu neuen Einsichten in zwischenmenschliche Beziehungen verleitet116, sind den Filmen von Lynch und Hitchcock gemein. In derselben Aussage, in der Lynch „Blue Velvet" als einen Film über die Sehnsucht des Beobachtens betitelt, nennt er ihn einen „Tagtraumfilm"[117].

Die Thematik des Traumes wird in vielfältiger Weise aufgegriffen – Sandy erzählt Jeffrey von ihren Träumen, das Lied „In Dreams" von Roy Orbison ist ein zentrales Musikstück und Lynch impliziert, dass der Film ein Tagtraum des Protagonisten Jeffrey sei[118]. Träume und ihre Darstellung des Unbewussten waren eines der Hauptmotive der ästhetischen Bewegung des Surrealismus. Lynch beschreibt seine Arbeitsweise als eine intuitive, die nicht durch Sperren der Reflexion behindert wird[119]. Diese, der surrealistischen *écriture automatique* ähnliche Arbeitsweise unterstreicht Lynchs Anlehnung an den Surrealismus, ebenso können die Ameisen auf dem abgeschnittenen Ohr[120] als Anspielung auf

---

[111] „Ich habe jetzt deine [Jeffreys, S.K.] Krankheit in mir", Blue Velvet, Lynch 1:07:41
[112] Blue Velvet, Lynch 39:53
[113] Vgl. Drazin 7.
[114] Vgl. Seeßlen 85.
[115] Vgl. Drazin 127f.
[116] Vgl. Ebd. 128.
[117] Seeßlen 85.
[118] Vgl. Fußnote 114 dieser Hausarbeit.
[119] Vgl. Mysteries of Love, Lynch 18:36.
[120] Vgl. Blue Velvet, Lynch 07:56.

eine Szene in Luis Buñuels „Un Chien Andalou" (1929)[121] verstanden werden[122].[123]

Die Bewegung der *schwarzen Romantik* ist eine weitere ästhetische Strömung, aus der sich Anleihen in „Blue Velvet" finden lassen. Peter Cersowsky attestiert der schwarzen Romantik eine Faszination für das Hässliche, den menschlichen Wahnsinn und das Grausame, das in dieser Bewegung in enger Beziehung zum Erotischen steht[124]. In dieser Nebenströmung der Romantik werden explizit die Nachtseiten des menschlichen Daseins beleuchtet, auch Sigmund Freuds Theorie des *Unheimlichen* spielt hierbei eine essentielle Rolle. In seiner Studie zum Unheimlichen hat Freud dem Motiv des Doppelgängers in der Literatur eine signifikante Rolle eingeräumt: durch das Wiederfinden der eigenen Person in der des Anderen, durch die „Ichverdopplung, Ichteilung, Ichvertauschung"[125] entsteht ein unheimliches Gefühl, das Bekannte wird einem unbekannt und unheimlich. Das Doppelgänger – Motiv lässt sich in vielfacher Weise in Blue Velvet finden: Frank Booth als der teuflische Doppelgänger von Jeffrey, Jeffrey als der ältere Doppelgänger von Dorothys Sohn Don, Jeffrey als Doppelgänger seines kranken Vaters[126].

Die Lust am Grausamen, an den Abgründen den Seele und am morbide Erotischen, die programmatisch für die schwarze Romantik ist, spiegelt sich in Blue Velvet in der animalisch dargestellten Sexualität von Frank und Dorothy wider, das nichts von der Hochglanzästhetik und der 80er Jahre – Filme Hollywoods gemein hat, ebenso wie in Jeffreys Kennenlernen seines voyeuristischen, von dunklen Geheimnissen faszinierten Wesens.

Eine letzte intertextuelle Referenz des Films stellen Märchen dar. Die Klammer der Geschichte, die den Helden Jeffrey nach Hause führt, ist der Schlaganfall seines Vaters, das gefundene Ohr seine Eingangsberechtigung in den „verbotenen Wald" der Lincoln Street, und Dorothy die aus den Fängen des Bösen zu befreiende Prinzessin[127]. In Lynchs Film wird die Märchenstruktur jedoch radikal

---

[121] Un chien andalou (Ein andalusischer Hund), F 1929, R: Luis Buñuel, unter http://vimeo.com/12688293 (aufgerufen am 16.08.2012).
[122] Vgl. Ebd. 04:12.
[123] Vgl. Mysteries Of Love, Lynch 13:27.
[124] Vgl.Cersowsky, Peter: Phantastische Literatur im ersten Viertel des 20. Jahrhunderts. Untersuchungen zum Strukturwandel des Genres, seinen geistesgeschichtlichen Voraussetzungen und zur Tradition der "schwarzen Romantik" insbesondere bei Gustav Meyrink, Alfred Kubin und Franz Kafka, München 1985. S. 22.
[125] Freud, Sigmund: Das Unheimliche, in: Imago. Zeitschrift für Anwendung der Psychoanalyse auf die Geisteswissenschaften V 4 (1919), S. 297 - 324. S. 309.
[126] Vgl. Drazin 32f.
[127] Vgl. Seeßlen 83.

dekonstruiert: „vor dem Aufbruch steht die Heimkehr, bevor die Aufgabe anerkannt und angenommen wird, und das Aussenden des Helden geschieht als Verbot."[128] Als Grundlage für seine Märchenreferenz bezieht sich David Lynch in „Blue Velvet" ästhetisch und thematisch auf eine Institution des kulturellen amerikanischen Archivs, „The Wizard of Oz"(1939). Der Name Dorothy Vallens ist eine direkte Anspielung auf den der Oz – Protagonisten Dorothy Gale, ebenso tragen beide rote Schuhe[129]. Wie Dorothy Gale wurde Dorothy Vallens ein wichtiger Gegenstand entwendet, und Frank Booth schlüpft – ebenso wie der Zauberer von Oz – in mehrere Verkleidungen[130]. Die farbliche Darstellung der Eingangssequenz von „Blue Velvet" spiegelt die Technicolor – Ästhetik von „Oz" wider, auch die Signifikanz der Musik in Blue Velvet mit den thematischen Liedern von Bobby Vinton und Roy Orbison verhält sich analog zur Omnipräsenz des Musikstückes „Somewhere over the Rainbow" im Zauberer von Oz[131]. Die Affinität zu märchenhaften Elementen drückt eine tiefe Sehnsucht nach Seelenlandschaften in einer postmodernen Welt aus, aber es bestehen berechtigte Zweifel ob diese Sehnsucht das ein bloßes *Pastiche* und die *Bricolage* dieser Elemente befriedigt werden kann.

Die Reaktionen auf „Blue Velvet" sind so mannigfaltig wie die intertextuellen Bezüge, und reichten von Vorwürfen der Pornographie bis hin zu kultischer Verehrung[132]. Dies lässt sich auf die mit der Intertextualität zusammenhängenden Doppelcodierung zurückführen, die es verschiedenen Zuschauergruppen erlaubt, verschiedenste Filmerlebnisse beim Betrachten ein – und desselben Werkes durchzumachen. Die Spektakularität und ästhetische Repräsentation der Filmwelt in „Blue Velvet" unterliegt ebenfalls der Doppelcodierung: entweder der Zuschauer nimmt die Darstellungen für bare Münze und lässt sich in den Bann der Bilderflut ziehen, oder er betrachtet die Filmwelt aus kritischer Distanz und erkennt, dass die schockierenden Bilder auf der Leinwand eine rein ästhetische Methode der Stimmungsbildung sind. Wie bereits erwähnt, ist die Zeichenwelt in „Blue Velvet" eine autonome Ebene, die nicht der Narrative unterworfen ist. So sind die Farben Blau, Weiß, Rot der amerikanischen Flagge in mehreren Situationen wiederverwendet: die Rosen und der Zaun in der Eingangssequenz, Dorothys rotes Apartment und ihre roten Schuhe und Lippen, Sandys weiße

---

[128] Ebd. 85.
[129] Vgl. Drazin 174.
[130] Vgl.Ebd. 174.
[131] Vgl. Ebd. 174.
[132] Vgl. Fußnote 4 dieser Hausarbeit.

Kleider und Dorothys blauer Lidschatten und Morgenmantel. Die Farbe Blau steht im Film für die Schattenseite, die Nacht, die sexuelle Erfahrung. In Verbindung mit Samt, einem kostspieligen Stoff der Luxus und Macht symbolisiert, steht blauer Samt symbolisch für aus der Leidenschaft und Sexualität gewonnenes Geld und Macht[133]. Im auffälligen Gegensatz dazu steht die Postkartenidylle der Anfangssequenz, die aus der Perspektive eines unschuldigen Kleinkindes dargestellt und stark mit der sexuellen Thematik des Films kontrastiert wird. Jedoch entfällt im Film der moralische Rahmen, der zu erwarten wäre wenn die heile, unschuldige, aus Kinderaugen gesehene Welt Lumbertons mit den Abgründen der idyllischen Unterwelt konfrontiert wird. Doch genau weil die Geschichte aus Kinderaugen beziehungsweise den unerfahrenen, neugierigen Augen des Protagonisten Jeffrey erlebt wird, werden keine urteilenden Schlüsse gezogen, da die kindliche Wahrnehmung nicht in der Lage ist, das Gesehene adäquat zu bewerten. Die postmoderne Präsentation anti–ästhetischer Exzesse und die Bereitschaft zur Darstellung von brutaler Gewalt und Hässlichen sind Ausdruck der Selbstbestimmung des Individuums, die zugleich abstoßend als auch faszinierend ist[134], ganz so wie es Jeffrey im Laufe des Films erlebt: das sexuelle Ritual, das er zwischen Frank und Dorothy aus dem Wandschrank beobachtet, verschreckt ihn, gleichzeitig kann er seine Augen nicht von der Szene abwenden[135]. Die Szene, in der Dorothy nackt und verwirrt aus dem Vorgarten auf Jeffrey und Sandy zuläuft, spiegelt den makabren Bildexzess des postmodernen Films wider: um den physischen und psychischen Verletzungen und der Verlorenheit Dorothys Ausdruck zu verleihen, stellte die Schauspielerin Isabella Rossellini die ikonische Fotografie von dem vietnamesischen Fotografen Nick Ut nach, das ein nacktes, von Napalm verbranntes vietnamesisches Mädchen zeigt[136]. Diese Ästhetisierung von Brutalität wird in zwei weiteren Szenen des Films aufgegriffen: zum einen in der stilisierten Gewaltszene, in der Dorothys toter Mann Don und der Mann im Gelben Jackett in Dorothys Wohnung „drapiert" sind[137], zum anderen in der Sequenz, in der Frank Dorothy und Jeffrey entführt um eine „Spritztour" mit ihnen zu machen. Im Kontext der schwelgerischen Musik Roy Orbisons wirkt die Szene, in der Frank Jeffrey brutal zusammenschlägt grotesk, die Stilisierung von Gewalt geschieht nur um der

---

[133] Vgl. Seeßlen 81.
[134] Vgl. Denzin 462.
[135] Vgl. Blue Velvet, Lynch 44:39 – 48:23.
[136] Vgl. Mysteries of Love, Rossellini 39:30.
[137] Vgl. Blue Velvet, Lynch 1:43:40.

Ästhetik willen. Der Zuschauer ist für einen Moment geschockt, erkennt aber dank seiner medialen Versiertheit die Absurdität der Situation und distanziert sich kritisch vom Gesehenen.

Die einzigartige, teils surrealistische, teil absurde Komposition der gerade geschilderten Szene zwischen Frank und Jeffrey fügt sich in die idiosynkratrische Beschaffenheit von Lynchs Kleinstadt Lumberton. Die Kleinstadt lässt sich keiner bestimmten Dekade zuordnen, Artefakte aus verschiedenen Dekaden erscheinen kommentarlos nebeneinander, um die von Lynch beabsichtigte Stimmung zu erzeugen[138]. Die Figuren innerhalb des Filmes scheinen die anachronistischen Elemente, die sie umgeben, vollkommen zu ignorieren, ihnen fallen die Inkonsistenzen in ihrer Umwelt nicht auf und daher fällt es schwer, das Leben in Lumberton einer bestimmten Dekade zuzuordnen: so sind das archetypische American Diner, Dorothys Apartment und Autos aus der heilen Welt der 50er Jahre übernommen. Im Kontrast dazu stammt Jeffreys Ohrring, Franks opulente Glitzerjacke und die Drogenhandel – Thematik Zeugnisse der 80er Jahre[139]. Sandy vereint in ihrem Aussehen und ihrer Kleidung die 50er, 60er und 80er Jahre und symbolisiert so am besten das postmoderne Einreißen zeitlicher Grenzen und die Vermischung vergangener Stile zu einer aus Fragmenten gestalteten Gegenwart: „Wir befinden uns zugleich in den fünfziger und in den achtziger Jahren, in einer Märchenwelt und in realistischen Bildern […]. Die Hyperrealität in den Filmen von David Lynch entsteht durch die wechselseitige Komposition dieser Elemente, die nicht mehr die eindeutige Zuordnung von Bild und Bedeutung zulässt."[140] Lumberton scheint ein Ort „‚kondensierter‘ Geschichte"[141] zu sein, gleich einer Zeitkapsel in der die Zeit stehen geblieben ist. Doch wieso stellen vor allem die 50er Jahre einen Hauptreferenzpunkt für den 80er Jahre Film „Blue Velvet" dar? Lynch verbindet eine tiefe Nostalgie mit der Zeit seiner Kindheit[142], die Präsentation der heilen Welt Lumbertons vollzieht sich also nach den Regeln der Vergangenheit. Hinzu kommt, dass im kollektiven Gedächtnis des amerikanischen Volkes die 50er Jahre – die Ära Präsident Reagans – am stärksten mit der Americana verbunden sind. Das Konzept der Americana ist ein zutiefst nostalgisches, es repräsentiert das „Genrebilder aus dem amerikanischen

---

[138] Vgl. Drazin 119.
[139] Vgl. Ebd. 117.
[140] Seeßlen 90.
[141] Schmidt 74.
[142] Vgl. Drazin 52.

Alltag"[143], die ikonisch sind und an die glorreiche Vergangenheit der Gründerzeit erinnern, und an amerikanische Institutionen wie das Thanksgiving Dinner, das American Diner, und den amerikanischen Traum. Die „Schilderungen exemplarischer Umstände"[144] sind in all ihrer Nostalgie auch immer etwas ironisch, und die Rückständigkeit des herbeigesehnten Lebens in good, old America ist in Präsentationen der Americana immer anwesend und wird sogar zelebriert. Lumberton ist eine Darstellung dieses zutiefst amerikanischen Konzepts, mit den strahlend weißen Zäunen, roten Rosen und blauem Himmel in den Farben der amerikanischen Flagge, den freundlichen Schüler – Lotsen und dem alltäglich verlässlichen Glockenschlag aus dem Radio. Lynchs Version der Americana ist jedoch eine verzerrte, die Tatsache, dass der weiße Gartenzaun das Böse – in Gestalt von Frank Booth – nicht aus der Stadt fernhalten kann, macht ihre brüchige Konstitution bewusst[145]. In soziohistorischem Sinne reflektieren die Vorgänge in Lumberton das Leben in Amerika in der Reagan – Ära der 80er Jahre. Nach den Schrecken des Vietnamkrieges, den Rassenunruhen und der Ermordung Kennedys verfiel die amerikanische Gesellschaft unter Ronald Reagan in eine moralische und historische Rückständigkeit, die puritanische Wertekonzepte von Gut und Böse in den alltäglichen Diskurs integrierte und nostalgisch in die 50er blickte, als Amerika noch eine unversehrte Einheit war. Präsident Reagan initiierte diese Rückständigkeit, als vehementer Nostalgiker negierte er Reflexionen über die neueste Geschichte.

Stattdessen erklärte er die sozialen, wirtschaftlichen und politischen Probleme Amerikas zu Symptomen der Anwesenheit des Bösen auf der Welt[146]. Diese mythische Vorstellung einer transzendentalen, binären Weltordnung von Gut und Böse spiegelt sich in „Blue Velvet" wider: die Probleme, die hinter den Türen der heilen 50er– Welt von Lumbertons Bewohnern herrschen – Sadismus, Drogenhandel, Mord, Exzess – sind Auswirkungen des Bösen, personifiziert durch die 80er Jahre – Figur Frank Booth. Er verkörpert das Andere, das bekämpft und an den Rand der Gesellschaft verbannt werden muss[147]. Das Besondere bei „Blue Velvet" ist jedoch, dass die Imitation der soziopolitischen Strukturen keine Kulturkritik darstellt, stattdessen ist sie eine narrative und ästhetische Methode,

---

[143] Vgl. Seeßlen 124.
[144] Ebd.
[145] Vgl. Ebd. 125.
[146] Vgl. Rombes, Nicholas: Blue Velvet Underground: David Lynch's Post – Punk Poetics, in: Annette Da- vison, Erica Sheen (Hrsg.): The cinema of David Lynch. American Dreams, Nightmare Visions, London 2004. S. 61 – 76, hier: S. 67.
[147] Ebd 68.

die ohne jegliche Ironie arbeitet[148] – eine zutiefst postmoderne Haltung, die Probleme abbildet, aber nicht kommentiert.

Die so konstituierte Hyperrealität Lumbertons, die sich in den 50ern wähnt und diese zur Gegenwart machen will, verweist auf keine externe Realität, sie besteht aus temporalen Fragmenten und problematisiert den postmodernen Zweifel der 80er Jahre hinsichtlich einer Existenz einer objektiven Realität. Dass der Film sich in einer Hyperrealität abspielt, impliziert eine narrative Klammer innerhalb des Filmes: zu Beginn des Plots wird in das von Jeffrey gefundene Ohr gezoomt[149], am Ende geht die Kamerafahrt wieder aus seinem eigenen Ohr heraus. Der Film kann somit als eine Reise in das Unbewusste Jeffreys oder in einen seiner Tagträume gelesen werden – Räume, die ebenfalls Hyperrealitäten konstituieren und keiner externen Realität entsprechen[150]. Für ihn ist aber dieses Simulacrum der Realität die einzig existente Wirklichkeit, die ihn am Ende zu der Vision verleitet, dass alles wieder in geordneten Bahnen verlaufen würde. Das *Happy End* am Ende des Films ist jedoch ein rein oberflächliches, der Zuschauer weiß, dass die Welt dennoch dunkle Geheimnisse in sich birgt. Wie fügt sich diese nostalgische Wandlung am Ende in die postmoderne Logik des restlichen Films? Wie bereits in einem vorherigen Kapitel dieser Arbeit erwähnt wurde, bilden Filme in der Postmoderne die Lösung zum fragmentierten Leben in der Gegenwart. Scheinbar verhält es sich trotz oder gerade wegen der Postmodernität „Blue Velvets" hier ebenso, der Film stellt eine Fluchtmöglichkeit in die Träume der ganzheitlichen Vergangenheit dar. Dass dieses Versinken in nostalgischen Träumen für den Kino – Zuschauer schädlich sein und der Auseinandersetzung mit der Gegenwart im Weg stehen kann, illustriert die Allegorie des Voyeurismus in „Blue Velvet": so, wie sich Jeffrey in den Wandschrank flüchtet um der „Darbietung" – gleich einer filmischen – von Dorothy und Frank zuzusehen, so tritt der Zuschauer ebenfalls in die dunkle Kammer des Kinos und begibt sich in eine allumfassende Hyperrealität – die jedoch nach einer bestimmten Zeit zerstört wird und den Zuschauer fragmentierter als in seiner Ausgangssituation zurücklässt[151].

Das Fehlen einer narrativen Linearität und einer einheitlichen Charakterentwicklung ist schließlich eines der Hauptmerkmale des postmodernen

---

[148] Ebd 69f.
[149] Vgl.Blue Velvet, Lynch 12:35.
[150] Vgl. Pearson Chapter 3.
[151] Vgl. Kaul 160.

Films in „Blue Velvet". Gleich zu Anfang wird die Erwartungshaltung des Zuschauers gebrochen: nachdem sich der blaue Vorhang hebt, erwartet den Zuschauer kein konventionelles Theaterstück, oder ein Film mit Dramenstruktur, sondern Bilder einer amerikanischen Kleinstadt und deren Bewohner. Die Rosen und der weiße Zaun werden aus der Kinderperspektive gezeigt, eine Anspielung auf den kindlichen, unerfahrenen Verständnishorizont des Protagonisten Jeffrey: der Zuschauer erlebt den Film aus seiner Sichtweise, und da Jeffrey nicht in der Lage ist, sämtliche Vorgänge in Lumberton rational zu durchschauen, wirkt die Narrative fragmentiert[152]. Kurz nach dem ersten Höhepunkt – dem Schlaganfall von Jeffreys Vater beim Garten bewässern[153] - würde der Zuschauer erwarten, dass die nächsten Szenen zeigen, wie der Vater von der Familie in die Notaufnahme gebracht wird. Nicht so hier: dem eigentlich dramatischen Vorfall eines Schlaganfalls folgt eine absurd-komische Sequenz, in der ein Hund versucht, das Wasser, das noch immer aus dem Gartenschlauch spritzt, zu „beißen"[154]. Dieser Szene folgt noch immer kein Schnitt zurück zum Vater, sondern unter die Gartenerde zu einem Haufen wimmelnder, schwarzer Käfer deren knackende Bewegungen sich bereits während der Schlaganfall – Szene angekündigt haben, aber in keinerlei Zusammenhang zum visuellen Inhalt der Szene standen. Übergangslos wird zur nächsten Szene gewechselt, dem Stadtschild von Lumberton. Diese Art von Inkongruenz zwischen Struktur und Inhalt von Szenen, in denen die Struktur komisch, das Sujet grausam[155] ist, findet man noch einmal in der von dem Lied „In Dreams" untermalten Szene, in der Frank Booth Jeffrey verprügelt, und beim zweiten Besuch Jeffreys in Dorothys Wohnung: als Frank in die Wohnung tritt, versteckt sich Jeffrey in Dorothys Wandschrank. Jeffreys Handlung ist eine typische Slapstick – Nummer, bedenkt man jedoch dass er sich mit seiner komischen Einlage vor den Fängen eines psychopathischen Drogen-Dealers retten will, bleibt einem das Lachen im Halse stecken.

In der Welt Lumbertons scheint demnach vieles konventionellen und vertrauten Strukturen zu entsprechen, wenn man die einzelnen Elemente dieser Welt betrachtet, im Kontext haben sie jedoch eine seltsame, inkohärente und ultimativ unheimliche Wirkung auf den Zuschauer. Die autonomen Existenzen von narrativer und visueller Ebene werden durch diese Prozesse der Inkongruenz

---

[152] Vgl. Atkinson, Michael. Blue Velvet. BFI Modern Classics, London 1997, S.53f.
[153] Vgl. Blue Velvet, Lynch 03:29 – 03:45.
[154] Vgl. Ebd. 03:54 – 04:08.
[155] Vgl. Kaul 60.

deutlich unterstrichen. Die Künstlichkeit des Films, die durch dieses Auseinanderreißen der Signifikationskette offenbar wird, wird in zwei weiteren Szenen nochmals bewusst: zum Einen im Club „This Is It", in der Frank Booth wie durch Zauberhand „verschwindet"[156]. Er verlässt den Club nicht aus der Tür, sondern löst sich buchstäblich in Luft auf – eine Szene, die ganz offensichtlich an die hohe Materialität des Märchen – oder Trickfilms erinnert. In der Hyperrealität Lynchs existiert die „realistische" Filmwelt neben dem Märchen und lässt sich nicht mehr von ihr trennen[157]. In der Selbstreferentialität der letzten Szene des Films wird die Dekonstruktion der Narrative jedoch am deutlichsten: die Anfangssequenz mit dem weißen Zaun, den Blumen und dem Feuerwehrmann wird identisch wiederholt, jedoch in umgekehrter Reihenfolge.

Doch nicht nur die Narrative, auch die Charaktere in „Blue Velvet" sind fragmentarisch und dekonstruiert. Sie zeigen weder ein konsistentes Rollenverhalten auf noch eine gefestigte Identität, am ehesten könnte man sie als Doppelgänger voneinander betrachten. Frank erwähnt während der Spritztour zum „This Is It" dass Jeffrey wie er sei[158], und tatsächlich finden sich bei ihm, ähnlich wie bei Frank, Obsessions – und Sadismustendenzen hinsichtlich Dorothy, als er sie im Liebesakt schlägt. Während Jeffrey diese Tat aber rückblickend bereut und auf seinem Bett weinend unter Rückblenden zusammenbricht[159], ist Frank ganz und gar von seinen ödipalen Sexualfantasien beherrscht und ultimativ bis zur sexuellen Impotenz gelähmt. In der Konfrontation mit Frank und seinen eigenen inneren Dämonen versucht Jeffrey dieser Entwicklung zu entgehen. Dorothy wiederum kann als Doppelung von Sandy betrachtet werden, beiden werden im Film Züge des *Good Girl* und des *Bad Girl* zugeeignet. Beide sind Opfer und Täter oder zumindest Katalysatoren im Laufe des Films. Dorothy ist einerseits die Femme Fatale, die Jeffrey in die Welt extremer Leidenschaft und Kriminalität führt, andererseits ist sie eine leidende Mutter und Ehefrau. Sandy hingegen wird im Großteil des Films als stereotypisches High School Sweetheart porträtiert und entspricht in ihrem Aussehen und Handlungen den Konventionen eines 50er Jahre Teenager – Films, weckt aber gleichzeitig in Jeffrey das dunkle Verlangen, dem Geheimnis um das gefundene Ohr auf die Spur zu kommen. Gleichzeitig lassen sich bei Sandy ebenfalls voyeuristische Tendenzen feststellen, in ihrem Zimmer über dem Büro

---

[156] Vgl. Blue Velvet, Lynch 1:19:19.
[157] Vgl. Seeßlen 89.
[158] Vgl. Blue Velvet, Lynch 1:20:38.
[159] Vgl. Blue Velvet, Lynch 1:25:00 – 1:25:49.

ihres Vaters, Detective Williams, lauscht sie heimlich geheimen Gesprächen[160]. Obwohl sich Dorothy und Sandy teilweise klischeehaft im Rahmen von Hollywood - Mainstream - Dichotomien wie Sünderin/Heilige verhalten, ist ihr Rollenbild also dennoch nicht innerhalb eines bestimmten Genres konsistent, vielmehr springen sie zwischen mehreren Genre – Klischees[161]. Die Tatsache, dass Sandy Jeffrey die Beziehung zu Dorothy, trotz ihres anfänglichen Schocks, nach scheinbar nur ein paar Stunden vergibt, deutet ebenfalls an, dass Sandy in Dorothy Züge ihres eigenen Wesens erkennt und die Anziehung Jeffreys durch diese nachvollziehen kann. Die Bewegung in abweichenden Genre – Konventionen lässt sich zusätzlich an den Figuren von Frank und Jeffrey aufweisen: einerseits zeigt Frank einen ausschließlich vulgären Sprachgestus auf und ergeht sich in gewalttätigen Exzessen, andererseits lebt er in einer zwanghaften Mutter – Kind – Symbiose zu Dorothy und offenbart seine sentimentale, ängstliche Seite wenn er die Lieder „Blue Velvet" und „In Dreams" hört. Seine Existenz als „polymorph pervers[es]"[162] Mischwesen, das sowohl weiblich als auch männlich, Mann als auch kleiner Junge ist, verstößt gegen jegliche, klassischen Konventionen des Bösewichts und spricht für seinen postmodern fragmentierten Charakter. Jeffrey ist ebenfalls abwechselnd kleiner, naiver Junge, intelligenter und neugieriger Mann und Doppelgänger seines Vaters, als dieser symbolisch kastriert im Krankenhaus liegt. Georg Seeßlen führt weiterhin an, dass Frank und Dorothy ein Substitut für Jeffreys abwesende Eltern konstituieren, die das für seine Entwicklung nötige ödipale Trauma darstellen[163].

Somit existieren die Figuren in mehreren Bedeutungswelten, die nicht klar voneinander trennbar sind und dem Zuschauer eine eindeutige Interpretation verweigern. Wie die Protagonisten, zeigen auch sekundäre Charaktere eine Prädisposition zur Verwechslung und Übertragung auf. Das deutlichste Beispiel liefern hier die zwei Angestellten aus dem Werkzeugladen von Jeffreys Vater: sie treten nicht als individuelle Subjekte, sondern als identische Einheit mit dem Namen „Double Ed" auf[164]. Ihre unfreiwillig komische und eigenartige Einheit, erinnert an eine Institution des absurden Theaters: die Figuren Estragon und Wladimir aus Samuel Becketts „Warten auf Godot". Durch diesen beabsichtigten

---

[160] Vgl. Mysteries of Love, Lynch 32:38 – 32:41.
[161] Vgl. Schmidt 79.
[162] Seeßlen 97.
[163] Vgl. Seeßlen 195.
[164] Vgl. Blue Velvet, Lynch 17:53.

oder unbeabsichtigten Rückgriff auf eine vergangene ästhetische Bewegung wird einmal mehr das postmoderne Pastiche deutlich.

Fazit

Betrachtet man ausschließlich den Handlungsverlauf der Geschichte, ist diese leicht zugänglich und gleicht konventionellen Kriminalgeschichten: ein junger Mann findet einen obskuren Gegenstand und will der Tat auf die Spur kommen und verstrickt sich dabei in ein Netz aus Kriminalität und Geheimnissen, wobei am Ende die gerechte Balance wiederhergestellt und das Rätsel gelöst ist. Der Protagonist Jeffrey sagt an einer Stelle selbst, dass er „es mit einem Rätsel zu tun [hat]"[165].

Lynchs Umsetzung des Kriminalelements in „Blue Velvet" ist jedoch zutiefst postmodern und spielt mit dem kulturellen Wissen der Zuschauer. Der Film erlaubt keine eindeutige Einordnung des Gesehenen: die Filmwelt ist inkonsistent, eine *Pastiche* und *Bricolage* verschiedener Stereotypen aus Hollywood – Filmen verschiedener Epochen, auf dem Bildschirm herrschen verbal und visuelle Exzesse vor, Figuren und Linearität sind fragmentiert. Die Filmwelt von „Blue Velvet" ist eine Hyperrealität, die in ihrer Struktur bar jeglicher Verbindung zu einer objektiven Wirklichkeit ist.

Der Film spiegelt demnach die Erfahrung einer postmodernen Welt wider, die ebenfalls keiner objektiven Wirklichkeit mehr verbunden ist, die aus Simulacra besteht und aus individuellen Hyperrealitäten. Das Resultat ist eine zynisch – ironische Haltung, die es einem erlaubt, die postmoderne Gesellschaft aus einer sicheren Distanz zu betrachten, und einer weiteren Fragmentierung entgegenzuwirken.

Ein Film wie „Blue Velvet" fördert die Vielfalt an Rezeptions– und Interpretationsmöglichkeiten des Publikums, ganz nach der postmodernen Maxime, dass es keine eindeutigen Wahrheiten mehr gibt, sondern nur verschiedenartige Diskurse darüber. Als postmodernes Kulturartefakt/filmisches Kulturartefakt kann „Blue Velvet" auch als Fluchtweg für das postmoderne Bewusstsein betrachtet werden und dient somit der postmodernen *Conditio Humana* innewohnenden Nostalgie, die das postmoderne Subjekt vor den dezentrierenden Tendenzen der Postmoderne bewahren will.

---

[165] Blue Velvet, Lynch 1:04:13.

David Lynch ist mit „Blue Velvet" ein Film gelungen, der in seinen Strukturen die Bedingungen der postmodernen Welt verkörpert, und somit verdienterweise als einer *der* Beispiele eines postmodernen Films angesehen wird.

Literaturverzeichnis

Primärliteratur

BENJAMIN, Walter: Das Kunstwerk im Zeitalter seiner technischen Reproduzierbarkeit, in: Günter Helmes, Werner Köster (Hrsg.): Texte zur Medientheorie, Stuttgart 2002. S. 163– 89.

BLUE VELVET, USA 1986, R: David Lynch.

DERRIDA, Jacques und Linda Hutcheon, Joseph Natoli (Hrsg.): Structure, Sign, and Play in the Discourse of the Human Sciences, in: A Postmodern Reader, Albany 1993, S. 223 – 42.

FREUD, Sigmund: Das Unheimliche, in: Imago. Zeitschrift für Anwendung der Psychoanalyse auf die Geisteswissenschaften V 4 (1919), S. 297 - 324.

JAMESON, Fredric: Postmodernism, or, the Cultural Logic of Late Capitalism, Durham 1991.

LANGE, Konrad: Die >>Kunst<< des Lichtspieltheaters (1913), in: Helmut H. Diederichs (Hrsg.): Geschichte der Filmtheorie. Kunsttheoretische Texte von Méliès bis Arnheim, Frankfurt am Main 2003. S. 75 – 88.

LYNCH, David. In: Mysteries of Love – Dokumentation. BLUE VELVET, USA 1986, R: David Lynch. DVD (MGM Gold Edition 2004).

UN CHIEN ANDALOU (EIN ANDALUSISCHER HUND), F 1929, R: Luis Buñuel, unter http://vimeo.com/12688293 (aufgerufen am 16.08.2012).

Sekundärliteratur

ATKINSON, Michael. Blue Velvet. BFI Modern Classics, London 1997.

BLEICHER, Joan Kristin: Zurück in die Zukunft: Formen intertextueller Selbstreferentialität im postmodernen Film, in: Jens Eder (Hrsg.): Oberflächenrausch. Postmoderne und Postklassik im Kino der 90er Jahre, Hamburg 2008. S. 113 – 32.

BROOKER, Peter, Will Brooker (Hrsg): Postmodern After – Images. A Reader in Film, Television and Video, London 1997.

BUTLER, Christopher: Postmodernism: A Very Short Introduction, Oxford 2002.

CERSOWSKY, Peter: Phantastische Literatur im ersten Viertel des 20. Jahrhunderts. Untersuchungen zum Strukturwandel des Genres, seinen geistesgeschichtlichen Voraussetzungen und zur Tradition der "schwarzen Romantik" insbesondere bei Gustav Meyrink, Alfred Kubin und Franz Kafka, München 1985.

CONNOR, Steven: Postmodernist Culture: an Introduction to the Theories of the Contemporary, Oxford 1989.

DABBERT, Julia: Wiederholung und Spiegelung - Mittel der Variation im Werk von David Lynch am Beispiel von Inland Empire, in: Kerstin Stutterheim (Hrsg.): Studien zum postmodernen Kino. David Lynchs *Inland Empire* und Bennett Millers *Capote*, Frankfurt am Main 2011, S. 23 – 83.

DAVISON, Annette und Erica Sheen (Hrsg): The cinema of David Lynch. American Dreams, Nightmare Visions, London 2004.

DENZIN, Norman K.: *Blue Velvet.* Postmodern Contradictions, in: Theory, Culture and Society 5 (1988), S. 461-73, unter: http://tcs.sagepub.com/content/5/2/461.full.pdf+html (aufgerufen am 01.08.2012).

DRAZIN, Charles: Blue Velvet. Bloomsbury Movie Guide No.3, London 1998.

EDER, Jens (Hrsg): Oberflächenrausch. Postmoderne und Postklassik im Kino der 90er Jahre, Hamburg 2008.

EDER, Jens: Die Postmoderne im Kino. Entwicklungen im Spielfim der 90er Jahre, in: Jens Eder (Hrsg.): Oberflächenrausch. Postmoderne und Postklassik im Kino der 90er Jahre, Hamburg 2008. S. 9 – 61.

FEATHERSTONE, Mike: In pursuit of the Postmodern: An Introduction, in Theory, Culture and Society 5 (1988), S. 195–215, unter: http://tcs.sagepub.com/content/5/2/195.full.pdf+html (aufgerufen am 01.08.2012).

FISCHER, Robert: David Lynch. Die dunkle Seite der Seele, München 1992.

HUTCHEON, Linda: Postmodern Film?, in: Peter Brooker und Will Brooker (Hrsg.): Postmodern After – Images. A Reader in Film, Television and Video, London 1997. S. 36 – 42.

INTERTEXTUALITÄT, in: Nünning, Ansgar (Hrsg): Metzler Lexikon Literatur – und Kulturtheorie. Ansätze, Personen, Grundbegriffe, Stuttgart 2008.

KAUL, Susanne, Jean – Pierre Palmier: David Lynch. Einführung in seine Filme und Filmästhetik, München 2011.

LYNCH, David und Chris Rodley (Hrsg.): Lynch über Lynch, Frankfurt am Main 2006.

PEARSON, Matt: Authorship and the Films of David Lynch: Chapter 1 Eraserhead, The British Film Resource 1997, unter: http://www.britishfilm.org.uk/lynch/eraserhead.html (aufgerufen am 15.07.2012).

PEARSON, Matt: Authorship and the Films of David Lynch: Chapter 3 Blue Velvet, The British Film Resource 1997, unter: http://www.britishfilm.org.uk/lynch/blue_velvet.html (aufgerufen am 15.07.2012).

ROMBES, Nicholas: Blue Velvet Underground: David Lynch's Post – Punk Poetics, in: Annette Davison, Erica Sheen (Hrsg.): The cinema of David Lynch. American Dreams, Nightmare Visions, London 2004. S. 61 – 76.

SANDBOTHE, Mike: Was heißt hier Postmoderne? – Von diffuser zu präziser Postmoderne – Bestimmung, in: Andreas Rost, Mike Sandbothe (Hrsg.): Die Filmgespenster der Postmoderne, Frankfurt am Main 1998. S. 41 – 54.

SCHMIDT, Oliver: Leben in gestörten Welten. Der filmische Raum in David Lynchs *ERASERHEAD, BLUE VELVET, LOST HIGHWAY* und *INLAND EMPIRE*, Stuttgart 2008.

SCHRECKENBERG, Ernst: Was ist postmodernes Kino? – Versuch einer kurzen Antwort auf eine schwierige Frage, in: Andreas Rost, Mike Sandbothe (Hrsg.): Die Filmgespenster der Postmoderne, Frankfurt am Main 1998. S.118 – 30.

SEEßLEN, Georg. David Lynch und seine Filme, Marburg 2007.

STUTTERHEIM, Kerstin: Postmodernes Kino – ein Umriss, in: Kerstin Stutterheim (Hrsg.): Studien zum postmodernen Kino. David Lynchs *Inland Empire* und Bennett Millers *Capote*, Frankfurt am Main 2011, S.11 – 21.

WOODS, Tim: Beginning Postmodernism, Manchester 1999.

ZIMA, Peter V.: Moderne/ Postmoderne. Gesellschaft, Philosophie, Literatur, Tübingen 2001.

Denis Pavlovic: Welcome to Lynchworld. Surrealismus in David Lynchs Filmen

Einleitung

„[…] Und zu den Menschenrechten gehörte für die Surrealisten das Ergründen der düsteren Abgründe ebenso wie die Freiheit des Geistes und der Empfindungen, ja die Veränderung des Menschen."[166]

So kann man die surrealistische Art in David Lynchs Filmen beschreiben. Doch um die surrealen Stilmittel in seinen Welten zu entdecken und zu verstehen, muss man vorerst frühe Werke und Arten dieser Epoche analysieren, um einen genauen Bezug herstellen zu können. „Nähern kann man sich dem Surrealismus auf mannigfache Weise. Man kann sein eigentliches Wesen auszumachen suchen oder den Zeitpunkt, zu dem sein Wirken einsetzt. Man kann ihn im Hinblick auf das untersuchen, was seither an dichterischen Bemühungen entstanden ist."[167] Der Ursprung dieser Kunstart liegt nämlich nicht im Film, sondern entwickelte und manifestierte sich in Lyrik und Malerei. In dieser Hausarbeit sollen, durch Bezüge zu den frühen surrealistischen Künstlern und ihrem sehr eigenwilligen Stil die verschiedenen Welten, in die David Lynch seine Zuschauer leitet, analysiert und erklärt werden. Dabei soll auch die Frage geklärt werden, wie und wann er sich gewisser Stilmittel dieser Epoche bedient und ob er, auch eigene surrealistische Mittel kreiert und verwendet hat. Die Filme *Eraserhead*, *Blue Velvet*, *Lost Highway* und *Inland Empire* dienen als passende Grundlange für eine Untersuchung von David Lynchs Stil, da sie zahlreiche surrealistische Stilmitteln aufweisen.

"Was genau Traum und was im Film real ist, lässt David Lynch im Unklaren, eindeutig ein surrealistisches Element."[168]

„Je undurchdringlicher das Geheimnis, desto schöner ist es."[169]

---

1 Uwe M. Schneede: Die Kunst des Surrealismus. Malerei, Skulptur, Dichtung, Fotografie, Film. München 2006, S. 13

2 Maurice Blanchot: „Überlegungen zum Surrealismus", in: Peter Bürger: Wege der Forschung. Surrealismus. Darmstadt 1982, S. 37

[168] Vera Schröder: „David Lynchs Lost Highway als surrealistischer Film", in: Michael Lommel, Isabel Maurer Queipo, Volker Roloff: Surrealismus und Film. Von Fellini bis Lynch. Bielefeld 2008, S. 303
[169] David Lynch: David Lynch. Talking. Berlin 2008, S. 36

Surrealismus: Erläuterung, Formen, Anwendungsbereiche

„Der Surrealismus gehört heute zu den populärsten Kunstrichtungen. Die Faszination entspringt dem Rätselhaften und Phantasievollen, welches surrealistische Kunst im Allgemeinen verbindet."[170] 1916: „Zum ersten Mal befasste er [André Breton] sich mit Pierre Janets und Sigmund Freuds Deutungen des Unbewussten und der Träume. Damit war einer der Grundsteine für das surrealistische Projekt gelegt."[171] 1919 gründete der Berühmte Schriftsteller André Breton die Zeitschrift „Littérature" und schrieb 1924 sein „Manifeste du Surréalism", womit er den Weg für die neue und revolutionäre Kunstform ebnete. 1922 wurde mit Breton und einigen Anhängern das erste surrealistische Experiment durchgeführt, das „automatische Schreiben". In einem abgedunkelten Raum, wurde in völliger Trance geschrieben, gezeichnet und geredet. Somit entwickelten sich die ausschlaggebenden Stilmittel der surrealistischen Kunst: Träumen, mit freiem Geist arbeiten um somit die tiefsten Gedanken aus dem Verborgenen hervorzuholen, dem Unterbewusstsein freien Lauf lassen. „Freiheit und Imagination sind die neuen [...] Begriffe. Gepriesen werden daneben der Wahnsinn, die Halluzination, das Wunderbare, der Traum."[172]

Die Surrealisten wollten sich gegen jegliche Norm von Staat und Gesellschaft indirekt auflehnen, indem sie nämlich das rationale, „normale" Denken auflösen, um neue, innere Welten zu erforschen. Es ging darum unbewusste Geisteszustände, in Träumen und Fehlleistungen anschaulich und analysierbar zu machen. „Die Surrealisten wollten nicht Teilbereiche der Natur oder der Zivilisation oder der Kultur revidieren, sondern die Sicht auf das Ganze des Menschen eröffnen."[173]

Als Werkzeug im „Kampf" gegen die festgefahrene Logik, nahmen sich die Surrealisten das Wunderbare vor. Da es allgegenwärtig sein soll, liegt es nahe, dass es die Wirklichkeit ersetzten könnte.

---

170 Ulrike Johnson: „Surrealismus oder die innere Revolution", in:
http://www.ulrikejohnson.gmxhome.de/uli/writing/clickart/surrealismus.html

171 Uwe M. Schneede: Die Kunst des Surrealismus. Malerei, Skulptur, Dichtung, Fotografie, Film. München 2006, S. 19

172 Ebd. S. 41

173 Ebd. S. 45

„Die bewusste Distanz zum Wirklichen, nämlich die Entfremdung [..], ist die Voraussetzung für jene Erfahrung des Wunderbaren, die tatsächlich alle surrealistischen Bildproduktionen durchziehen wird, sei es in der Malerei oder in der Dichtung, sei es in der Fotografie oder im Film."[174]

An diesem Punkt muss man jedoch unterscheiden. Der oben genannte Aspekt ist nur ein Schritt zum dem Vorhaben der Künstler, denn die Surrealisten wollten sich nicht der Realität entziehen, sondern das vom Menschen Wahrgenommene durch tiefere Einsichten erweitern. Es soll eine Sicht entwickelt werden, das Unscheinbare und Fantastische in der erfahrenen Wirklichkeit zu entdecken und auch diesen „Geheimnissen", welche eigentlich keine sein sollten, Aufmerksamkeit zu schenken. „[…] und zwar im surrealistischen Licht erlebt werden. Insofern ist die Surrealität auch eine Frage der Wahrnehmung einer erweiterten Realität."[175] Es soll im Endeffekt nicht mehr zwischen Wachzustand und Traum, Wahrnehmung und Vorstellung oder Vergangenheit und Zukunft unterschieden werden.

1925: „Der Surrealismus […] habe sich bislang einzig über das Schreiben definiert […]. Es müssten jedoch für die bildende Kunst, die Fotografie, die Skulptur und dem Film adäquate Verfahren zu entwickeln sein"[176]

In der Malerei wurden die konventionellen Formen, Strukturen und Arbeitsabläufe umgeworfen und es wurde explizit „anders" gearbeitet. „[…] die Unterschiede zwischen Malen und Zeichnen, Zeichnen und Schreiben sind sichtlich aufgehoben"[177] Somit wollten die Surrealisten sich bestmöglich von der herkömmlichen Malerei entfernen und in ihren Bildern, dem Betrachter Spielraum, für eigene Vorstellungen und neue Sichtweisen, geben.

Eine andere neue Ebene des Surrealismus waren Skulpturen und Objekte, mit welchen die Künstler direkt auf die Ängste, Aggressionen und auch Perversionen der Betrachter eingingen. Sie verwendeten Alltagsgegenstände mit denen jeder vertraut ist, um einen direkten Bezug zum Betrachter herzustellen.

---

[174] Uwe M. Schneede: Die Kunst des Surrealismus. Malerei, Skulptur, Dichtung, Fotografie, Film. München 2006, S. 48
[175] Ebd. S. 53
[176] Ebd. S. 84
[177] Ebd. S. 88

„Es sollte also in diesen neuen Produktionen weniger ums Ästhetische, sondern um den erotischen Effekt, möglichst der sexuellen Perversion gehen.“[178]

„[...] Begierde schlägt in Aggression um“[179]

In der Kunst der surrealistischen Fotografie begann ein weiteres Mal die Suche nach dem Surrealen, dem Wunderbaren in der Realität. Die Künstler entlockten natürlichen Objekten ihre Magie, die erst durch das Foto sichtbar gemacht wurde. „So wurde die Fotografie paradoxerweise zum eigentlichen, zum authentischen Garanten für die Surrealität in der Realität“[180]

Abschließend der surrealistische Film.

Die Faszination der Künstler an diesem Medium lag in der Variabilität der Möglichkeiten, den Betrachter der Realität zu entziehen und ihn frei durch Welten zu schicken, die so nicht möglich wären. Sie nutzen eine große Bandbreite von filmischen Mitteln um die Logik aufzuheben, zu verwirren, zu erschrecken und zu entsetzen. „Aus der Perspektive surrealistischer Ästhetik faszinierte sie die Fähigkeit des Films, die Schwerkraft aufzuheben, die Zeiten durcheinanderzuwirbeln, die Räume nach Belieben zu wechseln, die Figuren überraschend zu verwandeln, Gewaltakte zu simulieren, unwahrscheinliche Metamorphosen durchzuführen, Ereignisse unglaublich zu beschleunigen, kurz: die Welt nicht nach den Naturgesetzten, sondern frei nach der Imagination aus Elementen der Wirklichkeit zu gestalten.“[181]

All die aus der Geschichte aufgeführten Mittel und Gestaltungselemente der surrealistischen Kunst kann man ihn David Lynchs Werken wieder finden und somit den Reiz und die Faszination, was den Surrealismus ausmacht, in der Moderne als neu entwickelte und ausgebaute Renaissance einer Kunstrebellion wieder entdecken. In dem folgenden Kapitel geht es um den modernen Meister des heutigen surrealistischen Film und um einige seiner Werke. Es wird analysiert, welche Mittel Lynch seinen Vorgängern entnommen hat und welche er neu und auf seine Filme spezifisch selbst entwickelt und angewendet hat.

---

[178] Uwe M. Schneede: Die Kunst des Surrealismus. Malerei, Skulptur, Dichtung, Fotografie, Film. München 2006, S. 173
[179] Ebd. S. 172
[180] Ebd. S. 177
[181] Ebd. S. 194

Surrealismus in David Lynchs Filmen

David Lynch ist der wichtigste surrealistische Filmemacher der heutigen Zeit. Seine Filme sind eine Renaissance des frühen surrealistischen Film der 20er und 30er Jahre. Dies ist leicht an den Traummotiven und Traumzuständen, welche oft in Lynchs Filmen vorkommen, belegbar. "Auch in neueren surrealistischen Filmen finden, inspiriert durch ihre Vorgänger, gleitende Übergänge zwischen Traum und Wirklichkeit statt. Oft lassen sich die Filme insgesamt in Nachhinein als ein Traum erahnen. Wunschtraumsequenzen und Albtraumsequenzen lassen sich kaum unterscheiden."[182] „Ich weiß nicht, warum die Menschen erwarten, dass Kunst Sinn ergibt. Sie akzeptieren doch auch [...], dass gewisse Dinge im Leben keinen Sinn haben."[183] Die Frage, nach dem Sinn, stellt man sich des Öfteren wenn man einen Lynch Film anschaut. In seinen Welten ist es meistens nicht einfach sich zu Recht zu finden und die geschichtliche Orientierung beizubehalten. Dazu hat der Betrachter noch mit Angstzuständen zu kämpfen. Gestaltungselemente welche bei den frühen Surrealisten einen Hauptbestandteil ihrer Arbeit ausmachten. „Die Surrealisten waren fasziniert von Horrorlandschaften, absurden Gestalten, düsteren Welten (Landschaften), Bizarrem, Groteskem, Abgründe, Triebe und das Düstere im Menschen."[184] Somit lässt sich feststellen, dass Lynch sich an den Stilmitteln der frühen Künstler dieser Gruppe, bedient hat und diese Elemente in seine Geschichten geschickt eingebaut hat. Er will den Zuschauern nicht eine klare und deutlich erkennbare Erzählung liefern. Seine Filme fordern heraus, wollen provozieren, verstören aber nicht in dem Sinne, dass sich der Betrachter abwendet, sondern es soll weiter gedacht werden. Man muss hinterfragen, sich hineindenken und nicht einfach nur aufnehmen was einem dargeboten wird.

Eraserhead

Henry, die Hauptfigur im Film, lebt in einem verlassenen Industriegebiet, zeitweilig mit seiner Freundin Mary zusammen. Gemeinsam haben sie ein Kind,

---

[182] Vera Schröder: „David Lynchs Lost Highway als surrealistischer Film", in: Michael Lommel, Isabel Maurer Queipo, Volker Roloff: Surrealismus und Film. Von Fellini bis Lynch. Bielefeld 2008, S. 301

[183] David Lynch: David Lynch. Talking. Berlin 2008, S. 32

[184] Uwe M. Schneede: Die Kunst des Surrealismus. Malerei, Skulptur, Dichtung, Fotografie, Film. München 2006, S. 50

welches die absurde Gestalt eines „Aliens" besitzt und aufgrund nächtelangen Schreiens, wird Henry dazu bewegt es zu ermorden. Später entdeckt er eine Frau, welche in seinem Heizkörper lebt. Er „reist" in ihre Welt und findet sich auf einer Schauspielbühne wieder. Durch einen unerklärlichen Vorgang verliert Henry seinen Kopf, welcher daraufhin zu einem Radiergummikopf *Eraserhead* verarbeitet wird. Im Schlussteil vereinigt sich Henry mit der Frau im Heizkörper durch eine Symbiose aus Licht und Störgeräuschen, womit der Film endet. Um *Eraserhead* zu analysieren, werden die Tonkulissen und der filmische Raum nach surrealen Stilmitteln untersucht. Die Geräusche und Tonteppiche, welche Lynch meist selbst entworfen hat, gehorchen den räumlichen Gegebenheiten nicht. Sie verstören das Sinnbild, da sie meistens pausenlos weiterlaufen, obwohl die Szenen schon mehrere Übergänge durchlaufen sind. Dazu kommt auch das Fehlen von Laut und Leise in passender Form zu Nah und Fern. Hingegen sind die Geräusche teilweise einfach „nur" Laut und beängstigen durch Rauschen und Krächzen den Zuschauer. „In beiden Beispielen bewegt sich der Ton an der Grenze zum Artifiziellen, ohne dass man genau sagen könnte, in welcher Weise er nicht realistisch wäre."[185] Der filmische Raum lässt sich schon von Beginn an nicht richtig deuten. Henry bewegt sich zwar durch ein Industriegebiet, aber es sind keine anderen Menschen zu sehen. Dieses Bild zieht sich durch den ganzen Film und lässt nicht erahnen ob es sich nun um Realität oder Traumlandschaft handelt. Den Höhepunkt der Unwirklichkeit durch Bewusstseinsverwirrung erreicht der Film letztendlich in den Szenen, in denen Henry sich zu der Frau im Heizkörper begibt. Eine unrealistische Szene wird dargestellt als könnte der gezeigte Raum und diese Welt wirklich existieren und somit wird die Wahrnehmung, ob es sich nun um Einbildung oder reinen realen Zustand handelt, ausgeblendet. „Die Filmrealität in *Eraserhead* [...] ist als Realität auch nicht klar vom Traum, [...] unterschieden. Vielmehr sind ihre Grenzen fließend."[186]

---

[185] Oliver Schmidt: Leben in gestörten Welten. Der filmische Raum in David Lynchs Eraserhead, Blue Velvet, Lost Highway und Inland Empire. Stuttgart 2008, S. 47

[186] Ebd. S. 55

Blue Velvet

Die einleitenden Szenen des Films, zeigen typische Elemente der „perfekten"
amerikanischen Kleinstadtidylle. Plötzlich erleidet ein Rentner einen Schlaganfall
und das Bild wechselt zu einem Haufen schwarzer, krabbelnder Insekten über.

Daraufhin wird die Hauptfigur „Jeffrey" gezeigt, welcher auf dem Weg ist seinen
Vater im Krankenhaus zu besuchen. Auf dem Weg findet Jeffrey ein
abgeschnittenes Ohr. Um dies zu klären begibt er sich zur Polizei und lernt
daraufhin die Tochter des Detectives, Sandy, kennen. Um den Fall zu klären bricht
Jeffrey in das Haus von Dorothy Vallens, welche verdächtigt wird, ein. Dort wird
er Zeuge einer Vergewaltigung von Dorothy durch einen Mann, namens Frank
Booth, welcher Mann und Kind von Dorothy gefangen hält. Doch als Jeffrey
wieder Mal in die Wohnung einbricht findet er Dorothys Mann tot auf. Daraufhin
erschießt er Frank, welcher gerade versuchen wollte die Leiche zu stellen. Der
Film endet mit denselben Elementen des Anfangs und einem heilem Weltbild von
Jeffrey, Sandy und Dorothy, welche wieder mit ihrem Sohn vereint ist. In *Blue
Velvet* verwirrt Lynch den Zuschauer mit zeitlichen Unklarheiten, durch
Verwendung von Alltagsgegenständen und Objekten aus verschiedenen
Jahrzehnten, gestreckt von den 50ern bis zu den 80ern. Dazu tauchen noch
Handlungsmuster auf, welche der Zuschauer klar zu einer Epoche oder einem
Genre zuordnet, diese aber dann durch einen (surrealen) Akt gestört werden und
somit die Ahnung des Betrachters auflöst und ihn fast „hilflos" den Bildern
aussetzt. „[...] es gibt keinen klaren Gegensatz zwischen Elementen
verschiedener Dekaden, so dass manche Szenen fast wie aus einer anderen Zeit
wirken."[187] Dazu tauchen noch Handlungsmuster auf, welche der Zuschauer klar
zu einer Epoche oder einem Genre zuordnet, diese aber dann durch einen Akt
gestört werden und somit die Ahnung des Betrachters auflöst und ihn fast „hilflos"
den Bildern aussetzt. „Aber auch auf ikonographischer Ebene bricht *Blue Velvet*
mit bestimmten im kollektiven Gedächtnis der Zuschauer verankerten
Filmbildern, deren Wiedererkennungswert sich wesentlich über ihr Auftreten in
Filmen eines bestimmten Genres [...] generiert und die [...] Erwartungen an
Funktion und Verlauf einzelner Szenen, beim Rezipienten wecken."[188]

---

[187] Oliver Schmidt: Leben in gestörten Welten. Der filmische Raum in David Lynchs Eraserhead, Blue Velvet,
Lost Highway und Inland Empire. Stuttgart 2008, S. 72

[188] Ebd. S. 76

Lost Highway

Der Einstieg in den Film beginnt mit einem Gespräch des Hauptdarstellers (Fred) durch die Sprechanlage, wodurch im mitgeteilt wird Dick Laurent sei tot. Doch Fred kennt diesen Mann nicht. Daraufhin werden der Reihe nach Videokassetten mit Aufnahmen seines Hauses, welches er mit seiner Frau Renee bewohnt, abgeliefert. Die dritte Videokassette zeigt, wie jemand Renee ermordet. Es stellt sich heraus, dass Fred die Tat vollzogen haben muss und somit wird er zur Todesstrafe verurteilt. Im Gefängnis durchläuft er einer Persönlichkeitsspaltung und es erscheint Pete, welcher in der Zelle aufwacht. Dieser wird entlassen und er führt sein Leben normal weiter, mit der Arbeit in der Werkstatt von Mr. Eddie. Pete beginnt eine Affäre mit Eddies Frau, Alice, woraufhin er ihn ermorden will. Pete benötigt Geld und raubt den besten Freund von Eddie aus und flüchtet mit Alice in eine Hütte in der Wüste. Dort verwandelt sich Pete wiederum in Fred, welcher in das Lost Highway Hotel flüchtet. Dort schlägt er den Liebhaber seiner Frau zusammen und flüchtet unter Polizeiverfolgung, auf dem Highway Richtung Ungewissheit.

In diesem Lynch Werk durchzieht das stark surrealistische Element „Auflösung von Raum und Zeit" den kompletten Film. „Denn in *Lost Highway* wird sowohl die Linearität der Zeit als Grundvoraussetzung für das Verstehen der kausalen Zusammenhänge zeitlich getrennter Ereignisse als auch die eindeutige Lokalisierung von Personen im Raum punktuell aufgegeben."[189] Der Zuschauer wird also somit, in eine unwirkliche Traumwelt hineingeführt, welche sich aber nicht durch Kulisse und Schauspieler entwickelt, sondern rein durch zeitliche Verschiebungen, Geistige- und Persönlichkeitsstörungen, schwer nachvollziehbaren Zusammenhängen und surrealen Vorkommnissen, die dem Betrachter auffordern, sich in die Geschichte hineinzudenken und nachzuvollziehen, warum, wie und was genau passiert. "im traumatischen Spiel der Verdoppelungen und Doppelgängerinnen ist nichts mehr gewiss, am wenigsten der Status der Realität."[190]

---

[189] Oliver Schmidt: Leben in gestörten Welten. Der filmische Raum in David Lynchs Eraserhead, Blue Velvet, Lost Highway und Inland Empire. Stuttgart 2008, S. 103

[190] Jürgen Felix / Andreas Rauscher: „David Lynch", in Thomas Koebner: Filmregisseure. Biographien, Werkbeschreibungen, Filmographien. Stuttgart 2008, S. 466

Der Film beginnt mit einer Anreihung verschiedener Szenen aus einem polnischen Film namens „47", von welchem im eigentlichen Film ein Remake gedreht wird. Laut einer Aussage ihrer Nachbarin soll die Hauptprotagonistin Nikki, die Rolle in diesem Film spielen. Bestätigt wird dies, durch ein am nächsten Tag folgendes Telefonat. Daraufhin beginnen die Dreharbeiten zum Film. Nikki beginnt eine Affäre mit ihrem Schauspiel Kollegen Devon und versucht dies ihren Ehemann zu verheimlichen. Doch Nikki verliert sich langsam in ihrer Realitätswahrnehmung und wechselt ihre Persönlichkeit ständig zwischen der Schauspielfigur „Sue" und sich selber. Somit durchlebt sie verschiedene Momente aus ihrem Leben und dem Filmskript und es lässt sich nicht mehr unterscheiden wann sie welche Person ist. Gegen Schluss rennt Nikki in ein Hotelzimmer und findet dort die Hauptdarstellerin aus „47" auf. Diese rennt aber daraufhin davon und verschwindet mit Nikkis Mann und Kind. Am Ende sieht man Nikki wieder zu Hause auf ihrem Sofa und hinter ihr wird eine Tanzeinlage vollführt, während der Abspann läuft.

In seinem bis jetzt neuestem Werk, bringt Lynch die Zuschauer an surreale Grenzerfahrungen. Allein dadurch das im Film ein Film gedreht wird und die Hauptdarstellerin in beiden Filmen den Bezug zur Wirklichkeit mit ihrer Rolle vermischt und sich selber nicht mehr in ihrer Welt zurecht findet. Es entsteht eine radikale Vermischung von Traum und Realität, dass es beim Betrachten des Films, fast unmöglich scheint noch zwischen diesen Welten zu unterscheiden.

„Dies äußert sich [...] in der ontologischen Trennung von realen Räumen der Lebenswirklichkeit und fiktiven Räumen der Imagination."[191]

Durch die Verwendung bekannter surrealistischer Stilmittel: „Auflösung der klassischen Erzählung, Auslöschung der gegenständlichen Bildlichkeit, Unterminierung der Grundsätze der Logik (die Linearität der Zeit, die Eindeutigkeit des dreidimensionalen Raumes)" wird *Inland Empire* scharf an der Grenze zwischen Spiel- und Kunstfilm angesiedelt. Das Verstehen des Films geht gewissermaßen verloren und es entwickelt beim Betrachter eher eine Haltung, des Erleben eines Audiovisuellen Kunstobjektes.

---

[191] Oliver Schmidt: Leben in gestörten Welten. Der filmische Raum in David Lynchs Eraserhead, Blue Velvet, Lost Highway und Inland Empire. Stuttgart 2008, S. 138

Schluss

Zusammenfassend und abschließend lässt sich nochmals Sagen, das David Lynch die filmische Reinkarnation des frühen Surrealismus darstellt. Seine filmischen Welten in die er die Zuschauer entführt sind weit entfernt vom Normkino und trotzdem finden sie ihren Platz auf der Leinwand und in den Herzen der Zuschauer. Das Suchen und das Entdecken in ungewissen und unerklärlichen Räumen, darin liegt höchstwahrscheinlich der Reiz für die große Fangemeinde und die wachsende Anzahl der Neulinge in David Lynchs verstörter Traumwelt.

> „Ich möchte nicht den Eindruck erwecken, dass ich herumsitze und mir irgendwelche schrecklichen Sachen ausdenke. Ich habe viele unterschiedliche Ideen und Gefühle. Wenn ich Glück habe, fügen sie sich von allein zu einer Geschichte zusammen – dann kommen aber vielleicht Ideen, die zu grusselig, zu brutal oder zu witzig sind und nicht in die Geschichte passen. Man schreibt sie also auf und hebt sie für kommende Projekte auf. Es gibt nichts, was man in Filmen nicht verwenden könnte.“[192]

> „[…]Surrealismus hat mich auch sehr beeinflusst. Ich verwende genauso viel Energie auf Deformation und Verdrehung, wie ich auf das Schaffen von Dingen verwende.“[193]

> „Ich denke, die amerikanische Öffentlichkeit ist absolut surreal, und sie versteht Surrealismus. Die Vorstellung, dass sie es nicht tut, ist so absurd. Es ist nur so, dass man ihnen ständig einredet, dass sie Surrealismus nicht verstehen würden. Egal wohin man geht, es gibt immer irgendwelche alten Typen, die einem sehr surreale Geschichten mit einem seltsamen Humor erzählen. Und jeder hat den einen oder anderen Freund, der total surreal ist.“[194]

---

[192] David Lynch: David Lynch. Talking. Berlin 2008, S. 37
[193] Ebd. S. 33
[194] Ebd. S. 34

Literaturverzeichnis

Uwe M. Schneede: *Die Kunst des Surrealismus. Malerei, Skulptur, Dichtung, Fotografie, Film.* München 2006

Maurice Blanchot: „Überlegungen zum Surrealismus", in: Peter Bürger: *Wege der Forschung. Surrealismus.* Darmstadt 1982

Vera Schröder: „David Lynchs Lost Highway als surrealistischer Film", in: Michael Lommel, Isabel Maurer Queipo, Volker Roloff: *Surrealismus und Film. Von Fellini bis Lynch.* Bielefeld 2008

David Lynch: *David Lynch. Talking.* Berlin 2008

Ulrike Johnson: „Surrealismus oder die innere Revolution", in:

http://www.ulrikejohnson.gmxhome.de/uli/writing/clickart/surrealismus.html

Oliver Schmidt: *Leben in gestörten Welten. Der filmische Raum in David Lynchs Eraserhead, Blue Velvet, Lost Highway und Inland Empire.* Stuttgart 2008

Jürgen Felix / Andreas Rauscher: „David Lynch", in Thomas Koebner: *Filmregisseure. Biographien, Werkbeschreibungen, Filmographien.* Stuttgart 2008

Josip Lasic: *Lost Highway, Mulholland Dr., Wild at Heart*. Der andere Zustand in den Filmen von David Lynch

Einleitung

Diese Arbeit entstand im Rahmen des BA-Seminars zum Thema „„Der andere Zustand'. Erleuchtung, Wahn und Rausch in Literatur und Film." In diesem Zusammenhang schien eine Analyse einer Auswahl von Filmen des Regisseurs David Lynch naheliegend. „David Lynch sagt oft und gern, dass der Bereich, den seine Filme untersuchen, das Unbewusste sei" (Jerslev 1996: 25).

> Kein Regisseur wurde wohl so kontrovers diskutiert wie der 1946 in Montana geborene Autorenfilmer David Lynch. Halten ihn viele Fans für den unangefochtenen Meister des ‚postmodernen Kinos', werfen ihm ‚böse Zungen' vor, stets vorsätzlich unverständliche Filme zu produzieren, mit der Intention, sich selbst darüber zu amüsieren, wie Zuschauer versuchen, in seinen Abstraktionen einen Sinn zu bekommen (Hardinghaus 2004: 7).

„Bereits mit seinem ersten längeren Spielfilm *Eraserhead* führte Lynch sein Publikum nach ‚Lynchworld', in eine verstörende, meist abgründige, aber dennoch (oder gerade deshalb) faszinierende Welt" (Orth 2005: 9–10). Diese drei Zitate deuten darauf hin, dass die Filme von David Lynch für Hollywood unkonventionell und teilweise schwer verständlich sind. Ein Blick auf die Fülle an Literatur zu Lynch und seinen Filmen oder auf die Vielzahl an Seiten und Beiträgen im Internet, die sich mit den Filmen und ihren Interpretationen auseinandersetzen, stützt diese Vermutung. Seine Filme lassen sich – wenn man die Begriffe „Unbewusstes", „Unverständlichkeit" oder „verstörende, abgründige, faszinierende Welt" aus den Zitaten entnimmt – also durchaus im Bereich eines „anderen Zustands" ansiedeln. Der Untertitel des Seminars lautete zwar „Erleuchtung, Wahn und Rausch in Literatur und Film", doch im Verlauf der Veranstaltung stellte sich anhand von Werken, wie den Filmen *Fight Club* (David Fincher, USA 1999), *Breaking the Waves* (Lars von Trier, DK 1996), oder *Morte a Venezia* (Luchino Visconti, IT 1971), sowie Literatur, wie Thomas Manns *Tod in Venedig* heraus, dass sich ein „anderer Zustand" nicht nur auf einen Rausch, Wahn oder eine Erleuchtung reduzieren lässt und teilweise schwierig zu definieren ist.

In der Arbeit werde ich drei Filme von David Lynch auf ihre Darstellung des „anderen Zustands" – sowohl in der Narration, wie auch anhand der formalen Mittel – untersuchen und miteinander vergleichen. Dabei soll herausgearbeitet werden, ob es Parallelen gibt zwischen den einzelnen Filmen von Lynch, wie diese aussehen und ob die Darstellung stärker über die formalen Mittel, oder die Narration erfolgt. Weiter soll der künstlerische Aspekt im Gesamtwerk von David

Lynch, unter Einbezug von filmwissenschaftlichen Theorien, genauer betrachtet und analysiert werden. Die Filme, die in der Arbeit untersucht werden, sind *Wild at Heart* (USA 1990), *Lost Highway* (USA 1996) und *Mulholland Dr.* (USA 2001). Diese drei Filme sind ungefähr in der Mitte von Lynchs Schaffensperiode anzusiedeln, also zu einem Zeitpunkt, wo es für ihn schon möglich gewesen sein sollte, einen stringenten, eigenen Stil zu entwickeln. In der Arbeit will ich auch feststellen, ob ein solcher, eigener Stil in den Filmen überhaupt vorhanden ist. Des Weiteren liegen die Filme zeitlich auch relativ nahe beieinander, wodurch eventuelle Ähnlichkeiten in der Darstellung des „anderen Zustands" wahrscheinlicher sein könnten, als bei Filmen, die chronologisch weit auseinander liegen (Vgl. Seeßlen 2007: 263–265). Die Analyse der Thematik soll anhand einiger konkret formulierter Leitfragen erfolgen, die dabei helfen sollen, eine klare Linie und Gliederung in die Arbeit zu bringen. Was ist der andere Zustand in den Filmen von David Lynch? Gibt es Gemeinsamkeiten in der narrativen und formalen Darstellung des „anderen Zustands" in den einzelnen Filmen? Ist die Darstellung für jeden der untersuchten Filme von David Lynch individuell, oder existieren filmübergreifende Ähnlichkeiten und Verbindungen? Wie lässt sich der künstlerische Prozess in den Werken von David Lynch mit Hilfe von filmtheoretischen Ansätzen interpretieren? Ziel dieser Arbeit ist, diesen Fragen auf den Grund zu gehen.

Wild at Heart

Während einer Dinnerparty in North Carolina wird Sailor Ripley (Nicolas Cage) von einem Fremden (Gregg Dandridge) angesprochen und mit einem Messer angegriffen. Sailor verteidigt sich und tötet den Fremden vor den Augen seiner Freundin Lula (Laura Dern) In Folge dessen wird er inhaftiert. Als er wieder freikommt, trifft er sich mit Lula, obwohl ihre Mutter Marietta (Diane Ladd), die auch den Angriff auf Sailor arrangiert hat, dagegen ist. Während das Paar in einem Motel eincheckt, beauftragt Marietta ihren Freund, Johnnie Farragut (Harry Dean Stanton), ihre Tochter zu finden und nach Hause zu bringen. Um ganz sicher zu gehen, dass ihr Plan funktioniert, erteilt sie einem anderen Freund, dem Verbrecher Marcello Santos (J.E. Freeman), den Auftrag Sailor zu töten. Da sie Angst vor Marietta haben, flüchten Sailor und Lula aus North Carolina in Richtung Kalifornien wo sie in einer Nacht Augenzeugen eines Autounfalls auf dem Highway werden. Sie sehen dabei eine junge Frau (Sherilyn Fenn), die aus einem Autowrack steigt und gleich darauf stirbt. Lula konstatiert, dass das ein schlechtes Omen sei. Die beiden halten im texanischen Ort Big Tuna, wo sie auf zahlreiche bizarre Gestalten treffen, unter anderem den Verbrecher Bobby Peru (Willem Defoe). Dieser versucht Lula zu verführen und erfährt dabei, dass sie schwanger von Sailor ist, ihm das aber noch nicht mitgeteilt hat. Bobby Peru nutzt das aus, um Sailor zu überreden, mit ihm eine Bank zu überfallen, damit er seine Familie finanzieren kann. Als Sailor und Bobby mit Hilfe von Perdita Durango (Isabella Rossellini) die Bank überfallen wollen, stellt sich heraus, dass die ganze Aktion eine Falle für Sailor ist und Perdita und Bobby von Santos und seinem Auftraggeber Mr. Reindeer (William Morgan Sheppard) geschickt wurden, um Sailor zu töten. Während der daraus resultierenden Schießerei zwischen den beiden Parteien und der Polizei, die mittlerweile am Ort des Geschehens angekommen ist, wird Bobby getötet. Perdita kann fliehen, doch Sailor wird verhaftet. Als er das Gefängnis erneut verlassen kann, erwarten ihn Lula und der kleine Sohn der beiden (Glenn Walker Harris Jr.). Nach dem kurzen Wiedersehen entschließt sich Sailor, dass es besser für alle Beteiligten ist, wenn er wieder geht und Lula mit dem Jungen alleine lässt. Im Anschluss an eine Begegnung mit einer guten Fee (Sheryl Lee) kehrt er dennoch zu seiner Familie zurück.

Fred Madison (Bill Pullman) ist ein Saxophonist und lebt mit seiner Frau Renee (Patricia Arquette) zusammen. Eines Morgens klingelt es an der Türe und eine Stimme teilt Fred mit, dass ein gewisser Dick Laurent tot sei. Als in den folgenden Tagen das Ehepaar zwei Pakete mit Videotapes erhält, auf denen ihr Haus von außen – auf dem zweiten Tape auch von innen – zu sehen ist, alarmieren sie die Polizei. Auf einer Dinnerparty bei Renees Freund Andy (Michael Massee) begegnet Fred einem mysteriösen Mann[195], der angeblich ein Freund von Dick Laurent sein soll. Später entdeckt Fred bei sich zu Hause einen dunklen Gang, den er betritt und darin verschwindet. Am nächsten Morgen ist erneut ein Videotape in der Post, welches von Fred alleine angesehen wird und zeigt, wie er Renee umbringt. Im nächsten Moment befindet er sich plötzlich in einem Verhör und wird später zu Tode verurteilt. In seiner Gefängniszelle wird er von starken Kopfschmerzen und Halluzinationen geplagt. Eines Morgens entdeckt ein Wärter, dass nicht mehr Fred Madison, sondern ein verwirrter, junger Automechaniker namens Pete Dayton (Balthazar Getty) in der Zelle sitzt, der außer einem Autodiebstahl vor einigen Jahren niemals etwas Unrechtes getan hat. Pete wird aus dem Gefängnis entlassen und seinen Eltern (Gary Busey und Lucy Butler) übergeben. Er versucht in sein Leben zurückzukehren und geht mit seinen Freunden und seiner Freundin Sheila (Natasha Gregson Wagner) aus, scheint sich aber an nichts aus den letzten Tagen zu erinnern. Als er zu seiner Arbeit in einer Autowerkstatt zurückkehrt, trifft er dort einen zwielichtigen und – wie sich herausstellt – gefährlichen Mann namens Mr. Eddy (Robert Loggia). Zwei Polizisten, welche Pete beobachten, erkennen in Mr. Eddy den Pornofilmdarsteller Dick Laurent. Pete lernt auch eine blonde Frau namens Alice Wakefield (ebenfalls Patricia Arquette) kennen, welche zu Mr. Eddy gehört. Er beginnt eine Affäre mit ihr, leidet in der Folgezeit aber unter denselben Kopfschmerzen und Halluzinationen wie Fred Madison. Alice bekommt Angst, dass Mr. Eddy sie und Pete verdächtigt und erzählt, dass Mr. Eddy eigentlich der Pornofilmproduzent Dick Laurent ist und sie gezwungen habe, für ihn zu arbeiten und Pornofilme zu drehen. Ihr Vorschlag ist, dass Pete und sie Mr. Eddy's Freund Andy (derselbe Andy, der ein Freund von Fred und Renee Madison war) ausrauben und mit dem Geld flüchten, um sich vor Mr. Eddy/Dick Laurent zu verstecken und ein gutes Leben zu haben. Während des geplanten Raubs tötet Pete Andy aus Versehen. Alice und Pete wollen flüchten und fahren in die Wüste, um

---

[195] Der mysteriöse Mann wir in den Credits als „Mystery Man" geführt.

einen Kontaktmann, den Alice organisiert hat, zu treffen. Nach einer Sexszene, in der Pete zu Alice sagt, dass er sie liebe und sie will, worauf sie entgegnet, dass er sie niemals haben wird, ist Pete verschwunden und Fred Madison hat seine Rolle übernommen. Alice verschwindet ebenfalls, doch der „Mystery Man" von Andy's Party taucht wieder auf und erklärt Fred, dass Renee ihn mit Dick Laurent betrügt. Er fährt zu einem Hotel, in dem sich Renee und Dick aufhalten und tötet den Liebhaber seiner Frau. Die Polizei entdeckt in der Zwischenzeit im Haus des getöteten Andy ein Bild, auf dem Dick Laurent, Renee und Andy selber zu sehen sind (und auf welchem zuvor auch Alice zu sehen war) und erkennt darin Freds Motiv seine Frau zu töten. Fred fährt nach dem Mord nach Hause, klingelt und hinterlässt an der Gegensprechanlage die Nachricht, dass Dick Laurent tot sei. Als die Polizei erscheint, beginnt eine Verfolgungsjagd, wobei sich der flüchtige Fred erneut in jemanden zu verwandeln scheint.

Mulholland Dr.

In einer Limousine, die entlang dem Mulholland Drive in Los Angeles fährt, wird eine dunkelhaarige Frau (Laura Elena Harring) vom Fahrer mit einer Waffe bedroht. Bevor etwas geschehen kann, wird die Limousine von einem Auto mit Teenagern gerammt. Die beiden Fahrer kommen ums Leben und die dunkelhaarige Frau taumelt benommen vom Ort des Geschehens bis zur Wohnung einer gewissen Tante Ruth (Maya Bond), die ihr Appartement am nächsten Morgen verlässt. Betty Elms (Naomi Watts) kommt aus Kanada nach Los Angeles, um Schauspielerin zu werden. Sie soll die Wohnung ihrer Tante Ruth bewohnen, die verreist ist und trifft dort die dunkelhaarige Frau, die nach dem Autounfall ihr Gedächtnis verloren hat. Inspiriert durch ein Filmposter nennt sie sich Rita. Sie und Betty entdecken in der Geldbörse von Rita mehr als tausend Dollar und einen blauen Schlüssel. Sie entscheiden sich, zusammen die wahre Identität von Rita herausfinden. Der Regisseur Adam Kesher (Justin Theroux) befindet sich in einem Meeting mit seinem Agenten, zwei Produzenten und den Castigliani-Brüdern (Dan Hedaya und Angelo Badalamenti), welche ein Bild einer attraktiven blonden Frau namens Camilla Rhodes (Melissa George) zeigen und erklären, dass sie die richtige Hauptdarstellerin für Keshers nächsten Film ist und er die weibliche Hauptrolle mit ihr besetzen soll. Dieser will sich zu nichts zwingen lassen, verlässt das Meeting wütend und fährt nach Hause, wo er seine Frau mit einem anderen Mann entdeckt. Nach einigen Handgreiflichkeiten wird

Adam aus seinem eigenen Haus geworfen und muss in ein Motel ziehen, während einige Männer sein Haus nach ihm durchsuchen. Er erfährt in seinem Motelzimmer mittlerweile, dass er pleite ist und einen Cowboy (Lafayette Montgomery) beim Beachwood Canyon außerhalb der Stadt treffen soll welcher ihm erklärt, dass Adam seinen nächsten Film mit der Frau besetzen soll, die ihm die Castigliani-Brüder vorgeschlagen haben. Betty überzeugt bei einem Vorsprechen für einen Film und soll Kesher vorgestellt werden, doch es stellt sich dabei heraus, dass die Rolle für Keshers Film an Camilla Rhodes vergeben wurde. Als Betty nach Hause kommt, erinnert sich Rita an den Namen „Diane Selwyn". Die beiden suchen die Adresse dieser Frau aus dem Telefonbuch, fahren zu ihrer Wohnung und finden eine verwesende Leiche. Später in der Nacht, erwacht Rita und beginnt spanisch zu sprechen. Sie fordert Betty auf, mit ihr irgendwohin zu gehen. Die beiden besuchen den Club „Silencio". Betty findet zu Hause nach der Vorstellung eine blaue Box in ihrer Tasche. Als die beiden Frauen die Box mit dem blauen Schüssel öffnen wollen, verschwindet zuerst Betty, danach Rita. In Diane Selwyns Appartement sagt ihr der Cowboy, dass sie aufwachen soll. Diane Selwyn (jetzt Naomi Watts) erwacht aus einem Traum. Sie sieht Camilla Rhodes (jetzt Laura Elena Harring) in ihrer Küche. Es stellt sich heraus, dass Diane und Camilla ein Liebespaar waren, die sich am Set für einen Film getroffen haben. Camilla bekam die Rolle, welche Diane wollte. Sie war die Erfolgreichere der beiden und verhalf Diane zu einigen kleinen Rollen. Camilla löste die Beziehung und begann mit dem Regisseur Adam Kesher zu flirten. Als Camilla Diane zu einer Party in Keshers Haus am Mulholland Drive einlädt, muss Diane vor Ort zusehen, wie Camilla zunächst eine andere Frau (jetzt Melissa George) küsst und danach ihre Verlobung mit Kesher bekannt gibt. Außer sich beauftragt Diane einen Profikiller (Mark Pellegrino), um Camilla zu töten. Dieser entgegnet, dass er einen blauen Schlüssel hinterlegen wird, sobald er den Auftrag erledigt hat. Geplagt von Schuldgefühlen durchlebt Diane einige bizarre Halluzinationen, die sie dazu treiben, sich das Leben zu nehmen.

Der „andere Zustand" in den einzelnen Filmen

In diesem Kapitel werde ich den „anderen Zustand" für jeden der drei Filme herausarbeiten, damit ich, darauf aufbauend, ein Vergleich der Darstellung dieser Zustände erstellen kann. Im Vornherein muss dazu gesagt werden, dass es die eine, allgemeingültige und absolut richtige Definition des „anderen Zustandes" in den einzelnen Filmen nicht gibt. Man kann die Darstellungen unterschiedlich interpretieren. Deshalb basiert die Definition des „anderen Zustandes" für jeden der drei Filme auf eigenen Interpretationen, unterstützt durch filmtheoretische Ansätze, sowie Literatur zu den Filmen und zu David Lynch selber, welche zusätzliche Perspektiven und Ideen offenlegen kann.

Wild at Heart

Von den drei analysierten Filmen, lässt sich in *Wild at Heart* ein „anderer Zustand" am schwierigsten erkennen. Betrachtet man den Plot und die Story, wie sie David Bordwell definiert, sieht man, dass sich die Handlung linear entwickelt und im Film auch so dargestellt wird. Lediglich einige Erinnerungen werden in Form von Rückblenden präsentiert. Die Story beinhaltet alles, was für die Erzählung relevant ist, also auch die in den Flashbacks dargestellten Szenen, wie die Misshandlung von Lula (00:07:51–00:08:15) oder die Vorgeschichte auf der Dinnerparty, welche zur Auseinandersetzung zwischen Sailor und dem Fremden führt (00:15:04–00:16:15), genauso wie alles, was sich aus diesen Rückblenden und der eigentlichen Handlung ableiten und erschließen lässt. Der Plot ist dann die dargestellte Form all dessen, mit der eigentlichen Narration, welche hauptsächlich die Flucht von Sailor und Lula nach Kalifornien beinhaltet, sowie die Jagd von Mariettas Leuten, auf das junge Paar. Die erwähnten Rückblenden sind ebenfalls Teil des Plots, allerdings außerhalb der chronologischen Reihenfolge der Story.

Auch wenn die Begriffe der Fokalisierung und narrativen Instanz in die Analyse einbezogen werden, zusammen mit den dazu einhergehenden Fragestellungen „Wer erlebt?" und „Wer teilt mit?" (Vgl. Schweinitz 2007: 87–90), wirkt der Film nicht speziell ungewöhnlich. Die Frage „Wer erlebt?" sucht nach einem Fokalisator, einer Person, aus dessen Perspektive die Handlung erzählt wird. Im Fall von *Wild at Heart* lässt sich diese Frage verhältnismäßig einfach beantworten. Sailor und Lula sind die Hauptfiguren des Films und diejenigen, die erleben. Eine narrative Instanz, die auf filmischen Mitteln basiert und durch visuelle und akustische Ausdrucksmethoden durch den Film leitet, ist ebenfalls gegeben.[196] Das lässt sich besonders gut in den Szenen erkennen, in denen wir Zuschauer mehr Informationen bekommen, als Sailor und Lula, oder noch besser ausgedrückt, das sehen, was den Hauptfiguren verborgen bleibt, beispielsweise als Lulas Mutter Marietta den Auftrag erteilt, dass Sailor getötet werden muss (00:26:06–00:28:50), oder als Marcello Santos seinem Auftraggeber Mr. Reindeer mitteilt, dass Johnnie Farragut und Sailor ermordet werden sollen (00:29:04–00:29:59). Der Mord an Farragut selber ist ebenfalls eine Szene, die nur dem Zuschauer offenbart wird (01:03:49–01:06:28). Größere Brüche in der Kontinuität oder Linearität sind im Film nicht zu erkennen und man kann durchaus sagen, dass der Film sich an die „classical Hollywood narration" hält, in welcher die Hauptcharaktere – in diesem Fall Sailor und Lula – die wichtigsten Träger der Handlung sind und der Film zielgerichtet ist. Das Ende ist ein klares Erreichen, oder Nichterreichen des Ziels (Vgl. Bordwell 94–96). All das ist in *Wild at Heart* gegeben.

Um den „anderen Zustand" zu erkennen, müssen zusätzliche Ebenen betrachtet werden. Auf den ersten Blick erscheint *Wild at Heart* linear und nicht besonders ungewöhnlich, doch beim genaueren Betrachten, fallen zahlreiche Details auf, die nicht in den Kontext des Films passen. In einigen Szenen weist der Film Merkmale eines Fantasy- oder Science-Fiction-Films auf. Als Sailor zum ersten Mal verhaftet wird, beobachtet ihn jemand in einer Kristallkugel (00:04:20–00:04:27). Im weiteren Verlauf des Films stellt sich heraus, dass es Marietta ist, die während des ganzen Films als Parallele zur bösen Hexe aus *The Wizard of Oz* (Victor Fleming, USA 1939) dargestellt wird. Lula sieht sie als Hexe durch die Nacht fliegen (00:53:46–00:54:02) und am Ende des Films wird Marietta zunächst weinend gezeigt, danach sieht man wie ein Foto von ihr verdampft und ihre Stimme verschwindet, woraus sich schließen lässt, dass sie tot ist[197] (01:53:40–01:53:56).

Die Szene, in der Sailor verprügelt wird, ist eine Weitere aus dem Bereich des Fantastischen. Als er zu Boden geht, erscheint ihm eine gute Fee (01:51:35–01:53:01), die ihm mitteilt, dass ihn Lula liebt und er wieder zu ihr zurückkehren

---

soll. Während sich diese Szene als ein Traum oder eine Halluzination des soeben verprügelten Sailor interpretieren lassen würde und die Szene, in der Lula ihre Mutter als Hexe durch die Nacht fliegen sieht, die Gedanken oder die Fantasie von Lula selber darstellen könnte, lassen sich die Kristallkugel und Mariettas Verschwinden und Auflösen ins Nichts weniger leicht erklären. Auffällig ist, dass die Szenen, die Merkmale des Fantastischen enthalten, fast allesamt Assoziationen und Verweise auf *The Wizard of Oz* sind. Sogar die gute Fee wird teilweise als diejenige aus *The Wizard of Oz* interpretiert (Vgl. Kreimeier 2002: 183). Man könnte in ihr eine Parallele zur guten Hexe des Nordens sehen (Vgl. Pietsch 2008: 55). Das sind aber nicht die einzigen Verweise auf diesen Film. Lula schlägt in einer Szene (01:24:53–01:25:00) die Hacken ihrer roten Schuhe zusammen, wie Dorothy in *The Wizard of Oz*, als sie sich nach Hause wünscht. Außerdem sind einige Zitate dem Film entnommen, wie beispielsweise „Sailor, baby. Do you ever think something and hear wind. And see the Wicked Witch of the East come flying in" (00:21:34–00:21:47). Die Straße, die Sailor am Ende entlang geht, ist mit gelben Streifen markiert und könnte eine Referenz auf die „Yellow Brick Road" aus *The Wizard of Oz* sein, auf der Dorothy nach Hause gehen möchte (Vgl. Pietsch 2008: 55). Diese Verweise auf *The Wizard of Oz* könnten ein Hinweis auf einen anderen Zustand sein, da dieser Film eine Traumwelt darstellt. *Wild at Heart* könnte möglicherweise auch eine Traumwelt sein, auch wenn im Gegensatz zu *The Wizard of Oz*, wo Dorothy die Träumerin ist, *Wild at Heart* einen Traum von Sailor, aber auch von Lula darstellen könnte, der Träumer also nicht klar definierbar ist.

Neben diesen Elementen des Fantastischen und Querverweisen auf *The Wizard of Oz*, fallen speziell einige Szenen auf, die schwierig in den Kontext der Handlung einzubetten sind. Bestes Beispiel dafür ist die Szene, in welcher Sailor und Lula Zeugen eines Autounfalls werden (00:56:09–01:00:20). Wenn man die Tatsache ausblendet, dass Lula diesen Unfall und ihre Anwesenheit beim Tod des Mädchens als böses Omen wertet, erschließt sich nicht, inwiefern diese Szene für die Handlung und den weiteren Verlauf des Films relevant ist. Auch einige Figuren wirken regelrecht bizarr. In der Szene, in der Marietta bemerkt, dass Farragut verschwunden ist (01:00:20–01:02:10), unterhält sie sich mit zwei älteren Männern, von denen einer Krücken hat. Ein dritter Mann mit Gehstock steht im Hintergrund. Man erfährt weder den Grund, wieso einer der Männer Krücken hat, noch wird die genaue Funktion der drei Männer ersichtlich. Auch der Mord an Farragut wird geradezu grotesk dargestellt (01:03:49–01:06:28). Die daran beteiligten Figuren, die Farragut in einer Art Voodoo-Ritual töten, fallen durch unkonventionelles und eigenartiges Verhalten auf. Die Männer, denen Sailor und Lula in Big Tuna begegnen, inklusive Bobby Peru (01:11:44–01:17:05), fallen in erster Linie durch ihr sonderbares Aussehen und die teilweise sinnlos wirkenden Dialoge auf. Diese ganzen Charaktere scheinen zum Teil auch aus der Welt des Fantastischen und des Science-Fiction zu stammen.

> Die Gangster, die Sailor und Lula verfolgen, tragen ebenso irreale Züge, zwar nicht des Ausser-, dafür des Überirdischen: Das Oberhaupt des Drogendealerrings heisst „Mr. Reindeer" (=Renntier [sic!]) und trägt auch einen weissen Bart wie der Weichnachtsmann. Das Erkennungszeichen der Killer ist die Silbermünze, die im antiken Griechenland den Toten als Fährgeld von Charon auf die Augen gelegt wurde. Die mexikanische Berufskillerin Juana hat wie der Teufel einen linken Klumpfuss und steht unter dem Bann eines schwarzen Voodoo-Priesters. Bobby Peru („Like the country") wird von Lula als „schwarzer Engel" bezeichnet und trägt eine schwarze Lederjacke mit Fransen wie die Schurken in Western-Filmen (Pietsch 2008: 54).

Ein weiteres Merkmal, das sich daraus herauskristallisiert und einen anderen Zustand andeuten oder symbolisieren könnte, sind die zahlreichen Assoziationen. *The Wizard of Oz* wurde, wie auch die Parallelen zu Western und zur Mythologie bereits erwähnt. Doch im Film sind zahlreiche weitere Assoziationen zu anderen Filmen, Erzählungen, Medien und Phänomenen der Populärkultur.

> Kern der erzählten Handlung ist ein Märchen [...]Mit den Märchen-Mythen verbinden sich Medien-Mythen zu einem komplizierten Netz von Zitaten und Verweisen, die an den Zuschauer als Medien-Benutzer appellieren und dem Medien-Benutzer wiederum, nicht ohne Ironie, signalisieren, dass er in einer Märchenwelt lebt (Kreimeier 2002: 183).

Tatsächlich ist es so, dass Sailor selbst schon eine Assoziation, wenn nicht sogar eine Kopie von Elvis ist. Der Film weist Road-Movie Elemente auf, gleichzeitig aber auch eine Art Suche nach dem Stein der Weisen (Vgl. Kreimeier 2002: 183). In Anlehnung an andere Road Movies, könnten Sailor und Lula auch als eine Version von Bonnie & Clyde betrachtet werden (Vgl. Kaleta 1993: 165). Mit seiner Schlangenlederjacke ist Sailor nicht nur eine Kopie von Elvis, sondern auch von Marlon Brando in *The Fugitive Kind* (dt. Titel: Der Mann in der Schlangenhaut, Sidney Lumet, USA 1959) und von James Dean (Vgl. Seeßlen 2007: 104–105). Der Name Lula scheint von Gene Vincents Hit „Be-Bop a Lu La" abgeleitet. „Sailor legt Lulas Hand auf sein Herz, während die Jukebox Gene Vincents Hit aus den fünfziger Jahren *Be-Bop a Lu La* spielt. [...] *Be-Bop a Lu La* ist eine Huldigung an Lula" (Jerslev 1996: 160). Der Satz, den Sailor beim Abschied zu seinem Sohn sagt, ist ein Zitat aus der Serie *The Cisco Kid* (Derwin

Abrahams u.a., USA 1950–1956) und damit wieder eine erneute Anspielung an das Western-Genre (Vgl. Heuer 2005: 16). Diese Liste würde sich je nach Interpretation und Leseart von Merkmalen, Zeichen und Symbolen mit sehr vielen anderen Beispielen weiterführen lassen.

Es sind wohl auch gerade diese Assoziationen, Parallelen und Verweise auf andere Filme und Medien, die den „anderen Zustand" in *Wild at Heart* definieren. Die Elemente des Fantastischen, die bizarren Figuren und Dialoge, all diese Merkmale erscheinen wie eine Art Collage der Populärkultur. In einer Szene verliert ein Polizist bei einem Überfall eine Hand und sucht diese, während ein Hund das abgetrennte Körperteil in seinem Maul wegträgt (01:41:29–01:41:42). Solche Szenen weisen eine unfreiwillig wirkende, aber wahrscheinlich sehr gewollte Komik auf, die dem Film um eine humoristisch-makabre Komponente erweitern. Die ganze diegetische Welt wirkt völlig surreal und absurd. Die Figuren scheinen keine eigene Identität zu haben, sondern nur durch Symbole zu existieren und durch Zitate kommunizieren zu können.

In *Wild at Heart* scheint keiner der Charaktere irgendeine Form des „anderen Zustands", sei es Wahn, Rausch, eine Erleuchtung oder etwas Anderes, zu durchleben (auch wenn die Erscheinung der guten Fee eine Erleuchtung für Sailor sein könnte, aber der „andere Zustand" lässt sich nicht auf diese eine Szene reduzieren). Es ist eher so, dass der Film selber eine Form des „anderen Zustands" ist, ein Genre-Mix, eine Verschmelzung von Filmen, Serien, populärkulturellen Bildern, Medien, sexuellen und religiösen Symboliken, die in der Form der „classical Hollywood narration" und einer linearen Erzählung verpackt sind, aber dennoch immer wieder an der Oberfläche auftauchen und dem ganzen Film eine surreale Wirkung verleihen. *Wild at Heart* wirkt wie ein Traum, in dem das Unterbewusstsein Bilder und Erfahrungen, die nicht im Zusammenhang zueinander stehen, zu einem grossen Ganzen verbindet. Gerade auch die Verweise auf *The Wizard of Oz* stützen diese These. Dieser Film stellt einen Traum dar, mit dem Unterschied, dass dieser klar wird, in dem Moment, als die Hauptprotagonistin Dorothy wieder erwacht. *Wild at Heart* zeigt niemanden beim Aufwachen, allerdings wirkt der Film stark wie ein Traum und weist zahlreiche Zitate aus einem Film auf, welcher einen Traum darstellt. *Wild at Heart* ist sicherlich ein Patchwork der Populärkultur, aber die Interpretation des „anderen Zustands" ist meiner Meinung nach damit noch nicht beendet. Anhand der Art und Weise wie der Film präsentiert wird und aufgrund der zahlreichen Hinweise lässt sich *Wild at Heart* auch als Traum interpretieren. Um wessen Traum es sich handelt, ist dabei allerdings nicht klar.

Lost Highway

Lost Highway lässt einen „anderen Zustand" viel deutlicher und intensiver vermuten als *Wild at Heart*, da letzterer – abgesehen von den bereits erwähnten Merkmalen, wie den Anspielungen auf die Populärkultur und einiger Szenen und Figuren, die man erst durch Interpretationen wirklich in den Kontext des Films einbetten kann – doch eine lineare Handlung und Kohärenz aufweist. In *Lost Highway* ist es schwierig, eine solche Linearität zu entdecken. In *Wild at Heart* lässt sich beispielsweise genau sagen, was der Plot und die Story sind. Im Falle von *Lost Highway* ist hierfür schon ein großer Interpretationsaufwand notwendig. Blendet man alle Nebenfiguren und die weiblichen Hauptcharaktere aus, bleiben dennoch zwei Hauptfiguren übrig. Fred und Pete. Man könnte dadurch auf zwei Storylines schließen, da Pete – der erst viel später in den Film eintritt, zu einem Zeitpunkt als Fred, seine Frau und sein Leben schon eingeführt sind – offensichtlich eine Vorgeschichte, ein eigenes Leben, einen Beruf, Freunde und Familie hat. Andererseits nimmt aber Pete die Rolle von Fred ein, als er an seiner Stelle in Freds Zelle auftaucht (00:48:35–00:50:35), wird später jedoch wieder durch Fred ersetzt (01:51:29–01:52:17). Dadurch stellt sich die Frage, ob Fred und Pete nicht doch ein- und dieselbe Person sind und wir die Geschichte dieses einen Mannes sehen, was wiederum auf eine einzelne Storyline schließen würde, die wir mitverfolgen. In diesem Falle müsste man sich wiederum fragen, was der Grund dafür ist, dass zwei Männer in einer Person stecken und welchen „anderen Zustand", man für diese Interpretation zur Hilfe nehmen könnte.

Auch der Plot wirkt verwirrend, da Ellipsen (Vgl. Bordwell 2008: 229), also Auslassungen vorhanden sind, bei denen unklar ist, ob nur dem Zuschauer das Geschehene in der Zwischenzeit vorenthalten wird, oder ob der Hauptcharakter nicht auch im Unklaren ist, was passierte. Das beste Beispiel dafür, ist die Szene, in der Fred zunächst auf einem Video sieht, dass er Renee umgebracht haben soll, dann aber nach einem Schnitt in einem Verhör sitzt und einen Faustschlag ins Gesicht bekommt (00:40:00–00:40:10). Da es gerade in diesem Moment blitzt, erscheint dieser Schnitt nicht wie eine rein formale Ellipse, sondern wie eine markierte Auslassung in der Narration. Da im Film, zu diesem Zeitpunkt, bereits einige mysteriöse Szenen zu sehen waren, kann die Wirkung der Ellipse ebenfalls als unnatürlich wahrgenommen werden. Im Falle von Pete, erwartet man im Plot eine Rückblende zu sehen, die zeigt, was mit dem jungen Mann in der Nacht, als er Fred Madison in der Zelle ersetzt hat, geschehen ist. Petes Eltern wissen es offensichtlich, teilen es aber weder ihm, noch dem Zuschauer mit (01:20:58–01:23:10). Es wird lediglich eine kurze Rückblende gezeigt, in der Petes Freundin und seine Eltern vor ihrem Haus stehen und nach Pete rufen, worauf für einen kleinen Moment die tote Renee eingeblendet wird. Mehr von Petes Vergangenheit wird im Film nicht gezeigt und er selbst scheint sich an nichts zu erinnern, was im Zusammenhang mit dem Wechsel zwischen ihm und Fred zur Frage führt, ob Pete überhaupt eine Vergangenheit hat.

Auch die chronologische Reihenfolge des Geschehens wirkt im Plot relativ verwirrend. Zu Beginn des Films (00:02:45–00:04:55) klingelt es bei Fred Madison an der Haustüre und eine Stimme sagt in die Gegensprechanlage, dass Dick Laurent tot sei. Später, auf Andys Party erwähnt Fred, dass Dick Laurent tot ist (00:30:40–00:31:33), woraus sich schlussfolgern lässt, dass die Szene, in der er diese Information bekommen hat, chronologisch betrachtet vorher gewesen sein muss. Am Ende des Films, als Dick Laurent wirklich tot ist, sieht man wie Fred bei sich zu Hause klingelt und die Nachricht von Dick Laurents Tod in die Gegensprechanlage sagt (02:03:00–02:03:20). Der Wortlaut ist derselbe wie zu Beginn des Films, und da man als Zuschauer Freds Stimme zu diesem Zeitpunkt kennt, merkt man, dass es auch seine Stimme war, die ihm am Anfang des Films diese Nachricht überbracht hat. Anhand der vorher erwähnten Merkmale lässt sich aber feststellen, dass diese beiden Ereignisse zeitverschoben stattfanden. Nachdem Fred zu Beginn des Films die Nachricht bekam, sah er aus dem Haus, aber niemand war dort. Am Ende des Films sind aber Fred selber und zwei Polizisten vor dem Haus, woraus sich schlussfolgern lassen müsste, dass es nicht dieselbe Situation wie zu Beginn des Films ist. Die Tatsache, dass Fred sich die Nachricht von Dick Laurents Tod offenbar selber überbracht hat, dazu noch in die Vergangenheit, wirkt verwirrend auf den Zuschauer.

Im Zusammenhang mit den Storylines von Pete und Fred stellt sich auch die Frage nach dem Fokalisator und der narrativen Instanz, wobei Letztere in diesem Falle weniger relevant ist, da sich narrative Instanzen in Filmen selber generieren. Es geht in erster Linie um die Frage „Wer erlebt?", die im Gegensatz zu *Wild at Heart* nicht klar beantwortet werden kann. Fred Madison ist ein Charakter, dessen Perspektive eingenommen wird. Im Laufe des Films wird er aber durch Pete Dayton ersetzt, an dessen Stelle später wieder Fred tritt. Aus der Sicht der weiblichen Hauptfiguren wird zunächst die Perspektive von Renee Madison eingenommen, welche dann aber getötet wird. Sie taucht später jedoch in der Form von Alice wieder auf, verschwindet danach aber wieder.[198] Ein Foto, auf dem Alice als Renees Zwillingsschwester dargestellt wird und damit als eine zweite Person, zeigt später nur noch Renee. Es ist bis zuletzt nicht wirklich klar, um wie viele Personen es sich handelt und wessen Perspektive der Zuschauer tatsächlich einnimmt. Während *Wild at Heart* zumindest aus dieser filmtheoretischen und –analytischen Perspektive plausibel erscheint, fehlt in *Lost Highway* eine innere, narrative Logik (Vgl. Orth 2005: 18).

Dieser Mangel an Linearität in *Lost Highway* führt schon zu zahlreichen Hinweisen auf mögliche „andere Zustände" wie gespaltene Persönlichkeiten, Träume, Halluzinationen oder übersinnliche Phänomene. Das sind diejenigen Formen eines „anderen Zustands", die sich anhand der Form der Story, des Plots und der Fokalisierung am ehesten anbieten. Betrachtet man den Inhalt der Narration und einige Szenen im Einzelnen, ergeben sich weitere Hinweise, welche diese möglichen „anderen Zustände" ebenfalls stützen. Die vorher erwähnten mysteriösen Szenen, welche im Film auftauchen, bevor Fred Renee ermordet hat, sind gute Beispiele dafür. Auf der Party von Andy begegnet Fred einem mysteriösen Mann, dem „Mystery Man", den er schon in der Nacht zuvor in einer Halluzination in Renees Gesicht sah. Der Mann erklärt Fred, dass sie sich bei ihm zu Hause schon einmal begegnet sind und dass er in dem Moment, während sie auf der Party miteinander reden, bei Renee und Fred zu Hause ist. Ein Anruf bestätigt das. Auf die Frage, wie er dorthin gelangt sei, antwortet der Mann, dass Fred ihn eingeladen habe. Er erklärt ihm jedoch nicht, wie das funktioniert, dass er auf der Party und gleichzeitig bei Fred und Renee zu Hause sein kann (00:27:41–00:30:24). Diese Szene hat einen durchaus übernatürlichen Charakter und weist Merkmale eines Fantasy-, oder Science-Fiction-Films auf. Neben der eigentlichen Unmöglichkeit an zwei Orten gleichzeitig zu sein, stellt sich die Frage, ob es wirklich eine Halluzination war, als Fred den „Mystery Man" im Gesicht von Renee sah, oder ob das eine weitere ungewöhnliche Fähigkeit dieses, auch optisch völlig bizarr wirkenden, Mannes ist.

Eine weitere Szene, die eine Form des „anderen Zustands" offenbart, ist diejenige, als Fred einen dunklen Gang in seinem Haus betritt und in diesem zu verschwinden scheint. Renee kann ihn nicht mehr finden, während Fred vor einem

---

[198] Sowohl Renee Madison, wie auch Alice Wakefield, werden von Patricia Arquette dargestellt.

Spiegel steht. Als er danach den Gang verlässt, sieht man an der Wand die Projektion von zwei Schatten (00:35:00–00:38:16). Gleich im Anschluss an diese Szene sieht man Fred, wie er sich das Video ansieht, in dem er Renee tötet. Man fragt sich, ob das Ganze real ist, oder ein Traum.

Die Symbolik des Spiegels und eines zweiten Schattens könnte auch auf eine gespaltene Persönlichkeit hindeuten. Wenn man die verschiedensten Interpretationen des Films vergleicht, sieht man schnell, dass die Deutung des „anderen Zustands" auf der psychologischen Ebene sehr häufig genannt wird. Elemente aus dem Bereich der Fantasy, oder Science-Fiction sind, wenn überhaupt, Ergebnisse der psychischen Vorgänge. So schreibt Seeßlen:

> Wenn man, sehr schnell und vorläufig, beschreiben will, worum es in *Lost Highway* geht, könnte man von der Geschichte eines schizophrenen Mörders ausgehen, der nicht nur mental, sondern ganz direkt materiell in eine andere Person schlüpft (Seeßlen 2007: 152).

In einer ganz kurzen Interpretation wird der „andere Zustand" in *Lost Highway* als eine starke Form einer gespaltenen Persönlichkeit betrachtet, die so intensiv wird, dass sie sich nicht nur psychisch, sondern auch physisch, in der Metamorphose von Fred zu Pete manifestiert. Auch andere Literatur stellt die Verwandlungen der beiden Männer als einen psychologischen Akt dar, welcher sich aber nicht zwangsläufig materiell manifestieren muss, sondern auch nur im Kopf des Hauptprotagonisten, der aus dieser Perspektive Fred sein muss, ablaufen kann.

> A man murders his wife because he thinks she's being unfaithful. He can't deal with the consequences of his actions and has a kind of breakdown in which he tries to imagine an alternative, better life for himself [...] (Zizek 2000: 20).

So betrachtet wäre Pete die Halluzination von Fred, welcher einen Nervenzusammenbruch erlitten hat. Da Fred im Gefängnis unter starken Kopfschmerzen litt, bevor er zu Pete wurde, erscheint diese Form der Interpretation naheliegend. Die meisten Interpretationen beziehen die Psyche von Fred ein, aber es entstehen unterschiedliche Ansätze. Neben der gespaltenen Persönlichkeit wird auch der psychoanalytische Ansatz häufig genannt, wobei der „Mystery Man" für Freds Über-Ich stehen würde. Auch eine Traumwelt wird in der Literatur häufig genannt. Unter dem Strich kann man sagen, dass aus der Perspektive der meisten Interpretationen Pete eine Kreation von Freds Geist ist (Vgl. Orth 2005: 18–21). Diese Schlussfolgerung hat ihre Daseinsberechtigung, da es zahlreiche Parallelen im Leben der beiden männlichen Hauptfiguren gibt.

Einerseits zahlreiche Personen, wie Renee/Alice, Dick Laurent/Mr. Eddy, Andy oder der „Mystery Man", andererseits aber auch Situationen. So erscheint eine Sexszene, in der Pete mit Sheila schläft (01:20:20–01:20:56) aufgrund der Darstellung, Bewegung der Protagonisten und des Kamerawinkels wie eine Kopie einer vorherigen Szene, in der Fred mir Renee zu schlafen versucht (00:13:18–00:15:30).

Die Interpretation, dass Fred sich ein Alter Ego erschaffen hat, welches sexuell potenter ist als er selbst, seine Frau nicht ermordet hat und frei sein und leben darf, erscheint plausibel, füllt jedoch nicht alle Lücken, die der Film beim Sehen aufwirft. Ob Pete nur in Freds Kopf existiert und alles nur eine Halluzination ist, oder ob er sich wirklich manifestiert, lässt sich so nicht klären, genauso wenig wie die Rückverwandlung von Pete in Fred. Zudem weist *Lost Highway* ebenso wie *Wild at Heart* auch zahlreiche Szenen auf, die für die Narration irrelevant erscheinen oder nur schwierig einzuordnen sind. Als Pete mit Mr. Eddy eine Autofahrt unternimmt und ein anderes Auto zu dicht auffährt, rammt Mr. Eddy es von der Straße und zerrt, zusammen mit seinen Leibwächtern, den Fahrer aus dem Auto. Sie schlagen den Mann und bedrohen ihn mit Waffen, weil er zu dicht aufgefahren ist und so die Sicherheit vernachlässigt hat (00:59:38–01:04:00). Diese Szene erscheint nicht speziell relevant. Sie führt zwar Mr. Eddy als einen gefährlichen Mann ein, zeigt aber auch eine Ambivalenz in diesem Charakter, da er den anderen Autofahrer bedroht, weil dieser sich nicht an die Verkehrsregeln hält. Diese und ähnliche Szenen lassen sich ebenso wenig vollständig erläutern, wie Petes Vergangenheit.

Eine andere Form der Interpretation ist die Darstellung der Handlung in *Lost Highway*, wie ein Möbiusband[199]: „Ein endlos geflochtenes Band" (Seeßlen 2007: 152) soll der Film sein, der die Handlung und die Bedeutung immer wieder reproduziert. Wie alle anderen Interpretationen hat auch diese ihre Daseinsberechtigung, da sie einige der Strukturen im Film erklären kann. Dennoch hat auch sie den Nachteil, dass Lücken bleiben, dass nicht alles erklärt werden kann. Man versucht den Film begreifbar zu machen, doch keine der Erklärungen schafft es, alle Fragen des Films aufzuklären und ihn vollständig nachvollziehbar zu machen (Vgl. Orth 2005: 21).

---

[199] Ein Möbiusband ist eine zweidimensionale Fläche, mit nur einer Seite. Das Band geht derart ineinander über, dass eine Wirkung einer unendlichen Schleife entsteht. Auf den Film übertragen bedeutet das, dass die Handlung niemals endet, sich immer weiter fortbewegt, dann aber wieder zurück an den Anfang geht (Vgl. http://www.uni-protokolle.de/Lexikon/M%F6biusband.html [Besuch vom: 21.03.2011]).

Wie bereits gesagt, lässt sich die eine, absolut richtige und allgemeingültige Definition eines „anderen Zustands" in den Filmen von David Lynch nicht herauskristallisieren. Das trifft so auch auf *Lost Highway* zu. Anders, als in *Wild at Heart*, ist durch die „Auflösung von Raum und Zeit" (Pietsch 2008: 56) der „andere Zustand" in *Lost Highway*, aber viel deutlicher erkennbar. Durch diese Diskontinuität in Raum, Zeit und Narration ergibt sich das Bild, dass die Fokalisierung auf einer geistig gestörten Person liegt und wir ihren Wahn, ihre Halluzinationen und Träume im Film miterleben, oder dass ein übernatürliches Phänomen vorliegt. In diesem Falle ließe sich beispielsweise das Möbiusband als eine Art übernatürliches Phänomen auf die Narration übertragen lassen, vergleichbar zum Film *Groundhog Day* (Harold Ramis, USA 1993), wo der Hauptprotagonist eine Situation, leicht modifiziert, immer wieder erlebt (Vgl. http://www.imdb.com/title/tt0107048/synopsis [Besuch vom: 21.03.2011]).[200] Die Wahrheit, sofern man sie so bezeichnen kann, die zur Entschlüsselung des Films führt, wird irgendwo dazwischen liegen.

War in *Wild at Heart* der „andere Zustand" noch am schwierigsten erkennbar, ist er in *Lost Highway* auf jeden Fall am schwierigsten zu bestimmen. Eine Definition die auf eine Erleuchtung, einen Rausch oder einen Wahn reduziert wird, ist sicherlich zu ungenau. Selbst wenn man Pete als die Manifestation von Freds Schizophrenie betrachtet, erklärt das nicht das Vorleben des jungen Mannes. Deshalb würde ich noch weiter gehen und die Verwandlung als eine Einverleibung einer anderen Person betrachten. Fred hat offensichtlich die Fähigkeit, Besitz von jemand anderem zu ergreifen. Möglicherweise hat er diese „Gabe" auch durch den „Mystery Man" erlangt, welcher selbst über übersinnliche Kräfte zu verfügen scheint, sich an mehreren Orten gleichzeitig aufhalten kann und offenbar auch von Fred gerufen wurde. Betrachtet man die Handlungen des „Mystery Man", so kann man zum Schluss kommen, dass er einerseits das gesamte Geschehen manipuliert, indem er Fred und Pete beeinflusst, aber andererseits auch eine Manifestation des Bösen ist, denn er ist immer dann zur Stelle, wenn irgendetwas Schlimmes geschieht. Er ist eine Art Teufel, dem Fred seine Seele verkauft hat, um Fähigkeiten zu erlangen, mit denen er Rache an seiner Frau und dem Mann, mit dem sie ihn betrügt, nehmen kann und darauf seiner Strafe aus dem Weg gehen kann. Mit dieser Art der Interpretation, könnte man auch die Lücken in der Theorie, dass Fred eine gespaltene Persönlichkeit

---

[200] Fred scheint sich am Ende erneut in jemand Anderen zu verwandeln (02:04:13–02:04:35), was eine Variante einer Zeitschleife repräsentieren könnte.

aufweist, zu einem großen Grad schließen, auch wenn sich der Film dennoch nicht bis ins letzte Detail entschlüsseln lässt.

Mulholland Dr.

Anders als bei seinen anderen Filmen, hat David Lynch zu *Mulholland Dr.* (David Lynch, USA 2001) zehn Hinweise bekanntgegeben, welche für das Verständnis des Films hilfreich sein sollen. Diese sollen eine Art Bedienungsanleitung darstellen, welche dem Zuschauer dabei helfen soll, den Film zu verstehen. Das sind die Hinweise:

> 1. Schenken Sie dem Anfang des Films besondere Aufmerksamkeit: Zwei wichtige Hinweise finden sich bereits vor dem Eröffnungstitel.
>
> 2. Beobachten Sie, wann und wo rote Lampenschirme eine Rolle spielen.
>
> 3. Achten Sie darauf, wie der Titel des Films heißt, für den Adam Kesher Schauspielerinnen anhört und ansieht. Wird dieser Titel an anderer Stelle wiederholt?
>
> 4. Ein Unfall ist ein schreckliches Ereignis…Beachten Sie genau den Ort des Unfalls.
>
> 5. Wer gibt wem einen Schlüssel – und warum?
>
> 6. Achten Sie genau auf die Kleidung, den Aschenbecher, die Tasse Kaffee.
>
> 7. Wer macht sich im Club „Silencio" bemerkbar? Was ist dort zu fühlen, zu beobachten und zu gewinnen?
>
> 8. Hilft Camilla allein ihre Begabung?
>
> 9. Beobachten Sie genau die Vorkommnisse im Umfeld des Mannes hinter „Winkie's",
>
> 10. Wo ist Tante Ruth? (Hardinghaus 2004: 36).

Wie gesagt, sind es lediglich Hinweise, die eine Entschlüsselungshilfe darstellen sollen. Es bleibt trotzdem beim Zuschauer, den Film für sich zu interpretieren.

Ähnlich wie in *Lost Highway* präsentiert sich der „andere Zustand" in *Mulholland Dr.* durch eine Form des unzuverlässigen Erzählens. Diese Unzuverlässigkeit offenbart sich aber, im Gegensatz zu *Lost Highway*, erst sehr spät im Film. Er beginnt, wie bereits erwähnt, mit den Geschichten der jungen Schauspielerin Betty, welche soeben nach Hollywood gereist ist, um ihre Karriere in Angriff zu nehmen, einer Frau, die bei einem Autounfall ihr Gedächtnis verloren hat und sich Rita nennt und des Regisseurs Adam Kesher, welcher von seiner Frau betrogen wird und seine Arbeit verliert, weil er sich weigert seinen nächsten Film mit einer Dame namens „Camilla Rhodes" zu besetzen (Vgl. Orth 2005: 25).

Solange der Plot zwischen diesen Handlungssträngen wechselt, merkt man kaum etwas von einer unzuverlässigen Erzählung oder von einem anderen Zustand. Der Film wirkt wie ein Thriller. Lediglich einige kleine Hinweise lassen vermuten, dass mehr hinter der Handlung steckt, als im Film zu sehen ist. Genauso wie *Wild at Heart* und *Lost Highway*, beinhaltet auch *Mulholland Dr.* eine Vielzahl an eigenartig wirkenden Szenen, Figuren und Dialogen. So erscheinen die beiden Männer, die sich zu Beginn des Films im „Winkie's" unterhalten später nicht mehr im Film. Dass einer von ihnen einem Wesen aus einem Alptraum begegnet, wirkt surreal und wirft Fragen auf (00:11:18–00:16:00). Ebenso unklar erscheint die Szene, in der ein Profikiller einige Menschen tötet, um an ein schwarzes Adressbuch zu kommen (00:34:52–00:39:14). Die Castigliani-Brüder und ihre Motivation Camilla Rhodes für die Hauptrolle in Keshers nächsten Film durchzusetzen, wirken sehr mysteriös, genauso wie der Cowboy und seine Botschaft an Kesher. Da der Profikiller sich auf der Straße nach einer verschwundenen dunkelhaarigen Frau erkundigt (00:43:04–00:43:55), Kesher am Set Betty trifft (01:19:00–01:23:55) und ein großer Teil der Handlung im oder um das Restaurant „Winkie's" spielt, wird die Vermutung geweckt, dass diese Fragmente der Handlung in einem Zusammenhang zueinander stehen und sich das Puzzle im Verlauf des Films von selber zusammensetzt. Doch der Film entwickelt sich anders. Nach der Entdeckung der Leiche in der Wohnung von Diane gehen die beiden Frauen mitten in der Nacht in einen Club. Im sogenannten „Club Silenzio" beginnt die Handlung, welche bis zu diesem Zeitpunkt größtenteils der „classical Hollywood narration" folgte und dementsprechend zielgerichtet war, wieder verworrener zu werden. Die beiden Frauen hatten zum Ziel herauszufinden, wer Rita wirklich ist. Mitten in der Nacht, nach der Entdeckung der Leiche, wird Betty dann von Rita in diesen seltsamen Club gebracht, in dem eine junge Frau ein Lied singt und dabei zusammenbricht, während der Gesang, vermutlich als Playback, weiterläuft. Mit den vorherigen Ermittlungen scheint dieser Besuch im „Club Silencio" nichts zu tun zu haben. Während ihres dortigen Aufenthaltes entdecken Betty und Rita ein blaues Kästchen in Bettys Tasche, welches zum blauen Schlüssel aus Ritas Tasche gehören muss. Als sie nach Hause kommen, um den Schlüssel zu holen und das Kästchen zu öffnen, verschwindet zunächst Betty, danach Rita. Damit endet der erste Teil des Films (Vgl. Krützen 2010: 164–166).

Der zweite Teil funktioniert ähnlich wie *Lost Highway*. Die Figuren sind zwar noch die Selben wie im ersten Teil, tragen aber andere Namen, welche vorher zu anderen Charakteren gehörten. Betty ist jetzt Diane Selwyn, Rita hingegen ist eigentlich Camilla Rhodes und mit Adam Kesher verlobt (Vgl. Orth 2005: 26). Die Fokalisierung und der Plot sind stark durcheinander, da es im ersten Moment unklar ist, wer erlebt, was erlebt wurde und in welcher Reihenfolge. Welcher Teil repräsentiert die Realität und was genau stellt der andere Teil dar, welcher in diesem Fall repräsentativ für den „anderen Zustand" in *Mulholland Dr.* sein muss?

Zu Beginn des zweiten Teils erscheint der mysteriöse Cowboy bei Diane Selwyn und sagt ihr, sie solle aufwachen (01:51:35–01:52:03). Daraus würde sich ableiten lassen, dass der erste Teil ein Traum war und der zweite die Realität. Jedoch scheint Betty/Diane am Ende des zweiten Teils des Films, dem Wahnsinn zu verfallen. Sie bringt sich zuletzt auch um (02:14:29–02:15:40). Da der Plot des zweiten Teils ebenfalls nicht in der chronologisch richtigen Reihenfolge zu sein scheint, ist es schwierig herauszulesen, ob es sich beim ersten Teil um einen Traum handelt, der dem zweiten Teil vorangeht, oder ob der erste Teil eine Selbstmordfantasie oder eine sonstige Wahnvorstellung sein könnte.

Tatsächlich scheint in *Mulholland Dr.* – noch viel stärker als in *Lost Highway* – ein psychoanalytischer Ansatz der Schlüssel zur Interpretation des Films und zur Definition und Deutung des „anderen Zustands" zu sein. Der Ansatz, dass es sich beim ersten Teil um einen Traum von Betty handeln könnte, wirkt zwar plausibel, erweist sich aber, vergleichbar zu den Interpretationen von *Lost Highway* als lückenhaft.

> It is plausible to think of the "second" Betty as the "real" one, who was having a dream that involved the fantasized experiences of the "first" Betty (the image of a red pillow frames both ends of the "first" Betty's scenes). But even that interpretation does not account for everything [...] (Bulkeley 2003: 51).

Daher ist eine Form der Interpretation, die sich eines psychoanalytischen Ansatzes bedient, vorteilhafter, da sie eine aktive, psychisch gestörte Fantasie von Betty/Diane einschließen würde, während ein Traum die Psyche als passiv, als eine Reproduktion des Unterbewusstseins implizieren würde (Vgl. Orth 2005: 26). Aus diesem Blickwinkel ist der Begriff der Hypostase oder des hypostatischen Raumes (Vgl. Ferretti 2004: 272–273) gut geeignet, um den „anderen Zustand" in *Mulholland Dr.* zu beschreiben. Wenn hypostasiert wird, verleiht man etwas, was nur in Gedanken existiert, einen Raum. Man kann das in

Bezug auf den Film wie eine Kamera in Dianes Kopf verstehen. Was diese Kamera einfängt, wird im ersten Teil des Films präsentiert. Es entsteht eine Art „Film im Film", wobei aber die Entstehung dessen, nicht auf Filmmaterial beruht, sondern auf Gedanken. Der Film entsteht im Kopf eines Protagonisten – in diesem Falle Diane – und erfordert aktives Imaginieren von Seiten dieser fiktiven Person.

Der hypostatische Raum in *Mulholland Dr.* spielt sich also nur in der Gedankenwelt von Diane ab und umfasst damit alle Möglichkeiten, durch welche ihre Vorstellungskraft eine Welt erschaffen kann, in der sie eine Person namens Betty ist (Vgl. Ebd.: 272–273). Sie erschafft diese Welt, in der sie keine Verliererin in der Liebe und in der Karriere ist und in welcher Rita – anders als in der richtigen Welt – sie immer noch liebt und ihren Schutz benötigt (Vgl. Seeßlen 2007: 215). Dass sie sich in einer Illusion und Scheinwelt befindet, wird besonders im „Club Silencio" deutlich, als ein Magier permanent auf die Illusion hinweist und diese besonders durch die Sängerin deutlich wird, welche live zu singen scheint, danach aber bewusstlos wird, ohne dass die Musik aufhört (Vgl. Ferretti 2004: 273).

So betrachtet wäre der „andere Zustand" in *Mulholland Dr.* eben diese Hypostase, in der Diane einen Raum und eine eigene Welt geschaffen hat, in der sie die Hauptrolle spielt. Interpretiert man den Film auf diese Weise, erscheint auch die Frage nach dem Fokalisator beantwortet, da es ausschließlich Diane ist, die erlebt, da sich der Großteil des Films in ihrem Kopf abspielt. Da sie die Diegese aber sozusagen erschafft, ist sie auch die erzählende Instanz, wobei sie diese Rolle nur des Films hat, in dem sie träumt oder besser gesagt hypostasiert. Im anderen Teil ist die erzählende Instanz wiederum durch filmische Mittel generiert.

Damit lässt sich *Mulholland Dr.* aber nicht vollständig entschlüsseln und sein „anderer Zustand" nicht komplett definieren. Der Film hat im ersten Teil gleich mehrere Plotlines. Wirklich im Zusammenhang mit der Hauptfigur Betty/Diane stehen aber nur ihre eigene und diejenige von Rita. Die Plotlines, die von Kesher, dem Profikiller und den zwei Männern im „Winkie's" handeln, stehen nur indirekt im Zusammenhang mit Dianes Leben und es erscheint fraglich, ob und warum sie in einem Film, der sich in ihrem Kopf abspielt, Plotlines kreieren sollte, welche mit ihr nichts zu tun haben (Vgl. Krützen 2010: 165).

Betrachtet man den gesamten Film, oder zumindest seinen ersten Teil, als ein Ergebnis von Dianes Fantasie, würde sich der Film auf eine Person reduzieren und nicht alle Fragen wären aufgeklärt. In diesem Zusammenhang soll nicht verschwiegen werden, dass *Mulholland Dr.* zunächst als Serie geplant war und zu einem Kinofilm umfunktioniert wurde. Da die Kinofassung aber nicht dem ursprünglichen Pilotfilm entspricht und wirklich nur fürs Kino konzipiert wurde, lassen sich Lücken in der Interpretation nicht auf den umständlichen Entstehungsprozess des Films reduzieren (Vgl. Orth 2005: 26–27).

Genauso wie *Wild at Heart* und *Lost Highway* gibt es auch für *Mulholland Dr.* zahlreiche Interpretationsmöglichkeiten, von denen keine alle Rätsel des Films zu lösen vermag. Dennoch lässt sich in *Mulholland Dr.* der „andere Zustand" am deutlichsten erkennen und beschreiben. Der Ansatz, dass ein Teil des Films ein Traum oder eine Fantasie ist, während der andere die Realität darstellt, wirkt in diesem Film wesentlich plausibler, als in *Lost Highway*, wo die Psyche alleine nicht als Lösungsansatz funktioniert, da sich der „andere Zustand" materiell manifestiert. Im Vergleich zu *Wild at Heart* ist der „andere Zustand" in *Mulholland Dr.* nicht nur deutlicher definierbar, sondern in erster Linie auch offensichtlicher zu erkennen. Von den drei untersuchten Filmen hat *Mulholland Dr.* bei weitem die stärkste Tendenz einen, exakt benennbaren „anderen Zustand" – in Form einer Hypostase – darzustellen.

Dies wird auch durch die Tatsache gestützt, dass Diane drogenabhängig ist. Sie hypostasiert möglicherweise in einem Drogenrausch und schafft sich in diesem Zustand ihren Ort der Sehnsucht, ihr künstliches Paradies, vergleichbar zu den künstlichen Paradiesen die Baudelaire beschreibt, und schläft danach ein. Der Cowboy weckt sie schließlich und zerstört ihr Paradies. Der „andere Zustand" in *Mulholland Dr.* ist dieses künstliche Paradies, welches sich Diane geschaffen hat, sei es in einem Traum, einer Hypostase oder einem Drogenrausch. Womöglich liegt der „andere Zustand" auch in einer Mischform dieser drei Zustände, aber im Vergleich zu *Wild at Heart* und *Lost Highway* ist er dennoch viel deutlicher definierbar oder zumindest die Lücken in der Interpretation besser schließbar.

Gemeinsamkeiten und Unterschiede

Die meisten Regisseure haben einen eigenen Stil. Dieser kann sich auf unterschiedlichste Art und Weise zeigen. Eine spezifische Kameraführung, Filme die nur zu einem bestimmten Genre gehören, oder einzelne Schauspieler, die häufig in den Filmen des Regisseurs erscheinen, sind nur einige Beispiele, die zeigen, wodurch sich eine spezifische Handschrift eines Regisseurs zeigen kann. Tatsächlich ist es auch bei David Lynch so, dass einige Schauspieler in mehreren seiner Filme mitspielen. Laura Dern, die Lula aus *Wild at Heart* ist beispielsweise auch die Sandy aus *Blue Velvet* (USA 1986) oder die Susan/Nikki aus *Inland Empire* (USA 2006). In letzterem Film spielt auch Justin Theroux, der Adam Kesher aus *Mulholland Dr.,* eine Rolle (Vgl. Seeßlen 2007: 262–265). Das sind nur zwei von zahlreichen Beispielen. Auch die Musik von Angelo Badalamenti ist ein steter Begleiter von Lynchs Filmen (Vgl. Ebd.: 261–267). Ein musikalisches Motiv aus *Eraserhead* (USA 1977) taucht beispielsweise in *Blue Velvet* und *Wild at Heart* wieder auf (Vgl. Seeßlen 2007: 229). Solche Motive, die immer wiederkehren, existieren auch auf der narrativen Ebene. In den folgenden Kapiteln und analysiere ich, welche dieser „Lynchismen" (Vgl. Ebd.: 14–15) den „anderen Zustand" der untersuchten Filme miteinander verbindet und wo Unterschiede festzumachen sind, sowohl in der Narration, wie auch in der Form der Filme.

Narrativ

Auf der Ebene der Narration ist eine Differenz zwischen *Wild at Heart* und den anderen beiden analysierten Filmen festzustellen. Sowohl *Mulholland Dr.*, wie auch *Lost Highway* weisen eine erzählerische Unzuverlässigkeit auf, unter anderem weil es in beiden Filmen schwierig ist, einen der Charaktere als Fokalisator zu bestimmen (Vgl. Orth 2005: 93). Neben der Fokalisierung fällt in beiden Filmen die nichtlineare Struktur der Story und des Plots auf, welche chronologisch nicht exakt wiederzugeben sind. Dabei erinnern diese beiden Filme an andere Filme mit nichtlinearer Erzählweise, von denen RASHOMON (Akira Kurosawa, JP 1951) ein sehr bekanntes Beispiel ist (Vgl. Seeßlen 2007: 226).

Wild at Heart hingegen hat einen chronologisch nachvollziehbaren Plot und eine lineare Story, weist zudem auch eine deutliche Fokalisierung auf die beiden Hauptcharaktere auf. In *Lost Highway* und *Mulholland Dr.* manifestiert sich der

„andere Zustand" gerade in dieser fehlenden Linearität, denn ohne den „anderen Zustand" gäbe es die surreale Wirkung und die unzuverlässige Erzählform in den beiden Filmen nicht. Die nichtlineare Struktur der Filme und der „andere Zustand" funktionieren in diesen beiden Filmen als eine Einheit. Die diegetische Welt der beiden Filme erscheint durch die interne Fokalisierung und die inkohärente Erzählweise für den Zuschauer nicht logisch (Vgl. Orth 2005: 80–85).

Der Inhalt des Films bewirkt aber eine solche Art der Darstellung der diegetischen Welt. Diese Form der Narration unterscheidet diese beiden Filme von *Wild at Heart*, jedoch haben alle drei Filme gemein, dass der „andere Zustand" in erster Linie nicht in ihnen ist, sondern sie selbst den „anderen Zustand" repräsentieren. *Wild at Heart* ist ein Patchwork, eine Collage der Populärkultur als surreale Welt, die in Form eines Films dargestellt wird. *Mulholland Dr.* und *Lost Highway* hingegen funktionieren als „Film im Kopf" der Protagonisten und überschreiten dadurch die Grenzen der Realität.

In allen drei Filmen stellt der „andere Zustand" eine Welt dar, die von unserer abweicht, die nicht real sein kann, sondern einen Traum, eine Halluzination oder einen Film darstellen muss.

> Seine Bilder- und Klangwelten führen die Rezipienten in rational nicht greifbare Sphären und bestechen durch ihre dichte Atmosphäre. [...] Lynchs Filmwelten erinnern in ihrer verstörenden und entfremdenden Wirkung an die evozierte Stimmung, die auch die Texte Kafkas auszeichnet. [...]Denn wie die Sprachwelten Kafkas verweigern auch die Filmwelten Lynchs [...] eindeutige Interpretationszuschreibungen, und genau das ist es, was diese erzählten Welten auszeichnet (Orth 2005: 95).

Das beschreibt exakt, was die Darstellung des „anderen Zustands" in den drei analysierten Filmen, auf der narrativen Ebene, gemeinsam hat. Sie lässt sich, trotz aller Interpretationen, nicht vollständig entschlüsseln oder definieren. Man kann nicht sagen, dass es sich um einen Drogenrausch, Einfluss von Alkohol oder eine exakt beschreibbare Geisteskrankheit handelt. Der „andere Zustand" zeigt sich – egal ob die Filme linear sind oder nicht und ob der Fokalisator klar benennbar ist – durch „eine verstörende, meist abgründige aber dennoch (oder gerade deshalb) faszinierende Welt" (Orth 2005: 9–10).

Eine Gemeinsamkeit, die zwischen allen drei Filmen besteht, ist die „Inter- und Intratextualität" (Jerslev 1996: 37), welche sowohl in *Wild at Heart*, wie auch in *Lost Highway* und *Mulholland Dr.* vorkommt. Während in *Wild at Heart* einige Elemente aus unterschiedlichen Hollywoodgenres und –filmen eingebaut sind

(Vgl. Ebd.: 37) und der „andere Zustand" dadurch definiert wird, ist in *Mulholland Dr.* das Umfeld von Hollywood der Entstehungsort des „anderen Zustands". Da *Mulholland Dr.* vergleichbar zu *The Wizard of Oz* ebenfalls einen Traum der Hauptprotagonistin darstellen könnte, ließe sich auch das als Parallele zu *Wild at Heart* lesen, in dem zahlreiche Zitate aus *The Wizard of Oz* eingebaut sind. Beide Filme würden Elemente desselben älteren Werks entnehmen (Vgl. Krützen 2010: 189–194). In *Lost Highway* entsteht der „andere Zustand" ebenfalls im Zusammenhang mit der Welt des Films, wobei es sich aber hier nicht um Hollywood, sondern um die Pornofilmbranche handelt.

Sowohl in *Wild at Heart*, wie auch in *Lost Highway* kommt es zu Rückblenden, die teilweise sogar ein sehr ähnliches Motiv haben. In beiden Filmen werden brennende Häuser gezeigt, die den Ort eines Verbrechens symbolisieren (Vgl. Seeßlen 2007: 160). In *Mulholland Dr.* hingegen sind so gut wie keine Rückblenden zu sehen, was auch daraus zu schließen ist, dass der erste Teil des Films nicht die Realität, sondern einen Traum oder eine Hypostase darstellt, welche in diesem Sinn keine Vergangenheit haben. Während der „andere Zustand" in *Wild at Heart* und *Lost Highway* also auch durch Rückblenden dargestellt wird, welche Erinnerungen oder Halluzinationen repräsentieren, wird in *Mulholland Dr.* bewusst keine Rückblende gezeigt, um die Darstellung des „anderen Zustands" zu verstärken.

Es besteht ebenfalls in allen drei untersuchten Filmen ein Zusammenhang zwischen der Sexualität der Protagonisten und dem „anderen Zustand", da alle Hauptcharaktere durch die Liebe zu einer Person oder die Eifersucht geleitet werden.

Die Darstellung des „anderen Zustandes" in der Narration hat insofern in allen drei Filmen Gemeinsamkeiten, da er sich in keinem von ihnen exakt definieren lässt. Außerdem ist der „andere Zustand" in den untersuchten Filmen sowohl an populärkulturelle Phänomene, in erster Linie das Medium Film, wie auch an die Sexualität und die Emotionen der Hauptcharaktere gekoppelt.

Formal

In allen drei Filmen sind Großaufnahmen auf scheinbar irrelevante Gegenstände zu sehen, wie beispielsweise auf den blauen Schlüssel in *Mulholland Dr.* (02:13:22–02:13:28), die Spinne und die Insekten in der Lampe aus *Lost Highway*

(01:19:17–01:19:42) oder die Streichhölzer und Zigaretten in *Wild at Heart* (00:21:20–00:21:26), welche aber nicht immer direkt im Zusammenhang mit dem „anderen Zustand" stehen. Die Großaufnahme impliziert aber, dass die gezeigten Objekte für den Film speziell relevant sein müssten, was den Zuschauer verwirren könnte.

Der „andere Zustand" ist in allen drei untersuchten Filmen auch an die Dialoge gebunden. In *Wild at Heart* sind das in erster Linie die Zitate aus anderen Filmen, wie „Sailor, baby. Do you ever think something and hear wind. And see the Wicket Witch of the East come flying in" (00:21:34–00:21:47) aus *The Wizard of Oz*, während in den anderen beiden Filmen die Dialoge oft verwirrend und unverständlich wirken, so wie Freds Unterhaltung mit dem „Mystery Man" in *Lost Highway* (00:27:41–00:30:24) oder der Dialog zwischen Kesher und dem Cowboy in *Mulholland Dr.* (01:03:13–01:06:30). All diese Dialoge sind für die Interpretation der Filme und die Definition des „anderen Zustands" relevant.

„Lynchs Welt ist unvollständig beleuchtet" (Vgl. Seeßlen 2007: 233) lässt sich als Aussage auf zweierlei Art interpretieren. Einerseits schafft man es nicht, seine Filme vollständig zu „durchleuchten" und zu verstehen, andererseits sind gerade die drei untersuchten Filme alle relativ düster gehalten. „So trifft man beispielsweise auf ein meisterliches *chiaroscuro*, das die gesamte Atmosphäre des Films bestimmt" (Ferretti 2004: 272), schreibt Victor Ferretti über *Mulholland Dr.*, wobei diese Aussage auf alle drei Filme anwendbar ist. Die Beleuchtung in den Filmen ist schwach und sie spielen zu einem großen Teil in der Nacht. Man kann das als Unterstützung der düsteren Stimmung in den Filmen betrachten, als Hinweis darauf, dass man zu wenig „Licht ins Dunkel" der Handlung bringen kann, oder auch auf den „anderen Zustand" und darauf, dass die Protagonisten sich nicht in einer realen Welt befinden, sondern in einer dunklen, verborgenen Sphäre, sei es der Welt oder des eigenen Verstandes.

Auch die Musik und die Geräusche in den Filmen unterstützen die Darstellung des „anderen Zustands".

> In Lynchs Filmen scheinen sich stets Musik und Geräusch aufeinander zuzuentwickeln, in einem Mass, das weit über das System etwa der Hitchcock-Filme hinausgeht, in denen musikalische Motive stets Signale bestimmter Bedrohungen werden (Seeßlen 2007: 238).

In der Tat ist es so, dass in den Filmen die Stimmung und der „andere Zustand" durch die Musik und die Geräuschkulisse unterstützt werden, beispielsweise in der Anfangsszene von *Mulholland Dr.*, in der eine bedrohliche Musik zu hören ist, welche andeutet, dass etwas Schlimmes geschehen wird (00:02:02–00:04:27), oder der bedrohliche Klang, welcher in Lost Highway in dem Moment zu hören ist, als sich Pete wieder in Fred zurückverwandelt und durch den Ton angedeutet wird, dass es in der Szene nicht mit rechten Dingen zugeht (01:52:15–01:52:18). Wie Seeßlen aber auch schreibt, geht der Einsatz von Musik in Lynchs Filmen auch darüber hinaus und entfaltet auch eine metaphorische Wirkung. In Lost Highway erklingt David Bowies „I'm Deranged" (Vgl. Seeßlen 2007: 264), was so viel bedeutet, wie „ich bin geistesgestört" und sich zweifelsfrei auf die Form den „anderen Zustands" im Film bezieht. Anders als bei Lost Highway handelt es sich in *Wild at Heart* nicht um eine Geisteskrankheit, sondern um eine Häufung von Zitaten aus der Populärkultur, was durch Musik wie „Love me Tender" von Elvis, „Be-Bop-a-Lu-La" von Gene Vincent, „Wicked Game" von Chris Isaak und zahlreichen anderen Musikstücken, auch auf die musikalische Ebene erweitert wird. Die Musik in den drei untersuchten Filmen deutet besonders stark auf die jeweiligen Formen des „anderen Zustands" hin.

Wie schon auf der Ebene der Narration, kann man auch zu den formalen, filmischen Mitteln sagen, dass sie Lynch zwar nicht auf die selbe Art und Weise in allen drei untersuchten Filmen einsetzt, um den „anderen Zustand" zu betonen, was für einen Unterschied sprechen würde. Genauer betrachtet verwendet er aber immerhin dieselben, filmischen Mittel, was eine Verbindung und Gemeinsamkeiten zwischen den drei Filmen herstellt.

Schlusswort

Die Filme von David Lynch sind allesamt schwierig zu verstehen und zu interpretieren. Es ist durchaus möglich, eine Arbeit wie diese, nur zu einem seiner Filme zu verfassen. Es ist trotz eigener Interpretationen und Literatur zu den Filmen sehr schwierig diese in all ihren Facetten zu ergründen. Auch eine vollständige Definition des „anderen Zustands" war mir dadurch nicht möglich. Dies war aber auch in den zahlreichen Werken, die im Seminar bearbeitet wurden, der Fall. Aus *Wild at Heart*, Lost Highway und *Mulholland Dr.* lassen sich aber zumindest Tendenzen herausarbeiten, was der „andere Zustand" sein könnte und wie man ihn im Kontext der Filme verstehen muss. Diese Tendenzen sind auch deutlich genug, um mit ihnen weiterarbeiten und die Filme auf die Art und Weise der Darstellung des „anderen Zustands" in der Narration und anhand der formalen, filmischen Mittel untersuchen zu können. Dabei lässt sich sagen, dass es durchaus Parallelen in der Darstellung des „anderen Zustands" in den drei Filmen gibt. Während der Arbeit mit der Literatur zu David Lynch stellte sich aber heraus, dass all seine Werke eine starke Handschrift des Regisseurs aufweisen. Die Parallelen in den Darstellungen der Filme, und dadurch auch im „anderen Zustand", hätten sich wahrscheinlich auch dann finden lassen, wenn die Auswahl auch andere Werke dieses Regisseurs beinhaltet hätte.

Interessant in diesem Zusammenhang ist auch der biographische Aspekt von David Lynch, der in sein Filmschaffen mit einfließt. Als Sohn eines Forschers des amerikanischen Landwirtschaftsministeriums musste er seinen Wohnort häufig wechseln, lernte so einen Großteil der USA kennen. Den Norden wie den Süden, also den Weg, den Sailor und Lula in *Wild at Heart* einschlagen. Er ließ sich auch von zahlreichen Malern inspirieren (Vgl. Jerslev 1996: 49). So konnte Lynch mit der Zeit einen spezifischen Stil entwickeln, welcher unkonventionell wirken mag. Seine Filme verlangen geradezu danach interpretiert zu werden, was auch die Präsenz eines „anderen Zustands" wahrscheinlich macht. Die Mittel, welche er dazu verwendet, sind sowohl auf der narrativen, wie auch auf der formalen Ebene zu suchen. Die „Lynchismen" befinden sich sowohl im Ton, in der Musik, der Beleuchtung, wie auch in der nichtlinearen Erzählweise, Kontrasten auf der Ebene der Handlung und Elementen aus der Literatur, der Malerei und anderen Filmen (Vgl. Seeßlen 2007: 225–241). Insofern erstaunt es nicht, dass sich auch in der Darstellung des „anderen Zustands" Parallelen auf allen Ebenen finden lassen, sowohl in der Narration, wie auch in der Form der Filme.

Lynch hat also einen eigenen Stil, sogar einen recht deutlichen, der sich durch alle Ebenen zieht. In den drei analysierten Filmen lässt sich dieser Stil gut erkennen, gerade auch in der Darstellung des „anderen Zustands". Eine vollständige Interpretation der Filme, eine komplette Definition dieses „anderes Zustands" und ein völlig nachvollziehbares Konzept in seinem Schaffen erschließen sich auch nach dieser Arbeit nicht. Selbst mit einer intensiveren Forschung scheint es unwahrscheinlich, dass sich das Rätsel von David Lynch und seinen Filmen ganz auflösen lassen wird. Gewisse Tendenzen und Muster, wie seine Filme funktionieren, lassen sich aber dennoch erkennen.

Bibliographie

Bordwell, David/Thompson, Kristin: Film Art. An Introduction, New York 2008 (Eight Edition).

Bulkeley, Kelly: Dreaming and the Cinema of David Lynch. In: Dreaming: The Journal of the Association for the Study of Dreams, Vol. 13, Nr. 1, New York 2003, S. 49–66.

Ferretti, Victor Andrés: Der hypostasierte Raum in David Lynchs *Mulholland Drive*. In: Dünne, Jörg/Doetsch, Hermann/Lüdeke, Roger (Hg.): Von Pilgerwegen, Schriftspuren und Blickpunkten. Raumpraktiken in medienhistorischer Perspektive, Würzburg 2004, S. 271–280.

Hardinghaus, Christian: Die „Mulholland Drive" Entschlüsselung. Wie man David Lynchs Strasse der Finsternis erleuchten kann, Norderstedt 2004.

Heuer, Laura: Postmoderne Figurenkonstruktion – Die Auflösung des Ichs: Sailor Ripley in David Lynchs „Wild At Heart", Norderstedt 2005.

Jerslev, Anne: David Lynch. Mentale Landschaften, Wien 1996.

Kaleta, Kenneth C.: David Lynch, New York 1993 (Twayne's filmmakers series).

Kreimeier, Klaus: Banalitäten in ungewohnter Intensität? *Wild at Heart* – Zum Problem der Grenzüberschreitung in der Medial codierten Wirklichkeit des Films. In: Felix, Jürgen (Hg.): Die Postmoderne im Kino. Ein Reader, Marburg 2002, S. 181–184.

Krützen, Michaela: Dramaturgien des Films. Das etwas andere Hollywood, Frankfurt am Main 2010.

Orth, Dominik: Lost in Lynchworld – Unzuverlässiges Erzählen in David Lynchs *Lost Highway* und *Mulholland Drive*, Stuttgart 2005.

Pietsch, Volker: Persönlichkeitsspaltung in Literatur und Film. Zur Konstruktion dissoziierter Identitäten in den Werken E.T.A. Hoffmanns und David Lynchs, Frankfurt am Main 2008 (Reihe I Deutsche Sprache und Literatur Vol. 1971).

Schweinitz, Jörg: Multiple Logik filmischer Perspektivierung. Fokalisierung, narrative Instanz und wahnsinnige Liebe. In: Montage AV 16/1, Marburg 2007, S. 83–100.

Seeßlen, Georg: David Lynch und seine Filme, Marburg 2007.

Zizek, Slavoj: The Art of the Ridiculous Sublime. On David Lynch's Lost Highway, Washington 2000.

Internetquellen

IMDb – The Internet Movie Database: Groundhog Day – Synopsis:

<http://www.imdb.com/title/tt0107048/synopsis> [Besuch vom: 21.03.2011].

Möbiusband:

<http://www.uni-protokolle.de/Lexikon/M%F6biusband.html>

[Besuch vom: 21.03.2011].

Online Reader – Project Gutenberg: The Wonderful Wizard of Oz:

<http://www.gutenberg.org/catalog/world/readfile?pageno=56&fk_files=144130 7> [Besuch vom: 16.03.2011].

Filmographie

Für Arbeit visionierte und verwendete Filme:

Lost Highway (David Lynch, USA 1996)

(DVD: Archiv Seminar für Filmwissenschaft, Signatur: D 10770).

Mulholland Dr. (David Lynch, USA 2001)

(Aufzeichnung: Arte, 01.10.2007).

Wild at Heart (David Lynch, USA 1990)

(DVD: Archiv Seminar für Filmwissenschaft, Signatur D 13587).

Filme (und Serien) die in der Arbeit erwähnt werden, aber nicht explizit für diese visioniert wurden:

Blue Velvet (David Lynch, USA 1986).

Breaking the Waves (Lars von Trier, DK 1996).

Eraserhead (David Lynch, USA 1977).

Fight Club (David Fincher, USA 1999).

Groundhog Day (Harold Ramis, USA 1993).

Inland Empire (David Lynch, USA 2006).

Morte a Venezia (Luchino Visconti, IT 1971).

Rashomon (Akira Kurosawa, JP 1951).

The Cisco Kid (Derwin Abrahams, George Cahan u.a. USA 1950–1956).

The Fugitive Kind (Sidney Lumet, USA 1959).

The Wizard of Oz (Victor Fleming, USA 1939).

Anhang: Produktionsdaten zu den analysierten Filmen[201]

Wild at Heart:

Deutscher Titel:	Wild at Heart – Die Geschichte von Sailor und Lula
Produktionsland:	USA
Produktionsjahr:	1990
Länge:	124 Minuten
Regie:	David Lynch
Drehbuch:	David Lynch, nach dem Roman von Barry Gifford
Hauptdarsteller:	Nicolas Cage (Sailor Ripley)
	Laura Dern (Lula Pace Fortune)
	Diane Ladd (Marietta Fortune)
	Willem Defoe (Bobby Peru)

---

[201] Vgl. Seeßlen 2007: 263–265.

Lost Highway:

Deutscher Titel: Lost Highway

Produktionsland: USA

Produktionsjahr: 1996

Länge: 134 Minuten

Regie: David Lynch

Drehbuch: David Lynch und Barry Gifford

Hauptdarsteller: Bill Pullman (Fred Madison)

Patricia Arquette (Renee Madison/Alice Wakefield)

Balthazar Getty (Pete Dayton)

Robert Blake (Mystery Man)

Michael Masse (Andy)

Robert Loggia (Mr. Eddy/Dick Laurent)

Mulholland Dr.

Deutscher Titel: Mulholland Drive – Straße der Finsternis

Produktionsland: USA

Produktionsjahr: 2001

Länge: 146 Minuten

Regie: David Lynch

Drehbuch: David Lynch

Hauptdarsteller: Naomi Watts (Betty Elms/Diane Selwyn)

Laura Elena Harring (Rita/Camilla Rhodes)

Justin Theroux (Adam Kesher)

Mark Pellegrino (Joe Missing, Profikiller)

Lafayette Montgomery (Cowboy)

Sarah Blasberg: Nichts ist wie es scheint. Traumerzählung oder Wirklichkeit in David Lynchs *Mulholland Drive*

Einleitung

> „ MULHOLLAND DRIVE entzieht sich nicht den Traumdeutern [...], es wirft
> ihnen im Gegenteil so viele Bälle hin, wie sie niemals auffangen können.“[202]

Seit Jahren diskutieren zahlreiche Filmwissenschaftler über die Interpretation von David Lynchs Werk *Mulholland Drive*[203]. Sowohl in der Literatur als auch in wissenschaftlichen Aufsätzen wurde das Werk heftig diskutiert.

Diese Arbeit soll nicht die Lösung des Filmes mit sich bringen, sondern sich viel mehr mit dem Motiv der Traumerzählung, welches in zahlreichen Lynchfilmen thematisiert wird, befassen. Weshalb fällt es uns so schwer zu unterscheiden, ob der Film Traum oder Wirklichkeit suggeriert?

Um ein wenig Licht in *Die Straße der Finsternis* zu bringen, ist es wichtig genauer auf die vorhandene Erzählstruktur einzugehen. Es ist vor allem interessant zu untersuchen, wie in ihr das Verschwimmen von Traum und Wirklichkeit repräsentiert wird. Der Regisseur führt den Rezipienten immer wieder in ein Labyrinth unterschiedlicher Erzählstränge, Spiegelungen und loser Enden. Das oben genannte Motiv der Traumerzählung trägt mit Sicherheit dazu bei, dass eine Kontroverse entsteht. Aber auch das Motiv der Dopplung ist ein charakteristischer Aspekt der Traumerzählung und soll im Folgenden aufgearbeitet werden. Nichts ist wie es scheint – alles ist möglich und doch wieder nicht.

Die richtige Lösung für *Mulholland Drive* gibt es vermutlich nicht. Lynch selbst ist nie weiter darauf eingegangen. Deshalb ist es umso interessanter inwieweit der Rezipient zum produktiven Zuschauer wird und dem Film eine eigene Chronologie verleiht.

In der abschließenden Schlussbemerkung werde ich ein Fazit zu meiner Untersuchung abgeben.

---

202 Seeßlen, Georg: David Lynch und seine Filme. Marburg 2007. S. 222.
203 Lynch, David (USA/F),2001). Mulholland Drive.

Die Methode Lynch

In zahlreichen Werken David Lynchs ist das Motiv der Traumerzählung wieder zu finden. Dem Rezipienten fällt es bei dieser Erzählweise besonders schwer zu entscheiden, ob der Film einen Traum oder die Wirklichkeit suggeriert. Gerade *Mulholland Drive* hat Filmkritikern und Zuschauern unendlichen Diskussionsstoff geboten. Thematisiert wird hier das berühmteste Distrikt von Los Angeles und dessen populärster Industrie: Hollywood. Eine junge Frau namens Betty reist nach Hollywood, um dort Karriere als Schauspielerin zu machen. Im folgenden Verlauf trifft sie auf eine Frau, die nach einem Autounfall auf dem Mulholland Drive ihr Gedächtnis verloren hat und sich als Rita ausgibt. Nachdem sich beide erstaunlich schnell angefreundet haben, versuchen sie die Bruchstücke aus Ritas Erinnerung zusammenzufügen und ihrer Identität gemeinsam auf die Spur zu gehen. Unterbrochen von zahlreichen Nebenhandlungen, führen ihre Nachforschungen Betty und Rita zu der Wohnung einer Diane Selwyn – möglicherweise Ritas wirkliche Identität. Doch in der Wohnung von Diane finden sie eine Leiche. Nach einem nächtlichen Besuch im Club Silencio scheint alles bisher Geschehene eine Illusion gewesen zu sein und plötzlich erfolgt ein Bruch in der Handlung – Betty ist auf einmal Diane, die ein Verhältnis mit Camilla, alias Rita hat und sich infolge eines Betrugs/Verrats an ihr rächen will. Der Film endet damit, dass Diane Camilla ermorden lässt und sich im Anschluss selbst umbringt.

Die Methode Lynch zeigt mit welchen Mitteln der Regisseur die Verwirrung beim Rezipienten und somit auch die Uneindeutigkeit in seinen Filmen schafft. Auf der Reise ins 'Lynchville'[204] entführt uns der Regisseur in ein Reich der Träume, Dopplungen, Spiegelungen und gequälten Identitäten, die es zu untersuchen gilt. Da es, wie schon angesprochen, nicht meine Absicht ist eine eindeutige Interpretation des Filmes abzuliefern, möchte ich nun ein paar Aspekte benennen, die für die Frage nach der verstörenden Wirkung in *Mulholland Drive* von Bedeutung sein könnten.

---

[204] Vgl. Seeßlen (2007)

„Die Traumerzählung – oder eine unmögliche Welt"

Der Regisseur schafft es, die Linearität der Zeit so aufzuheben, dass es dem Zuschauer nicht mehr möglich ist jene vollständig zu rekonstruieren. „Was auf der einen Ebene geschehen wird, ist auf der anderen längst Vergangenheit, und Lynchs Personen blicken sozusagen in die Zukunft, während sie sich in die Vergangenheit bewegen."[205]

> „[…]die Geschichte [bricht sich] und führt in Spiegelungen und Variationen zum Anfang zurück. Spätestens als sich das blaue Kästchen öffnet, zeigt sich, dass Lynchs Film kein aktuelles Geschehen wie das Erzählkino, sondern eine Gedankenwelt entfaltet – dass er nicht in der Erfahrungswirklichkeit, sondern im Bereich des Mentalen angesiedelt ist."[206]

Spannend ist außerdem die Frage, welche Rolle die Erzählstruktur spielt, wenn es um das Verschwimmen von Traum und Wirklichkeit geht. Lynch konstruiert die Erzählung scheinbar bewusst so, dass ein „gleichwertig[es] Nebeneinander und Ineinander"[207] der beiden Welten entsteht. Der Regisseur entführt den Rezipienten hier in eine Zwischenwelt, mit einer eigenständigen Zeit- und Raumstruktur. „ Die Auflösung des bekannten Seh- und Hörraumes führt in einen irritierenden Stillstand."[208] Im Hollywood der beiden Filmfiguren entsteht eine irreale Welt, die eine mögliche Erzähllogik des Traumes suggeriert. Der Film entwickelt sich zunächst wie ein spannender Thriller mit Liebesgeschichte – die Suche nach der wahren Identität der geheimnisvollen Unbekannten, die sich in ihre Retterin verliebt. Hat Lynch uns mit diesem Erzählstrang schon den roten Faden in die Hand gegeben? Die Antwort lautet: wir können es nicht klar definieren. Vielmehr entsteht nun ein Spiel der Verwirrung: „Denn die romantische Kriminalgeschichte ist nur ein möglicher Weg, der schließlich in die Irre führt."[209] Häufig bleibt es unklar, ob eine Filmsequenz der Realität innerhalb der erzählten Welt oder der Bewusstseinseinstellung einer Figur zuzuordnen ist. Schlafen und Träumen sowie das Motiv der Traumfabrik Hollywood nimmt eine ganz besondere Stellung im Film ein.[210]

---

205 Seeßlen, Georg: David Lynch und seine Filme. Marburg 2007. S. 226.

206 Volland, Kerstin: Zeitspieler. Inszenierungen des Temporalen bei Bergson, Deleuze und Lynch. Wiesbaden 2009. S.159.
207 Martig, Charles: Lynchville. Selbstbezüglichkeit und Irrealisierung im Werk von David Lynch. In: Traumwelten. Der filmische Blick nach innen. Hg. V. Leo Karrer. Marburg 2003. S.149.
208 Vgl. ebd. S. 150.
209 Ebd. S. 160.
210 Vgl. Orth, Dominik: Lost in Lynchworld. Unzuverlässiges Erzählen in David Lynchs Lost Highway und Mulholland Drive. Stuttgart 2005. S. 29.

Träume finden bei David Lynchs Filmen nicht ihre konventionelle Montage als ‚Traumsequenzen', sie weichen vielmehr von der Ähnlichkeit zwischen Film und Traum ab. „Das ‚Traumhafte' [...] wird dabei [jedoch] immer als Tatsache vorausgesetzt und [hingegen aller Erwartungen] nirgendwo belegt."[211]

Bei *Mulholland Drive* „handelt [es sich] um einen mentalen Raum der Irrealität, der unmittelbar auf einer möglichen Erzähllogik des Traumes baut."[212] Als Betty zu Rita sagt: „I just came from Deep River, Ontario, I'm in this dreamplace", deutet sich bereits ein eventueller Hinweis auf einen möglichen Traum an. Einige Sequenzen zuvor lacht das alte Ehepaar, welches Betty so freundlich erschien, zutiefst höhnisch. Deutet sich hier schon an, dass wir eventuell auf eine falsche Fährte gelockt werden? „Die Sprache (des Filmes) täuscht nicht nur über die Wirklichkeit; sie täuscht in Wirklichkeit über sich selbst."[213]

Es ist also festzuhalten, dass der Film entgegen der allgemein gültigen Rezeptionsgewohnheiten erzählt. In diesem Sinne ist es auch sinnvoll, die 'Theorie der möglichen Welt' zu untersuchen. Sie grenzt ab, welchen Stellenwert die Möglichkeit der erzählten Welt für den Rezipienten besitzt.

> „Die Wirklichkeit wird als System begriffen, das neben der tatsächlichen Welt, in der wir leben, von virtuellen Welten geprägt ist, die die Wirklichkeit als Alternativwelten umkreisen. Diese virtuellen Welten, die jeweils andere Entwicklungsmöglichkeiten eines Ereignisses umfassen, werden als mögliche Welten bezeichnet."[214]

Das Prinzip der möglichen Welten wäre jedoch nur möglich, wenn die erzählte Welt mit den Idealen des Zuschauers übereinstimmen könnte.[215] Dies ist aber offensichtlich nicht der Fall, da Identitäten tauschen und seltsame, beinahe unwirkliche Personen auftauchen. Dementsprechend läge es nahe, den Film als Traum zu betrachten und sich von der Wirklichkeit zu verabschieden, denn die mögliche Welt löst sich vollkommen auf. Als die beiden Frauen den *Club Silencio* aufsuchen, werden wir am deutlichsten auf diesen so offensichtlichen Zwiespalt hingewiesen. „It's an illusion!" sagt der Magier. Also war alles nur eine Inszenierung, die Traumwahrnehmung einer Figur? Und wenn es ein Traum war – wessen Traum war es dann?

---

211 Lahde, Maurice: "We live inside a dream." David Lynchs Filme als Traumerfahrungen. In:>>A Strange World<<. Das Universum des David Lynch. Hrsg, v,Eckhard Pabst. Kiel 1999. S. 95.
212 Martig (2003) S. 159.
213 Seeßlen (2007). S. 212.
214 Orth (2005). S. 46.
215 Vgl. Ebd. S.45-48.

Das Motiv der Träume ist also nach wie vor bestimmend. In einzelnen Sequenzen des Filmes[216] ist einfach nicht zu unterscheiden, ob nun die Darstellung eines Traumes oder die Wirklichkeit in der erzählten Welt präsentiert wird. Obwohl gerade so absurde Einschübe wie das Ehepaar, welches in der Schlusssequenz auf Diane zustürzt, auf einen Traum deuten, bleibt es doch unklar. Zwar sprechen die bösartigen Sequenzen für eine Wendung von einem abenteuerlichen zu einem gefährlichen Geschehen im Traum. Dagegen sprechen wiederum all die Rückblicke und Empfindungen Dianes, die in der achten Szene ans Licht kommen. Mit ihr entsteht das Gerüst einer Rahmenhandlung, in der die 'Wirklichkeit' und damit Dianes Geschichte präsent werden.

> „Letztendlich [zeigt sich], dass es insbesondere die erzählten Welten sind, die sich durch die Art und Weise der erzählerischen Vermittlung für die verstörende Rezeptionserfahrung von [...] Mulholland Drive verantwortlich zeichnen."[217]

Auf der Suche nach der Identität

Bei *Mulholland Drive* werden die Zuschauer wie schon bei einigen anderen Filmen von David Lynch[218] mit uneindeutigen Identitäten konfrontiert. Als Betty die Wohnung ihrer Tante betritt, trifft sie auf die verwirrte Unbekannte, die sich weder erinnern kann was ihr zugestoßen ist, noch wer sie ist. In ihrer Handtasche finden die beiden Frauen zahlreiche Dollarnoten und einen mysteriösen blauen Schlüssel, jedoch keine Identität. Die Figurenkonstellation führt zu einem sich nach und nach steigernden Durcheinander, denn zahlreiche Figuren des Filmes wechseln ihre Stellung im Laufe der filmischen Welt. Betty wird zu Diane, Rita wird zu Camilla, Camilla wird zur Geliebten von Diane und im Folgenden zur Verlobten von Adam Kesher, der zunächst lediglich der erfolglose Filmproduzent ist. Und selbst wenn der Rezipient dieses Wirrwarr an Figuren entzerrt hat, bleiben da noch die ganzen Figuren der Nebenhandlungen. Welche Rolle diese einnehmen bleibt unklar, obwohl ihnen scheinbar eine nicht unwichtige Stellung eingeräumt wird. Die Seitenstränge, in denen der mysteriöse Cowboy, Mr. Roque oder das alte Ehepaar auftauchen, werden nicht vollends aufgelöst. Der Identitätentausch lässt zwar Vermutungen zur Entzerrung zu, jedoch trotzdem offen was Wahrheit oder Traum innerhalb der erzählten Welt ist.

---

216 Vgl. Sequenzen in den Rita schläft (...) oder wenn Betty aufwacht
217 Orth (2005). S. 33 ff.
218 Vgl. Lost Highway u.a.

Man ist dazu geneigt, den ersten Teil als Dianes Traum zu sehen, während der zweite ihre eigentliche Realität darstellt. Hinzu kommt, dass wir nicht nur schwer zwischen Traum und Wirklichkeit unterscheiden können, sondern dass auch die Identitäten der Figuren selbst mühsam auseinanderzuhalten sind. So hat die Bettszene im ersten Teil zur Folge, dass beide Frauen zu einer Person verschmelzen, wenn Ritas Antlitz Bettys Gesicht zur Hälfte verdeckt. Unterstützt wird diese These durch die Sequenz nach dem Fund von Dianes Leiche. Panisch versucht sich die weinende Rita die Haare abzuschneiden. Betty hält sie jedoch davon ab und kommt ihr mit einer blonden Perücke zur Hilfe, die ihr hilft sich in eine andere Person zu verwandeln. Erstaunlich ist jedoch wie sehr die Perücke Bettys eigentlichem Haarschnitt ähnelt, was die Wahrnehmung einer Persönlichkeitsvermischung nur intensiviert.[219]

Die Ästhetik der Dopplung

David Lynch „zählt [mittlerweile] zu den Hauptvertretern des postmodernen Kinos."[220] Charakteristisch für diese Art des Kinos ist, dass die postmodernen Filme sich in der Regel von jeglichen unwirklichen, lebensfremden und belehrenden Absichten des Kinos verabschiedet haben. Der Inhalt und die gesamte Struktur weichen von den konventionellen Formen des Filmes ab, sie unterliegen einer Dekonstruktion. Es gibt keine vorgegebene Form mehr, weshalb auch die traditionelle Aufteilung zwischen Oberfläche und Kern bricht. „[…] die neue Freiheit liegt darin, einen Scherbenhaufen neu zu sortieren: es wird zugleich zerstört und aufgebaut."[221] Für gewöhnlich ist es dem Rezipienten möglich das postmoderne Verfahren zu entschlüsseln. Zu diesem Verfahren lässt sich auch die sogenannte 'Doppelcodierung' zählen, welche häufig in postmodernen Filmen ihre Anwendung findet. Skurrile Gestalten und mysteriöse Doppelgänger scheinen der Psyche der Hauptakteure entstiegen zu sein und nun deren Welt einzunehmen.

In *Mulholland Drive* findet die Zersplitterung einer Persönlichkeit auf zwei Figuren bzw. die Verdopplung eben dieser ihre Anwendung. Der erste Teil in der erzählten Welt lässt eine noch einigermaßen nachvollziehende Handlung zu.

---

219 Vgl. Wild, Christiane: Frauenfiguren bei David Lynch. Der Einfluss des Film Noir auf die Heldinnen von *Blue Velvet* und *Mulholland Drive*. Saarbrücken 2009. S. 100.
220 Höltgen, Stefan: Spiegelbilder. Strategien der ästhetischen Verdopplung in den Filmen von David Lynch. Hamburg 2001. S. 19.
221 Seeßlen (2007). S.127.

Doch spätestens, als die beiden Figuren zum *Club Silencio* gelangen, muss man doch von einer Traumerzählung ausgehen. „Als sich der Deckel der Schatulle hebt, schwingt eine Tür in eine Parallelwelt auf, in der Doppelgänger existieren, Motive wiederkehren und Déja-vu-Effekte eintreten. Die Erzählung verdoppelt sich".[222] Doch es bleibt unklar, ob wirklich geträumt wird und von wem. Genauso gut könnte Rita eine schizophrene Konstruktion Bettys sein, sozusagen deren Doppelgängerin.

Denn wie sich im zweiten Teil zeigt, hat sich die naive kleine Betty zu einer drogensüchtigen Liebhaberin entwickelt, die ihre Freundin ermorden lässt. Es handelt sich also sozusagen um eine Spiegelung von 'Gut' und 'Böse' oder 'Opfer' und 'Nicht-Opfer', denn Betty/Diane ist in allererster Linie die verlorene Kreatur der Geschichte. Der Vorspann des Films kündigt bereits durch das Auftauchen der doppelt und dreifach erscheinenden tanzenden Paare einen Doppelgängereffekt an. Es ist beinahe so, als würde er uns schon vorher auf dessen Entwicklung hinweisen oder eher vorbereiten. Gemeinsam mit Betty erstrahlen die Paare in traumhafter, beinahe unwirklicher Manier. Es wirkt so, als würde die Luftblase, in der sich die Personen augenscheinlich befinden gleich zerplatzen und das wahre Leben würde sie mit der harten Realität konfrontieren.[223]

Durch die gleichbleibenden Figuren und Handlungsorte kann der zweite Teil des Filmes als Spiegelung verstanden werden. Während die Darsteller im ersten Filmabschnitt nett, freundlich und teilweise naiv waren, enthüllen sie im zweiten ihre dunkle Seite. Während es zuvor nur große Träume gab, wird nun der Misserfolg, die gescheiterte Existenz oder die Zurückweisung thematisiert. Lediglich im Fall des Adam Kesher hat sich das Blatt vom Negativen zum Positiven gewendet. Während er vorher der Verlierer war, ist er nun der erfolgreiche Filmproduzent mit der schönen Verlobten. Im ersten Teil erfährt der Mann seinen eigenen Albtraum, muss sich der Skrupellosigkeit seiner Produzenten beugen. Dies wiederum verunsichert im Sinne der Glaubwürdigkeit des ersten Teils.

Es bleibt unklar, ob uns ein Traum zeigt, was Diane verwehrt geblieben ist: nämlich eine erfüllte Beziehung zu Camilla oder ob sie sich einfach an eine glückliche Zeit in der realen Welt zurückerinnert. Betty könnte jedoch genauso

---

222 Volland (2009). S.159.
223 Vgl. Martha P. Nochimson: 'All I Need is the Girl': The Life and Death of Creativity in Mulholland Drive. In: The cinema of David Lynch. Hrsg. v. Erica Sheen und Annette Davison. London 2004. S. 167.

gut Dianes Alter Ego sein, welches im Traum alles kompensiert, was sie im realen Leben nie geschafft hat – die Hollywoodkarriere, die große Liebe zu einer erfolgreichen Frau.

Eine weitere Möglichkeit wäre, dass Diane im Augenblick ihres Todes ihr Leben Revue passieren lässt und das in zwei Varianten, was wiederum auf eine Kombination von Wirklichkeit und Traum schließen ließe.

Verschränkung von Außen- und Innenwelt

„It's an illusion" – Club Silencio

„[…] die Künstlichkeit und de[r] Schein des Gezeigten, hebt Mulholland Drive immer wieder auf das Niveau einer reflektierten Traumerzählung, die durch Aspekte des Vorstellens und sich Ausmalens erweitert wird."[224] Die schon oben thematisierte Bettszene leitet den Weg zum *Club Silencio* ein. Mit dieser Sequenz erreichen wir einen illusionistischen, geradezu traumartigen Handlungsort, der den Wendepunkt der Geschichte vorbereitet. Rita wiederholt im Schlaf die Worte: *„Silencio! No hay banda!"* Wie von einer fremden Macht gelenkt, nehmen Rita und Betty den Weg zu einer dunklen Gasse auf sich. In Neonbuchstaben erscheint der Clubname *Silencio.* Hier entwickelt sich das Geschehen nun zunehmend surreal.

Als Betty zu Rita gesagt hatte „I just came from Deep River, Ontario and now I'm in this dreamplace" klingt schon an, dass alles beinahe zu schön ist um wahr zu sein. Dieses ungute Gefühl tritt erneut in Erscheinung, als die beiden Frauen den *Club Silencio* betreten. Ein Magier auf der Bühne führt einen Trick vor, bei dem es sich um den des *'play back'* handelt. Ein Musiker spielt die Trompete, setzt diese dann aber ab, doch die Musik geht einfach weiter. *„No hay banda"* sagt der Magier geheimnisvoll – der Satz, der Rita so beunruhigt hat, dass sie in das Theater fahren musste. *„Il n'y a pas des orchestre. It is an illusion!"* Im übertragenden Sinne lassen sich diese Worte auch mit „Es gibt keine Verbindung" übersetzen.[225] Nichts als Fälschung, Maske, Folie. Betty nimmt diese Erkenntnis mit einem unvermittelt auftretenden Zittern auf, als werde sie aus ihrer fälschlichen Traumwelt wachgerüttelt. Die Sängerin Rebekah Del Rio tritt nun auf und singt *Llorando*, eine leidenschaftliche und empfindsame A-capella-Version von Roy Orbisons *Crying.* Herzzerreißend singt die Frau vom Weinen, von den Tränen, von der „Verbindung von innen und außen".[226] Betty und Rita beginnen zu weinen, als würden sie auf einmal realisieren welches Schicksal auf sie zukommt. Und auch die Sängerin bricht auf der Bühne zusammen, doch ihr Gesang geht weiter. Die vom Magier angesprochene Illusion, die Inszenierung des Ganzen nimmt also seinen Lauf. „Aber wenn alles eine Illusion ist, warum rührt uns (mit Betty) dann der Gesang so tief, dass man selber weinen möchte?"[227]

---

224 Martig (2003). S. 162.
225 Vgl. Seeßlen (2007) S. 217.
226 Ebd.
227 Ebd. S. 221.

Und im Sinne ihrer ganz persönlichen Inszenierung erhält Rita den passenden Schlüssel zu ihrem Kästchen. Dieses hat sich mysteriöserweise in Bettys Handtasche geschlichen. Immer noch zutiefst getroffen von der Bühnenvorstellung, warten die beiden damit, das Kästchen aufzuschließen. Doch für den Rezipienten ist es unlogisch, dass das Kästchen auf einmal in der Tasche war. Man weiß nicht, ob es schon die ganze Zeit dort war und wenn ja, weshalb Betty es dann jetzt erst findet. Und wenn es erst zum Zeitpunkt im *Club Silencio* aufgetaucht ist, dann muss man sich doch fragen, ob nicht nur der Gesang, sondern auch all die Personen auf der Bühne eine einzige Illusion waren, die lediglich Hilfsmittel zum Finden der Identität sein sollten. Denn immerhin kündigt die 'Blue Box' eine Transformation der beiden Figuren an. Wie sich im weiteren Verlauf zeigen wird, eröffnet das Kästchen die Dunkelheit, die schon seit dem Beginn des Films wartet. Wie schon die *Straße der Finsternis* ist auch das blaue Kästchen ein dunkler Pfad ins Ungewisse, Bedrohliche und Unheimliche.

David Lynch verwendet in dieser Sequenz das Prinzip der Tonmontage. Der Ton wird hier ausdrücklich als künstliches Produkt dargestellt und erhält damit eine Eigenständigkeit, die ihm ansonsten nicht zukommt. Martig bezeichnet dies als Lynchs „Methode der Subjektivierung und Irrealisierung"[228]. Dabei sind uns die Grenzen zwischen Traum und Wirklichkeit entzogen. Was der Rezipient nun erlebt, kann sowohl Traum als auch Wirklichkeit sein. Beide Komponenten sind Bestandteil einer Traumerzählung, deren Ziel es ist das Bewusstsein zu erweitern. „Denn natürlich sind beide Ebenen Teil einer Illusion – eine Illusion, der wir uns immer wieder unbelehrbar hingeben, die wir mit Wirklichkeitserwartungen füllen und immer wieder enttäuscht werden. [...] Der feste Bezugsrahmen, in dem binäre Zuordnungen wie Gut – Böse, Identität - Nicht-Identität oder Traum – Wirklichkeit möglich sind, löst sich auf."[229] Letztendlich setzt sich also die Traumerzählung durch und konstruiert eine Illusion des ohnehin unwirklichen Hollywoods, ein Netz aus Korruption, Liebe und Mord. Der große Traum von der Schauspielkarriere wird zum Alptraum der jungen naiven Frau.

---

228 Vgl. Martig (2003). S. 163
229 Ebd. S.164.

Ein roter Faden oder doch eher das lose Ende?

„MULHOLLAND DRIVE ist einer jener Filme, die man sich immer wieder ansehen kann, weil sie zugleich gleichbleibend schön und wechselnd in ihrer Bedeutung sind."[230]

Wie schon erwähnt bedient sich Lynch zahlreicher Handlungsstränge. Schon der Vorspann zu *Mulholland Drive* thematisiert unterschiedlichste Sequenzen. Während die ersten Bilder einen Tanzwettbewerb zeigen, folgt daraufhin die Nahaufnahme eines roten Kissens, die immer weiter dorthin hineintaucht: „eine Form der Subjektivierung, die die Erzählperspektive andeutungsweise in diejenige einer Träumenden überführt."[231]

Die Nebenhandlungen im Film führen zudem zu einer Vertracktheit in der Erzählperspektive. Die losen Enden eröffnen dem Zuschauer zwar zahlreiche Möglichkeiten das Puzzle zusammenzusetzen, mindestens genauso viele Fragen entstehen aber gleichzeitig wieder. Gerade diese „Strategie der losen Enden"[232] führt zu eben jener Verwirrung beim Rezipienten und vereitelt ein vollkommenes Erschließen der Geschichte.[233] Hinzu kommt, dass Lynch immer wieder absurde Szenen einfügt, die sich herauskristallisieren oder eher mit dem Filmverlauf brechen. Eine der wichtigsten Fragen, die sich innerhalb der Filmnarratologie von *Mulholland Drive* stellt, ist deshalb: wer oder was erzählt eigentlich? Gerade die narrative Instanz ist ausschlaggebend, wenn Probleme bei der Rezeption des Filmes entstehen.[234] Zu Beginn der Handlung liegt die Vermutung nahe, dass die Geschichte aus Ritas Sicht erzählt wird, im weiteren Verlauf geht man von Betty aus. Doch spätestens die Szene, als das alte Ehepaar hämisch lacht, kann die Perspektive keiner der beiden Erzählinstanzen mehr zugeordnet werden. Es muss also eine dritte, übergeordnete Instanz geben. Außerdem lässt sich nicht jede Szene, die nachträglich aus der Sicht Dianes erzählt wird – diese Variante bietet uns der Film in der Schlusssequenz an – einer Vision Dianes zuordnen. Gemeint sind hierbei sogenannte Subsequenzen wie die Beauftragung des Killers oder der Psychiatriepatient. Diese stehen in keiner Beziehung zu dem Teil des Filmes, der möglicherweise die Beziehung zwischen Betty und Rita aus Dianes Sicht

---

230 Seeßlen (2007). S. 223.
231 Martig (2003). S. 162.
232 Seeßlen (2007). S. 222.
233 Vgl. Orth (2005) S. 30
234 Ebd. S.39.

wiedergibt. Dies wiederum ließe auf einen Traum schließen, in dem die träumende Person Schauplatz und Handlung übernimmt.

Diese These wird durch die Kamerahaltung unterstützt: Fortwährend werden die Bilder durch eine flüchtige Kameraführung versetzt. Die Kamera ist der handelnden Figur entweder voraus oder blickt ihr hinterher, während sie den Ort des Geschehens verlässt. In der Filmsequenz, als die beiden Frauen verstört aus dem *Club Silencio* zurückkehren, legt Betty das blaue Kästchen auf dem Bett ab, während die Kamera im weiteren Verlauf Rita folgt. Als diese sich umdreht, ist Betty verschwunden. Lynch geht so weit, dass er sie erst wieder auftauchen lässt, wenn die Schatulle sich hat öffnen lassen und das Publikum mitgenommen wird in dieses dunkle Universum, das sich ihm nun eröffnet. „[...] der Zuschauerblick wird in das Off eingesaugt und Schwärze verschlingt die umgebende Szenerie. Wir befinden uns im Außen der Bilder - im Raum denkbarer Möglichkeiten."[235] Eine Trennung des objektiven oder subjektiven Raumes ist also nicht möglich. Hinzu kommt, dass andere Faktoren wiederum die Erzählung von Betty und Rita als Vision der verschmähten Diane darstellen. Der Telefonanruf bei Diane, den Rita tätigt um ihre Identität herauszufinden, spielt hierbei eine tragende Rolle. An dieser Stelle wirft Betty ein, wie seltsam es sei sich selbst zu kontaktieren. „Denn unter diesem Aspekt bezieht Betty den Ausspruch, dass es merkwürdig sei, sich selbst anzurufen, auf sich selbst, denn schließlich ist sie selbst Diane Selwyn."[236]

David Lynch hat die Erzählinstanzen augenscheinlich so konstruiert, dass sie überhaupt keinen Wert darauf legen die Handlung verständlich zu machen. Sie entwerfen vielmehr unmögliche Welten, in denen die Erzählfolge kein sinnvolles Ende nimmt und bunt durcheinander gewürfelt ist.

---

235 Volland (2009). S. 159.
236 Orth (2005). S. 57.

Schlussbemerkung

Eine Entschlüsselung ist nur durch den Zuschauer möglich. Die Methode Lynch wehrt sich gegen alle üblichen Konventionen des Filmes. Traum und Wirklichkeit verschwimmen zu einer homogenen Masse, so dass der Rezipient den Film auf die eigene, bestmögliche Weise rekonstruieren muss. Identitäten werden hier grundsätzlich angezweifelt. „Das findet seinen radikalsten Ausdruck darin, dass selbst die Herkunft der Personen unsicher ist [...].“[237]

> „Wenn der Anstrich, der die scheinbar intakte Oberfläche bedeckt, abblättert, wird man gezwungen, das Darunterliegende zu sehen und dazu Stellung zu nehmen.“[238]

Mulholland Drive bietet uns zahlreiche Möglichkeiten zur Interpretation an. Genau da liegt die Schwierigkeit zwischen Traum und Wirklichkeit noch unterscheiden zu können. Die Frage danach, welche Geschichte die wahrere und wo genau Anfang und Ende ist, ist nicht eindeutig zu beantworten. Selbst der zweite Teil wird durch die scheinbaren Erinnerungsfetzen nicht glaubwürdiger. Er spiegelt sich lediglich in seiner Komposition. Während der erste Teil traumhafte Eigenschaften besitzt, trägt der zweite Teil albtraumhafte. Wie Seeßlen in seinem Buch „David Lynch und seine Filme“ schon sagt, ist der Film selbst nach mehrmaliger Rezeption immer wieder anders. Dinge, die vorher nicht beachtet wurden, versteckte Hinweise, man ist geneigt, all das immer wieder neu zu interpretieren. Sequenzen wie das Wesen hinter der Mülltonne oder das Ehepaar, welches in Miniaturform auf Diane zustürzt, markieren die absurden Möglichkeiten eines Traumes. Die unheimliche und zugleich auch herzzerreißende Szene im *Club Silencio* sagt sowohl den Filmfiguren als auch den Rezipienten, dass es sich bei dem Gesehenen und Gehörten lediglich um eine Illusion handelt. Und wenn es sich um einen Traum handelt, träumt Diane dann von der Wiederkehr des Verdrängten, von dem Glück, welches sie nie erfahren hat? Genauso gut könnte die naive Frau von ihrem bösen Gegenpart träumen oder umgekehrt. Andererseits, wenn es kein Traum war, hat sich Diane im Augenblick ihres Todes an ihre Geschichte zurückerinnert? Und wenn ja, dann bietet auch sie uns wieder zwei mögliche Varianten an.

---

237 Jerslev, Anne: David Lynch. Mentale Landschaften. Wien 1996. S.198
238 Ebd. S.199.

Der Film spielt im Hollywood der beiden Filmfiguren, in der Traumfabrik, die so gekünstelt ist wie ihre Darsteller. Genau wie in dieser Welt, so fällt es auch uns schwer zu unterscheiden, was Schein und was Wirklichkeit ist. Lynchs Film berichtet von einer fingierten Vergangenheit, die uns mehrere denkbare Versionen anbietet. Durchbrochen von absurden oder eher skurrilen Elementen ist nicht auszumachen, ob uns der Traum Dianes Vergangenheit anbietet oder die Erinnerung. Diese Doppeldeutigkeit verlangt eine ständige Flexibilität des Rezipienten. Er darf nichts als gegeben hinnehmen und muss ständig auf der Suche nach der 'Wirklichkeit' sein.

Hingegen aller Bemühungen scheitert infolgedessen auch der Versuch den Film logisch abbilden zu können. „Das, *was* erzählt wird, lässt sich durch die besondere Art und Weise, *wie* es erzählt wird, nicht widerspruchsfrei rekonstruieren.“[239] Die losen Enden, die nie aufgelöst werden, führen auf Seiten des Zuschauers zu einer Verwirrung. Hinzu kommt, dass die Erzählperspektive nicht eindeutig auszumachen ist. Alles könnte möglich sein oder auch nicht. Gerade diese Art und Weise des Erzählens macht es dem Rezipienten so schwer zu unterscheiden, ob es sich nun um einen Traum oder um die Wirklichkeit handelt. Genauso gut könnte es auch beides sein. Lynchs *Straße der Finsternis* führt uns in ein Labyrinth der Dunkelheit, aus dem wir nicht unbedingt wieder hinausfinden können. Das Licht am Ende der Straße können wir nur finden, wenn wir uns für einen Weg entscheiden. Und ob das dann der richtige ist, können wir trotzdem nicht mit Sicherheit sagen.

---

239 Orth (2005). S. 30.

Literaturverzeichnis

Primärliteratur

Lynch, David (USA/F, 2001). Mulholland Drive. ca. 141 Min.

Sekundärliteratur

Fischer, Robert: David Lynch. Die dunkle Seite der Seele. München 1993.

Hicketier, Knut: Film - und Fernsehanalyse. Stuttgart. 2007.

Höltgen, Stefan: Spiegelbilder. Strategien der ästhetischen Verdopplung in den Filmen von David Lynch. Hamburg 2001.

Jerslev, Anne: David Lynch: mentale Landschaften. Wien 1996.

Lynch, David und Barney, Richard A. (Hg). : David Lynch. Interviews. Mississippi 2009.

Martig, Charles: Traumwelten. Der filmische Blick nach innen. Marburg 2003.

Orth, Dominik: Lost in Lynchworld. Unzuverlässiges Erzählen in David Lynchs Lost Highway und Mulholland Drive. Stuttgart 2005.

Pabst, Eckhard (Hg).: „A strange world". Das Universum des David Lynch. Kiel 1999.

Laszig, Parfen und Schneider, Gerhard (Hg).: Film und Psychoanalyse. Kinofilme als Kulturelle Symptome. Gießen 2008.

Ritter, Daniel Patrick: Über Männer und Schatten. Doppelgänger im Film. Wien 2009.

Seeßlen, Georg: David Lynch und seine Filme. Marburg 2007.

Sheen, Erica und Davison, Annette: The cinema of David Lynch. American dreams, nightmare visions. London 2004.

Volland, Kerstin: Zeitspieler. Inszenierungen des Temporalen bei Bergson, Deleuze und Lynch. Wiesbaden 2009.

Wild, Christiane: Frauenfiguren bei David Lynch. Der Einfluss des Film Noir auf die Heldinnen von Blue Velvet und Mulholland Drive. Saarbrücken 2009.

Friederike Bernhard: David Lynch *Lost Highway*. Eine filmdramaturgische Analyse

Kurzbiographie des Regisseurs

Mit der Absicht, Maler zu werden, besuchte David Keith Lynch (20.01.46, Missoula) renommierte Kunsthochschulen in Washington D.C. und Boston, ab 1965 besuchte er die Pennsylvania Academy of Fine Arts in Philadelphia. Seine Werke umfassten damals vor allem den Bereich der Malerei, Skulpturen und Fotografien. In einem Kurs für experimentelle Kunst animierte er 1967 Zeichnungen und realisierte seinen ersten Kurzfilm *Six Men Getting Sick* als Abschlussarbeit. Mit dem darauf folgenden Film *The Alphabet* gewann er ein Stipendium beim American Film Institute in Beverly Hills, wo er sein Studium fortsetzte. Lynch hat seit einigen Jahren einen Lehrauftrag an der European Graduate School in Saas-Fee inne. Des Weiteren komponiert Lynch selbst Musik für seine Filme.

Mit seinen düster-verrätselten Filmen, in denen er sich mit den Abgründen der menschlichen Seele auseinander setzt, erwarb sich David Lynch den Ruf als einer der interessantesten amerikanischen Filmemacher seiner Generation. Seine bekanntesten Arbeiten sind *Blue Velvet* (1986), *Wild at Heart* (1990), die TV-Serie *Twin Peaks* (1990) und *Lost Highway* (1997). Mit seinem siebten Spielfilm *Lost Highway* lieferte Lynch ein Werk, das einen Großteil der Besucher verwirrte. Damit verlor er viele Fans, gewann aber andererseits viele dazu, die seine bizarre und dunkle Filmwelt liebten.[240]

---

[240] Andrew, S. 35

Zur Dramaturgie des Films *Lost Highway*

Inhalt und Aufbau

Bereits der Inhalt lässt sich nur schwer zusammenfassen. Was greifbar ist, schwankt zwischen zwar hoher, jedoch sinnleerer Ästhetik und enormen Anspruch an unsere geistigen Fähigkeiten. Nichts im Film ist rational erklärbar, das steht fest.

Im ersten Teil handelt es sich um den Saxophonisten Fred Madison (Bill Pullman) und seine Frau Renee (Patricia Arquette), die ein recht angespanntes Verhältnis zueinander haben. Beide werden durch mysteriöse Videokassetten, die ihnen ein Unbekannter zuschickt und die Innenaufnahmen ihres Hauses zeigen, beunruhigt. Auf einer Party dubioser Freunde von Renee trifft Fred auf den Mystery Man (Robert Blake). Geplagt von Paranoia und krankhafter Eifersucht, bringt Fred sie augenscheinlich um. Dies ist auf einem weiteren Video zu sehen, was allerdings als Beweismittel keine höhere Relevanz hat, wie wir noch feststellen werden. Als er verhaftet wird, kann er sich an nichts erinnern. Zum Tode verurteilt verwandelt er sich in seiner Zelle zu Pete Dayton (Balthazar Getty), dem Automechaniker. Er wird entlassen und lernt Alice Wakefield (ebenso Patricia Arquette) kennen und verliebt sich in sie. Die Verbindungen von Alice zum Pornogeschäft und zur Unterwelt in Gestalt ihres gefährlichen Liebhabers Mr. Eddie führen dazu, dass auch Pete zum Mörder wird. Alice verlässt Pete. Schließlich verwandelt sich Pete wieder in Fred zurück und trifft abermals auf den Mystery Man, der allgegenwärtig ist. Fred wird von der Polizei auf dem Highway verfolgt, nachdem er zuvor mit dem Mystery Man Mr. Eddie tötete. Ob eine Nacherzählung der tatsächlichen Story Lost Highways nahe kommt, wage ich zu bezweifeln, da zahlreiche Fragen offen bleiben.

„Dick Laurent ist tot." spricht es durch die Gegensprechanlage im Auftakt des Filmes. „Wer ist Dick Laurent?" bleibt eines der Rätsel des Films. Das nächste wendet sich an die Videokassetten, die täglich vor Dicks und Renees Tür liegen. Die schwarzweißen Aufnahmen bilden neben der realen die virtuelle Ebene im Film, eine weitere ist die Ebene des Traums bzw. der Surrealität: Dick erklärt ihr, was er träumte und sieht infolgedessen zum ersten Mal den Mystery Man – in ihrem Gesicht. Die Ebenen werden hier erstmals zusammengeführt und untereinander vermischt. Die Realität des Paares beginnt sich zu verändern, doch für beide ist nicht erkennbar, in welcher Welt sie tatsächlich greift. Deutlich wird dies auf einer Party. Dort trifft Fred ein zweites Mal auf den Mystery Man, diesmal als Lebender, der ihn begrüßt: „Wir sind uns schon mal begegnet. In ihrem Haus, erinnern Sie sich nicht mehr?" und ihn wissen lässt, dass er sich auch jetzt dort befände. Fred überprüft dies telefonisch und ist zu Recht verunsichert. Die stillstehende Zeit scheint paradoxerweise das einzig Wahre in diesem Moment zu sein: Wo ist Fred wirklich? Wo ist der Mann? Findet die Party statt? Diese Frage wird dadurch verstärkt, dass die Partygeräusche abrupt in den Hintergrund geraten und eine mulmige Geräuschkulisse hinzukommt. Der Auftritt dieses alten Mannes repräsentiert das Irrationale durch die Überschneidung von Realität und Surrealität, die nun auch für den Zuschauer nicht mehr auseinander zu halten sind. Die Grenze zwischen Virtualität und Realität wird somit bereits innerhalb des Films aufgehoben, sodass die Objektivität des Zuschauers in Frage gestellt wird.

Auf einem weiteren Video sieht man Fred neben seiner toten Frau, völlig wahnsinnig und hässliche Grimassen schneidend, doch man sieht nicht, wie er sich dieses Video anschaut, sodass abermals Zuschauer und Figur gleichgesetzt sind und die Realität in Frage gestellt wird. Entsprechen die Videos der Wirklichkeit? Ist die Erinnerung, was wahr ist? Ist eine Aufzeichnung etwas Reales?

Die „realen" Ebenen beider Teile werden nicht nur über die surreale Ebene des Mystery Mans, sondern auch über Parallelen beider Protagonisten zusammengeführt: Die surreale bzw. Traum-Ebene wird über die Überschneidung der Erinnerungen Petes mit dem Erlebten Freds bezüglich der Mordnacht konkretisiert – es ist dieselbe Videosequenz. Pete wird ebenso zum polizeilich gesuchten Mörder wie Fred durch den Totschlag Andys, den er aus Wut und Eifersucht umbringt. Auch er bleibt nicht Opfer einer Intrige sondern wird selbst zum Opfer.

Letztlich heben sich alle Ebenen in der letzten Szene auf, als Alice und Pete in die Wüste fahren. Nach einem leidenschaftlichen Liebesakt versichert sie ihm, dass er sie nie bekommen wird und verlässt ihn. An dieser Stelle treten alle Ebenen des Films ins Bild: von einem beinahe feurigem Lichtmantel wird sie umgeben, der Akt verläuft in Zeitlupe und wirkt wie ein Traum. Nachdem sie fort ist und er sich besinnt, ist er wieder Fred. Der reale Fred? Und letztmalig trifft er auf den Mystery Man. Den irrealen alten Man? Selbst er scheint unsicher über die Identität Freds, erbost fragt er ihn: „Wie zum Teufel ist Ihr Name?" und greift wieder zur Videokamera, sodass nun auch die virtuelle Ebene greift. Doch keine Ebene gibt uns Auskunft über die Wahrheit, welche auch immer das sein mag.

Die offene Qualität des Films, seine Rätselstruktur und seine Vieldeutigkeit bedingen ein starkes Interesse, ihn mehrmals sehen zu wollen – oder zu müssen. Doch auch dann lassen sich höchstens strukturelle Mittel erkennen, Interpretationsansätze erscheinen mit zunehmender Betrachtung eher vermessen.

Sieht man von dem Wechsel der Figuren ab, behandelt der erste Akt nach Füller [241] die Eifersucht, die zum vermeintlichen Mord führt, der zweite Akt beinhaltet eine neue Chance und die Aufklärung der Hintergründe, der dritte Akt die Rache. Um es zu vereinfachen nehme ich mich dieser Unterteilung an. Diese Struktur erweckt den Anschein einer chronologisch aufgebauten Story; die vielen Lücken und die Aufhebung jedweder Darstellungsgesetze im Sinne einer halbwegs zuschauerfreundlichen Logik zerstören den Aufbau jedoch und widerlegen ihn in seiner scheinbaren Ganzheit. Der zweite Teil ähnelt am meisten einer durchschnittlichen Filmerzählung und zumindest einzelne Handlungen erscheinen nachvollziehbar. Der Zuschauer wähnt sich wieder in der Sicherheit des objektiven Betrachters. Der Anfang führt zum Ende und umgekehrt, sodass die Handlung in sich geschlossen und unendlich fortzusetzen ist – Lynch selbst vergleicht sie mit dem Prinzip des Möbius-Bands.[242] Die Geschichte ist in sich gewunden, präsentiert aber nur eine Handlung. Es gibt nur eine durchgehende Oberfläche, keine Entsprechung zwischen Zeichen und Repräsentiertem. Jeder Punkt ist zugleich Anfang und Ende, zudem impliziert ein solches Band parallel zueinander verlaufende Kanten. Im Film jedoch scheint es, als handle es sich lediglich um eine Kante. So verläuft Petes Geschichte nur scheinbar parallel zu Freds – letztlich ist es dieselbe.

Zum offensichtlichen Aufbau in drei „Akten" verlaufen parallel zeitliche Differenzen, die augenscheinlich auf drei Ebenen fungieren. Der Film suggeriert eine fortschreitende Handlung, die in einer entgegen gesetzten mündet und schließlich ohne zeitlich bestimmbare Anhaltspunkte zum Ausgangspunkt zurückkehrt, um einen Kreis entstehen zu lassen. Weder Chronologie noch einheitliche Perspektive werden einem durch Lynch als Hilfsmittel angeboten, lediglich innerhalb der einzelnen Sequenzen lässt sich halbwegs Erzählbares finden. Man kann zwar nicht von einem linearen, aber von einem detailliert geplanten Aufbau sprechen. Aufgrund der Filmästhetik und der Tatsache, dass

---

[241] ebd. S. 102
[242] Rodley, S. 142

sich die Darstellung fast ausschließlich auf die männlichen Protagonisten beschränkt, bzw. sie in fast allen Szenen zugegen sind, erweckt der Film den Eindruck, dass er vollständig den subjektiven Perspektiven Freds und Petes entspringt.

Doch welcher Mittel bedient sich Lynch, eine Struktur durch den Film zu ziehen – neben all dem Unerklärlichen? Offenbar ist die stilistische Ebene des Films überragender als die narrative.

Mir erscheint die Atmosphäre ein Hauptbestandteil des Filmcharakters zu sein, da über sie teilweise mehr als über Dialoge oder Situationen verstanden werden kann. Allein zwischen Renee und Fred wirkt sie bedrückend und lässt auf subtile oder verdrängte Unausgesprochenheiten schließen. Die scheinbare Normalität im Umgang miteinander ist beunruhigend, zumal unterstützt durch das lichtleere Haus, die wenigen Worte und die Stille. Die meisten Szenen werden unterhalb des Textes inszeniert, d.h. das Wesen des Kommunikativen wird missbraucht und verfälscht: „Die teilweise inhaltsleere Sprache erweckt den Eindruck, sie diene mutwillig der Oberfläche um das Wahre zu verbergen."[243] Die Gespräche tragen selten Konsequenzen, sie werden weder durch Mimik noch durch Gestik untermauert, bleiben unverständlich oder verschwinden im Leeren. Lange Pausen zwischen banalen Sätzen schaffen eine gewollt unangenehme Atmosphäre und wirken eindringlicher als Worte. Als Pete Alice beispielsweise fragt, warum sie nicht zu seinem Konzert mitwolle, antwortet sie nur halbherzig, sie wolle lesen und kichert kurz. Auf manche Fragen reagiert sie gar nicht. Die angespannte Situation macht dem Zuschauer durch diese trockene, mulmige Atmosphäre Bauchschmerzen. Die Spannung zwischen einer offensichtlichen Tragik des Zwischenmenschlichen und dem ausgestellt Banalem wird durch das Schauspiel der Darsteller verstärkt. Steif und kühl, gestenlos und wenig emotional wirkt es, betrachtet man den Umgang miteinander, vor allem zwischen Fred und Renee.[244]

Die Alltäglichkeit der Situationen wird aufgebrochen und abstrahiert. Alles wirkt unglaubwürdig, seelenlos und trocken. Nichts deutet auf das Leben hin, alles im Haus wirkt unnatürlich und trostlos, nicht zuletzt durch die permanent dunkel gehaltenen Farbkompositionen. Der Raum wird nicht als Umgebung, sondern als

---

[243] Langer, S. 70

[244] Es gibt viele Beispiele für den „Missbrauch des Kommunikativen". Selbst zwischen Pete und Mr. Eddy entstehen derart leere Räume: Mr. Eddy fragt ihn, was er eigentlich in seinem Leben wolle, woraufhin er böse grinsend entgegnet, er ginge nun tanzen. Oder Alice, die ihm sagt, er sei ein Vollidiot: Pete schaut sie verlegen an und sagt: „Ich habe ja keine Ahnung…"

Stimmung genutzt, sodass man den Eindruck gewinnt, er besitze keinen Bezug zur Figur: „Das Haus von Fred und Renee wirkt, als hätte es kein Ende, als geriete man beim Betreten in ein weit verzweigtes, dunkles Labyrinth. Dorothy Vallens Apartment in Blue Velvet wirkt ähnlich. Auch der Garten, in welchem Pete liegt – die Musik, die Farben, die Kamerabewegung erinnern stark an Blue Velvet." [245] Sie leben in einem großen, kalten, spärlich möblierten, beinahe fensterlosen Haus. Wand- und Stehlampen verströmen im Inneren der Wohnung ein diffuses, trügerisches Licht. Es dominieren die Farben Schwarz, Dunkelrot und Orange, so gewinnt man den Eindruck eines Farbfilms in Schwarzweiß. Die Beleuchtung ist derart düster, dass man sich fragen muss, warum denn keiner das Licht anschaltet. Das Setting spiegelt somit den Geisteszustand des Protagonisten wider.[246]

Das Licht ist ein wesentlicher Bestandteil des Filmes, ob als Konstrukteur des Raumes oder als Erzähler neben Bild und Ton: Die Farben, Linien und Flächen treten vor die Funktionalität, das Licht erhält eine Vorrangstellung zur Enthüllung und Auflösung. Figuren werden im Licht eingeschlossen oder durch Lichtfelder eingezäunt. Im Schatten wähnt man sich sicher, das Licht wirkt hingegen bedrohlich und als Störfaktor der Außenwelt, der klären soll, was es nicht zu klären gilt.

Ebenso wird ein Raum in Lost Highway oft als reiner Kunstraum verstanden, so zum Beispiel das Haus Andys. Garten und Wohnzimmer wirken völlig plastisch und irreal, wie nicht-bewohnbare Ausschnitte eines Gemäldes. Auch die Hütte des Mystery Mans steht im krassen Gegensatz sowohl zur restlichen Szenerie als auch zur Figur an sich: In seiner Funktion als mächtiger, mit übernatürlichen Fähigkeiten ausgerüsteter Mensch, (bei welchem nicht einmal klar wird, ob er überhaupt Mensch ist) lebt er in einer einfachen, verwahrlosten Holzhütte. Diese ist weder funktional noch räumlich einzuordnen. Sie steht auf Pfählen, wie auch der Mystery Man über den Dingen, der Realität, steht. Die Hütte liegt fernab allen Lebens im Nichts, außerhalb der restlichen Welt – ein Symbol für die Sonderstellung des Mystery Mans. Doch auf ästhetische Mittel soll in Hinsicht auf genrespezifische Merkmale des Film Noir später noch einmal eingegangen werden.

---

[245] Rodley, S. 305
[246] Rodley, S. 302

Figuren und Motive

Eine Analyse der Figuren vollziehe ich insofern, als dass ich die männlichen Protagonisten näher betrachten werde. Dies beträfe unweigerlich – und eigentlich an erster Stelle – den Mystery Man. An dieser Stelle ist mir jedoch daran gelegen, die Charaktere Fred und Pete miteinander zu vergleichen.

Fred ist ein Musiker, der geplagt wird von der Idee, dass seine Frau Renee ihn betrügt. Gequält von Phantasien diverser Seitensprünge seiner Frau ist er verkrampft, verrückt und paranoid. Er führt dennoch ein solides, kleinbürgerliches Leben. Alles ist langsam, emotionslos, und – solange er nicht auf der Bühne steht – passiv. Spontaneität und Freiheit scheint es nicht zu geben. Zudem scheint er an Fragen des Lebens nicht sonderlich interessiert. Er hinterfragt zwar die Wirklichkeit, gelangt aber auf der kurzen Suche nicht über seinen Horizont hinaus. Er wartet auf Lösungen, für die er weder agieren noch nachdenken muss.

Pete hingegen wirkt wesentlich agiler in Hinsicht auf sich und sein verworrenes Leben, wenngleich er den Rahmen seines bürgerlichen Lebens nicht überschneidet. „Warum ich?" fragt er, als ihm sein Leben entgleitet und bemüht sich zumindest darum, dieser Frage auf den Grund zu gehen. Er ist offenbar ein guter Kfz-Mechaniker, lebt in einer gefährdeten Vorstadt – diesem vielleicht typischsten und beunruhigendsten Schauplatz aus dem Repertoire von David Lynch – und hat alles: eine Freundin namens Sheila, einen guten Job in einer Werkstatt, Eltern, die viel fernsehen und einen Jägerzaun um das Grundstück gezogen haben. Naiv und introvertiert wirkt er, sieht man ihm vor allem im Umgang mit Alice zu.

Dass ich gerade jene beiden Figuren betrachte, begründe ich mit einer möglichen Interpretation der Schizophrenie als Hauptthema des Films. So auch Frau Langer, die nachweist, dass die Umsetzung der Persönlichkeitsspaltung in Lost Highway bis ins Detail mit dem medizinischen Krankheitsbild übereinstimmt, seien es bei beiden auftretende Symptome wie starke Migräne oder mangelnde Sehkraft (überwiegend bei Pete).[247] Die primäre Frage lautet: Wie konnte Fred zu Pete werden? Ist es dieselbe Person? Dafür spräche z.B. die Tatsache, dass beide von kurzen Erinnerungsbruchstücken des jeweils anderen geplagt werden. Fred und Pete unterscheiden sich jedoch in ihrem Verhalten, beispielsweise: Pete agiert aktiv, Fred bleibt passiv. Pete kann Freds Musik nicht ertragen (in einer Szene

---

[247] ebd. S. 68-69

hört er ihn im Radio). Es ist für Schizophrenie typisch, dass die verschiedenen Persönlichkeiten eines identitätsgestörten Menschen gegensätzlich sind. (auch über berufliche Identität: Automechaniker – Musiker). Schließlich deutet Lynch dieses Krankheitsbild auch visuell an: Nachdem sich Fred selbst im Spiegel betrachtet, sind an der Wohnzimmerwand zwei Schatten sichtbar. Und gibt es nicht einen Zusammenhang zwischen den vermeintlichen Mord Freds an Renee und der ominösen Nacht Petes, über die nicht geredet wird? Die Polizei kommt bei Fred nicht zur Klärung – Petes Eltern weisen ihren Sohn lediglich darauf hin, dass er in dieser Nacht mit einer unbekannten Person nach Hause kam.

Zudem kommen beide mit dem Mystery Man in Kontakt. Sowohl der Grund der Transformation als auch die wahre Identität der beiden Männer bleiben letztlich unsicher. Sicher nicht zufällig fragt der Mystery Man den von Pete in Fred Zurückverwandelten nach dem tatsächlichen Namen Freds, doch der weiß es selbst nicht. Die Reise auf dem Lost Highway in die Finsternis führt durch die Seele des/r Protagonisten an die Grenzen von Rationalität und Realität, dazu verdammt, auch in derselben herumzuirren und auf ewig im Dunkeln zu tappen. Wie eine quälende Endlosschleife – es gibt kein Entkommen, sowie auch diese Krankheit keinen Ausweg findet.

Immer wiederkehrende Motive sind das Feuer, das Foto, ebenso die heile Welt, die keine ist, und natürlich der Highway als Hauptmotiv. Allen Motiven ist es eigen, über die Phantastik Ausdruck zu finden, da jedes einzelne selten direkte, sondern vielmehr metaphorische Anspielung besitzt. Das Feuer eröffnet den Film über die Glut der Zigarette Freds, in der letzten Filmsequenz brennt die Hütte – dargestellt in einer rückwärts laufenden Explosion. Auch der letzte Liebesakt zwischen Pete und Alice ist umrahmt von feurigem Licht; ein Symbol für die Gefahr, die durch Alice droht. Die Hitze des Feuers taucht aber auch ohne das Licht auf, zumal Fred permanent zu schwitzen scheint, da es überall heiß ist. Bedrohung von außen und Wahn von innen werden somit gleichermaßen dargestellt.

Der Highway, als titelbedingtes Hauptmotiv, repräsentiert den sinnentleerten, ziellosen Fluchtweg ins Nichts. Raum und Zeit sind aufgehoben, sobald man sich auf ihm befindet. Es gibt keinen Halt, keinen Anhaltspunkt durch die Straßenränder oder das Licht. Die Straße verbindet die Orte nicht, sie verliert sich im Endlosen und stellt somit die Ausweglosigkeit des Protagonisten dar, der weder Halt noch Ziel noch Ursprung hat. Nur den Weg ins Unbekannte und Verborgene.

Auch die Photographie ist ein wesentlicher Bestandteil des Films. Sie symbolisiert Auslöschung, ist Beweis fürs nicht Existente. Hier wird deutlich, dass Renee Alice ist, durch Montage sieht Pete sie jedoch als unabhängige Personen. Die doppelte Identität Renees wird durch das Bild aufgehoben und durch die scheinbare Existenz zweier Frauen ersetzt. Die spätere Auslöschung Alices auf dem Foto ist die Aufdeckung der Lüge und die Rückführung auf die eine, wirkliche Person Renee, wie man annehmen darf. Das Foto symbolisiert das Nicht-Existente und stellt ein weiteres Mal die Realität in Frage: Was ist wahr? Wann lügen Bilder? Welches Foto ist tatsächlicher Anhaltspunkt?

Zudem wird immer wieder eine scheinbar heile Welt angespielt. Ob durch Raum oder Licht, Lynch persifliert häufig den Schein der Bürgerlichkeit inmitten einer trügerischen Großstadt, Los Angeles. Zunächst wirkt alles perfekt: das ordentliche Haus in einer hübschen Straße, zwei schöne Menschen, die ein Paar sind, die tollen Partys, die besucht werden. Doch alles wird zerstört durch die dunkle Farbe, in welche die Bilder getunkt werden, durch die Leblosigkeit der Figuren und das beinahe abstrakt sinnlose Herumliegen der Gegenstände im Haus.

Lost Highway – Film Noir des 21. Jahrhunderts?

> Ich höre nun öfter, man bezeichnet Lost Highway als Horrorfilm Noir des 21. Jahrhunderts. Das ist Mumpitz. Und es ist immer gefährlich, einen Film zu klassifizieren. [248]

Lynch hört es offenbar nicht gern, ordnet man seine Filme einem gewissen Genre zu. Die Stilmittel des Film Noir treffen dennoch weitestgehend zu, wie kurz erläutert werden soll.

Ein wesentlicher Aspekt des Film Noir ist zunächst die Erzählstruktur, wie bereits erwähnt: Sie erscheint vorerst für beide Teile linear, wobei der Erzählstrang um Pete parallel zu Freds Linie verläuft und rückführend mit eben jener endet. Die chronologische Abfolge einzelner Sequenzen wird umgangen oder völlig ignoriert: Es beginnt offenbar mit der Zukunft, doch durch den kreisförmigen Aufbau wird die Zukunft sowohl Vergangenheit als auch zur Gegenwart, es gibt keinen Fixpunkt und somit keinen Anhaltspunkt für den Zuschauer. Die Ereignisse folgen zwar aufeinander, ein kausaler Zusammenhang wird jedoch häufig nicht sichtbar.

Das für den Film Noir typische Strukturprinzip der Wiederholung bzw. der Dopplung findet sich in Lynchs Werk ebenso zu Hauf. Sei es das Bild des Highways, das immer wieder auftaucht und den Film rahmt, die Fotos, die im Film mehrmals Verwirrung stiften oder wiederkehrende Figuren – wie Alice und Renee, die durch eine Person zwei Charaktere darstellen. Ein schönes Beispiel sind auch die Zimmernummern. In Andys Haus sieht Pete, dass auf der Badezimmertür die Nummer 26 steht. Die Tür daneben trägt die Nummer 25. Fred geht später im Lost Highway Hotel in das Zimmer 25, während sich nebenan in Zimmer 26 Renee und Mr. Eddy aufhalten und vermutlich miteinander schlafen.

Ein weiterer Hinweis ist ein technischer, der Low Key Stil: Die ersten Sequenzen des Filmes wurden vornehmlich in Räumen aufgenommen, die nicht nur die Welt draußen lassen, sondern zudem den Tag unterdrücken. Natürliche Lichtquellen werden vernachlässigt, künstliches Licht dient nicht zur Aufhellung des Raumes. Zudem ist das Licht natürlich verantwortlich für Anwesenheit und Intensität von Schatten. Selbst das Hauptmotiv, der Lost Highway, lebt von der Arbeit mit Schatten. Das Fahren wird aus dem Auto heraus durch die Kameraperspektive auf

---

[248] Rodley, 309

den Highway gefilmt, dessen Mittelstreifen der einzige Farbpunkt ist und so einer ziellosen Richtschnur ähnelt – ein Symbol der Ausweglosigkeit.

Auch auf dieser „Schnur" wird kein Anfang, kein Ende deutlich. Der Zuschauer tappt mit dem Protagonisten im Dunkeln. Auch in der Anfangsszene zwischen Fred und Renee erscheint statt Renee selbst ihre Silhouette – ihr Schattenbild symbolisiert ihre verborgene, unergründliche Seite.

Zudem erzählt Lynch überwiegend mit der subjektiven Kamera, die vor allem bei Pete zur Geltung kommt. Seine Sicht auf die Dinge ist nicht selten verschwommen, was darauf schließen lässt, dass auch ihm sein Innerstes unklar ist. Doch auch der Zuschauer sieht Pete nur verschwommen, auch ihm ist nichts klar. Die Störung im Kopf wird somit auf uns übertragen bzw. werden wir mit dem Protagonisten gleichgesetzt.

Über Renee und Alice wird auch der Verweis zur Femme Fatale deutlich. Sie wissen ihre Situation zu ihrem Vorteil auszunutzen, sind jedoch letztlich mangels Willensstärke nicht in der Lage, ihrer Ausweglosigkeit zu entkommen. Beide Charaktere sind rätselhaft und bedrohlich, was die Distanz zum ohnmächtigen Mann verstärkt.

Die Fiktionalität, die bedingt, dass es kein klassischer Film Noir ist, äußert sich über Lynchs Darstellung des Surrealen und Irrationalen: unlogisch, metaphorisch und raum- bzw. zeitlos. Diese eher assoziative Montage lebt nicht zuletzt auch von akustischen Gestaltungsmitteln; man kann von einer recht ausgefeilten Soundcollage sprechen. So sind es sowohl stimmungserzeugende Geräusche, Töne oder Rhythmen, die alles Mystische, Bedrohliche oder Spannende untermauern, als auch einzelne Songs, die Figuren oder Situationen verstärken: „I´m deranged" singt David Bowie bezeichnenderweise anfangs und am Ende des Films.

Auch das Mittel Photographie ist eines des Film Noirs, um die Vergangenheit der Gegenwart gegenüberzustellen.[249] Alice erhält durch das Foto erst eine eigene Identität, indem sie neben Renee abgebildet ist. Nach dem Verschwinden löscht sich auch ihr Bild. Das Infragestellen der Realität über Aufzeichnungen und Photographie geschieht nicht erst seit Lynchs Filmen, bereits in Filmen wie „The Maltese Falcon" oder auch „The Big Sleep" wurde jenes Element angewandt.[250]

---

[249] Füller, S. 102
[250] Rodley, S. 301

Dass Gesetze der Darstellung aufgehoben werden, ist auch nicht neu – für Lynch nur allzu typisch. Es gibt keine ordnenden Instanzen, weder dramaturgisch noch inhaltlich. An nichts muss sich gehalten werden, sowohl äußerlich als auch innerlich, soll heißen: weder der Regisseur hält sich an Konventionen, noch richtet sich der Protagonist nach bestehenden Ordnungen. Das Fazit für den Helden:

> „Am Ende des Films steht der Wunsch nach Reintegration in die Gesellschaft. Fred steht vor den Trümmern seiner Weltsicht und der Wille nach Sinnstiftung und Klarheit ist zum Scheitern verurteilt. Er hat sich von sich selbst entfernt, ist als Subjekt nicht greifbar und somit für die Gesellschaft nicht existent." [251]

---

[251] Morawietz, S. 27

Road to Nowhere

> Ich will keine Verwirrung stiften, sondern Geheimnisse spürbar machen. Geheimnisse sind gut, Verwirrung ist schlecht. [252]

Man kann annehmen, Lynch arbeite überwiegend mit der Erwartung des Zuschauers als mit allgemein vertretbaren Interpretationsansätzen; so lässt der Film alle Möglichkeit offen, mit eigenen Träumen auszulegen. Der Zuschauer bestimmt durch eigene Erinnerungen und Erfahrungen die Realisation jener Gedankenwelt und ist somit nicht bloßer Beobachter, sondern ebenso Instrument für die Komposition David Lynchs. Eine konkretere Interpretation ist selbstredend möglich – ungeachtet der Tatsache, dass sie immer falsch und richtig zugleich ist, zumal Lynch selbst sagt:

> „Barry und ich haben nie über Bedeutungen gesprochen. Wir waren uns über die Marschrichtung einig, deshalb blieb vieles unausgesprochen. Wenn es zu konkret wird, stirbt die Phantasie. Es gibt genügend Hinweise für eine konkrete Interpretation, und ich weise immer wieder darauf hin, dass es in vielerlei Hinsicht eine geradlinige Story ist. Doch wenn die Filme so angelegt sind, dass sie von aller Welt verstanden werden, bleibt nicht viel Raum zum Staunen und Träumen.“

Dennoch möchte ich an dieser Stelle eine Deutung anbieten. Lynch schafft in jedem Falle ein Kunstwerk im Bewusstsein eines identitätsgestörten Mannes – ob schizophren oder „lediglich“ unzurechnungsfähig. Eventuell ist Pete Dayton also eine Projektion Fred Madisons, ein neues Ich, das sich dieser vielleicht schizophrene Mörder erschafft, um aus seiner tristen Realität auszubrechen. Fred hat bereits verdrängt, dass er der Verbrecher ist und schiebt nun in der Todeszelle sein missratenes Leben ins Nichts und erschafft sich eine neue Existenz: die des rundum glücklichen Mechanikers Pete Dayton. Aber das Grauen, das in Fred Madisons dunkler Seele lauert, durchbricht auch die Mauern, die Pete Dayton vor der Wahrheit schützen sollen und materialisiert sich immer stärker in der Idylle, die er sich über Eltern und Freundin wahrt. Doch dieser Traum zerstört sich am Ende selbst, wenn Pete Dayton sich zurück- und Fred Madison sich weiterverwandelt.

---

[252] Rodley, S. 304

Lynchs Werk ist eine Reise ins Unterbewusstsein, ins Verlorene, die sich in manchen Punkten gedanklich fassen und erklären lässt, in vielen aber auch verstörend und irritierend bleibt. Diese Reise tritt Fred Madison allein an – auf einem einsamen, verlorenen Highway.[253] Da dem Zuschauer jedoch an keiner Stelle explizit vermittelt wird, dass er das Schicksal einer schizophrenen Figur verfolgt, bleiben die letzten Fragen des Films offen – und David Lynch hat sein Ziel erreicht.

---

[253] siehe auch Seeßlen, 94-96

Literatur

Andrew, Geoff: Stranger than Paradise. Mavericks – Regisseure des amerikanischen Independent-Kinos. Theo Bender Verlag. Mainz: Theo Bender Verlag, 1999

Füller, Ralfdieter: Fiktion und Antifiktion – Die Filme David Lynchs und der Kulturprozess im Amerika der 1980er und 90er Jahre. Trier: WVT Wissenschaftlicher Verlag, 2001

Harbers, Stefan: Amerikanische Gesellschaftsbilder in den Filmen David Lynchs. Alfeld: Coppi-Verlag, 1997.

Langer, Daniela: Die Wahrheit des Wahnsinns. Zum Verhältnis von Identität, Wahnsinn und Gesellschaft in den Filmen David Lynchs.

Morawietz, Mareile: *Lost Highway – ein Film von David Lynch*. Leipzig: Diplomarbeit, 1999

Seeßlen, Georg: *David Lynch und seine Filme*. Marburg: Schüren Verlag, 1995.

Rodley, Chris: *Lynch über Lynch*. Frankfurt a. M: Verlag der Autoren, 1998.

Roman Keller: Auditive Filmanalyse. Die Notwendigkeit bewusster Wahrnehmung von Filmton am Beispiel von David Lynchs *Mulholland Drive*

Einleitung

"Ich kann im Kino die Augen schließen, aber ich kann mir nicht die Ohren verstopfen" André S. Labarthe

Los Angeles bei Nacht. Ein nur spärlich beleuchteter Parkplatz, menschenleer und gespenstisch. Der Blick geht in Richtung des Eingangs zum Club ‚Silencio'. Ein Auto hält davor.

Lauter Wind scheint von allen Seiten gleichzeitig zu kommen. Wir vernehmen unbekannte, unheimliche Geräusche: ein Flirren und Sausen, Rauschen und Grummeln.

Das leise Klacken einer Autotür. Aus der Entfernung kaum zu erkennen steigen zwei Personen aus dem Wagen und betreten den Club. Unerwartet entwickelt sich ein heftiger Sog in Richtung Eingang. Die Geräusche verdichten sich und schwellen beängstigend an. Ein bassiges Grummeln und tiefe Glockentöne, die kaum als solche zu erkennen sind, lassen uns erzittern bevor wir Betty und Rita durch den Eingang folgen.

Im Innern: Ein ehemaliges Theater mit barock verzierten Balkonen, vergoldeten Arkaden und einem dicken Samtvorhang. Vereinzelt sitzen Leute im Zuschauerraum. Die düstere Klangkulisse setzt sich auch hier fort; der Wind verklingt nur langsam und weicht allmählich dunklen ätherischen Orchesterklängen.

Ein Mann steht in Gedanken versunken auf der Bühne, bevor er mit erhobener Stimme zu einem Vortrag ansetzt. „Es gibt keine Band, es gibt kein Orchester, dies ist eine Bandaufnahme!", proklamiert er in spanisch, englisch und französisch – der Anspruch ist universell. „Es gibt kein Orchester – und trotzdem hören wir ein Orchester. Wenn wir eine Klarinette hören wollen... hören Sie!", fordert er das Publikum auf und führt bedeutungsvoll die Hand zum Ohr. Aus den Tiefen des virtuellen Orchesters tritt akustisch eine Solo-Klarinette hervor.

„Eine gedämpfte Trompete!", verkündet er. Der Vorhang öffnet sich ein Stück und ein Trompeter in weißem Jackett betritt die Bühne und spielt dabei auf seinem Instrument. Die Darbietung erscheint real. Als er plötzlich die Arme ausstreckt und die Trompete in der Luft hängt, klingt das Trompetensolo unbeirrt fort.

„Es gibt kein Orchester, es ist ein Band!", kommentiert der Ansager die verstörende Demonstration. Er holt mit den Armen aus und deutet an, etwas mit der Hand nach links zu werfen. Im selben Moment ertönt ein kurzer Trompetenton

von links. Dieselbe Prozedur wiederholt er auf der anderen Seite – wieder hören wir einen Ton, diesmal von rechts.

„Es gibt kein Orchester!“, wiederholt er betont und fügt bedeutungsvoll hinzu: „Es ist eine Illusion!“.

„Hören Sie!“, fordert er erneut auf. Wie ein Magier streckt der Mann seine Arme in die Luft und wirkt dabei höchst konzentriert. Lauter Donner, wie bei einem Gewitter, erfüllt den Raum und das Theater erscheint kurzzeitig in blaues Licht gehüllt. Das Geräusch schwillt zu einem ohrenbetäubenden tiefen Grummeln, Donnern und Rauschen an. Der Magier schüttelt sich und lässt das Theater erbeben. Die Zuschauer scheinen dem Spektakel hilflos ausgeliefert.

Zufrieden lässt der Magier die Arme sinken und kreuzt sie, begleitet von einem hohlen, blechernen Geräusch, vor der Brust, um anschließend in einer Nebelwolke – nun selbst wie eine Illusion – zu verschwinden.

Wir befinden uns im Kino, genauer gesagt in David Lynchs *Mulholland Drive*. Der Film gelangt an einen Punkt, an dem das Vorangegangene noch einmal in Frage gestellt wird. Lynch legt seine Mittel offen dar, indem er uns auf eben jene Gestaltungsmittel aufmerksam macht, mit denen er die übrigen zweieinhalb Stunden virtuos spielt. Wie ein Magier, der seine Tricks verrät, entzaubert er das akustische Spektakel, das wir bis hierhin verfolgen konnten, indem er es auseinander nimmt und vorführt. „Es ist eine Illusion!“, verkündet der Mann wiederholt.

Die Kinosituation spiegelt sich in bemerkenswerter Weise im Club ‚Silencio‘ wider. Die Zuschauer im Film sind den gleichen Reizen ausgesetzt wie die Zuschauer im Kino, einer visuellen und akustischen Illusion, die sie einhüllt in Klang und mit Bildern konfrontiert. Im Club ‚Silencio‘ ist es eine demonstrative Darbietung, wir nennen es Film.

> Because of a sequence of somebody moving through time, because of this idea here, and that sound there, a word here, and then a look there when the music hits, people start crying. Or they start laughing hysterically, or they become very afraid. How does it work? It's *unbelievable*, the power of cinema. (Lynch in Lynch/Rodley 1999: 226)

Die Kraft des Kinos, die David Lynch in diesem Zitat beschwört, beschäftigt Filmkritik und Wissenschaft seit vielen Jahrzehnten. Dem Anspruch, Bild und Ton dabei gleichermaßen gerecht zu werden, laufen beide jedoch hinterher.

Es erscheint symptomatisch, dass zuerst das Bild auf der Leinwand laufen lernte und der Ton später hinzutrat wie eine Dreingabe, die zudem längst nicht von allen begrüßt wurde. Gemessen an der Zahl der Publikationen scheint der Ton bis heute immer noch stiefmütterlich behandelt zu werden, obwohl einige Veröffentlichungen, besonders der letzten Jahre, diesen Missstand zu beheben versuchen.

Einzig und allein die Funktionen der Filmmusik scheinen gut erforscht und systematisiert. Auch wenn in diesen Arbeiten gelegentlich auf die Verwendung von Geräuschen und die Arbeit mit Klangmaterial eingegangen wird – ein frühes Beispiel ist Lissas *Ästhetik der Filmmusik* (1968) – so gibt es doch Nachholbedarf, was die Gesamtheit der auditiven Schicht von Filmen angeht.

Dies mag damit zusammenhängen, dass der Ton im Kino lange Zeit ein Schattendasein führte. Die große Abbildung auf der Leinwand schien von Anfang an wie eine Selbstverständlichkeit, der Ton dagegen wie Beiwerk.

Längst hatte der Film Farbe und eine scharfe Emulsion, während es auf der Tonspur noch gewaltig rauschte und knisterte. Die Erfahrung des guten Tons im Kino mit der kommerziellen Einführung von *Dolby* in den 70er Jahren liegt noch nicht so lange zurück. Den ästhetischen Umwälzungen, die sich daraus für den Film ergaben, habe ich, beginnend mit der Einführung des Tonfilms, ein eigenes Kapitel gewidmet (→ *Von den ersten Tönen zum sensorischen Kinoerlebnis*). Ohne die dort beschriebenen, gewaltigen technischen Entwicklungen wären viele moderne Filme, die einen großen Teil ihres Erlebnispotenzials aus ihrer klanglichen Ausgestaltung beziehen, undenkbar.

Zu ihnen sind gewiss die Werke David Lynchs zu zählen. Beginnnend mit *The Alphabet* (1968), *The Grandmother* (1970) und besonders *Eraserhead* (1977), über *Blue Velvet* (1986), *Wild at Heart* (1990) und die Fernsehserie *Twin Peaks* (1989-1991), hin zu *Lost Highway* (1996), *The Straight Story* (1999) und *Mulholland Drive* (2001) zieht sich wie ein roter Faden die starke Klanglichkeit seiner Filme – der Begriff *Hörfilm* drängt sich förmlich auf. Zumindest kann man die meisten dieser Filme, neben den narrativen Aspekten, auch als eine Form audiovisueller Komposition verstehen:

> Ich bin über die Malerei zum Film gekommen, und ich glaube, man kann sagen, daß ich über die Tongestaltung zur Musik gekommen bin. Als Maler hatte ich immer bestimmte Töne im Kopf, um mir die Stimmung für ein Bild vorzustellen. Ich wollte gerne in den Bildern leben können, und deshalb stellte ich mir vor, wonach sie wohl klingen würden. (Lynch zitiert nach Fischer 1991: 217)

Dass das *Sound Design* in der Vergangenheit so wenig Beachtung erfuhr, mag auch am sprachlichen Unvermögen liegen, die Beschaffenheit von Klängen adäquat zu beschreiben. Dieser Problematik, für die es zwar keine endgültige Lösung, aber dennoch einige fruchtbare Vorschläge gibt, ist ein Kapitel gewidmet (→ *Über die Schwierigkeit der Kategorisierung von Klangobjekten auf der Tonspur*).

Der Film *Mulholland Drive* lieferte die Idee für diese Arbeit – sich den klanglichen Dimensionen des Filmtons von einer wissenschaftlichen Seite zu nähern. Dabei ging der Weg zunächst weg vom einzelnen Film, hin zu einer allgemeinen Beschreibung der Strukturen des Filmtons. In einer Art *Begriffsklärung für eine auditive Filmanalyse* werde ich verschiedene Konzepte zur Beschreibung von Ton im Film aufzeigen und das zuweilen komplizierte *Verhältnis von Bild und Ton* erläutern.

Den zweiten Schwerpunkt der Arbeit bildet der Versuch einer auditiven Filmanalyse am Beispiel von *Mulholland Drive*. Dabei werde ich zum Teil auf die vorgestellten Konzepte zurückgreifen und versuchen, Besonderheiten, Themen und Techniken dieses Films herausarbeiten. In Ermangelung einer umfassenden Theorie, die alle Phänomene des audiovisuellen Geflechts zu beschreiben in der Lage ist, muss der einzelne Film den Ausgangspunkt für ein solches Unterfangen bilden und die Analyse wird sich an ihm ausrichten.

Natürlich sollte die auditive Filmanalyse nicht lediglich Selbstzweck sein. Vielmehr liegt darin die Möglichkeit, sich dem Untersuchungsgegenstand Film von einer Seite zu nähern, die oft für viel zu selbstverständlich erachtet wird. Der Ton scheint dem Bild auf natürlichste Weise regelrecht zu entspringen und passiert den Rezipienten häufig völlig unreflektiert.

Die meisten Kinobesucher können sich nach einer Vorstellung schwerlich an die gehörte Musik erinnern. Konkrete Aussagen über die Qualität des Tons hört man sogar noch seltener – am ehesten wenn ein technischer Defekt vorlag, der die Wahrnehmung auf die Tonspur lenkt, die ansonsten wahrscheinlich unbeachtet bliebe.

Es ist die Allgegenwart des Tons, die ihn uns unterschätzen lässt. Gleichzeitig ist dies aber auch seine größte Stärke. Eine Manipulation des Bildes ist meist offensichtlich, eine Manipulation des Tons bleibt dagegen meist unbemerkt und kann sich unterbewusst entfalten.

Diesen Umstand gewissermaßen ausnutzend, lässt der Filmemacher die Töne sprechen, um auch tiefere Bewusstseinsschichten beim Zuschauer zu erreichen.

Die Beeinflussung durch Klang, die im Kino oftmals nur ein vages, unbestimmtes Gefühl hinterlässt, kann in einer auditiven Filmanalyse objektiviert werden. Zudem lassen sich narrative Strategien am Ton überprüfen; die Analyse macht uns auf verborgene Qualitäten des Filmwerks aufmerksam und schärft unsere Wahrnehmung, indem sie uns Dinge benennen lässt.

Auch wenn in dieser Arbeit nicht auf die technische Prozedur der Klanggestaltung eingegangen werden soll, findet sich auch in einer theoretischen Abhandlung über Filmton vielleicht eine kleine Quelle der Inspiration für den praktisch-kreativen Umgang mit dem Medium Film. Welchen Stellenwert der Ton im Film einnehmen kann, beschreibt der bekannte Sound Designer Ben Burtt[254]:

> You can have a big effect on how the audience sees the film in terms of the credibility and the pace of the film. You control emotional curves up and down. You can excite people. You can scare them, slow them down, you can soothe them – all with just sound. (Ben Burtt in LoBrutto 1994: 149)

Dem Ton die ihm zustehende Beachtung zu schenken ist ein Ziel dieser Arbeit, denn *„Geräusch" und „Effekt" sind wahrhaft unzureichende Etiketten für eine achtbare Kunst* (Monaco 1995: 215).

---

[254] Burtt arbeitete lange Zeit mit George Lucas und Steven Spielberg. Er erhielt Preise für Filme wie *Star Wars* (USA 1977), *Raiders of the Lost Ark* (USA 1981) und *E.T.: The Extra-Terrestial* (USA 1982).

Von den ersten Tönen zum sensorischen Kinoerlebnis

> We gestate in Sound, and are born into Sight
>
> Cinema gestated in Sight, and was born into Sound. (Murch in Chion 1994: vii)

Bis wir Filme in der heute gewohnten sensorischen Qualität im Kino bewundern konnten, musste eine lange Zeit vergehen. Walter Murch[255] beschreibt in seinem Vorwort zur englischen Ausgabe von Michel Chions *Audio-Vision* (1994) sehr schön die unerwartete Heirat vom selbstzufriedenen ‚König Bild', der in der Jugendzeit des Kinos (1892-1927) allein regierte, mit der ‚Königin Ton'.

Sehr unterschiedlich wurde dieser Umbruch von vielen Filmschaffenden damals aufgenommen, war die Einführung des Tonfilms doch auch mit großen Komplikationen verbunden. Mehr als drei Jahrzehnte hatten sich ästhetische Standards wie die bewegliche Kamera und eine expressive Montage für den Stummfilm entwickeln können, die nun in Gefahr standen durch eine rudimentäre Tontechnik verdrängt zu werden (Martin 1998: 27).

Kameras mussten in schalldicht isolierten Kästen untergebracht werden und waren deshalb in ihrer Bewegungsfreiheit stark eingeschränkt. Der Ton wurde durch schwere und unhandliche Mikrofone eingefangen, die zudem ungerichtet waren und deshalb den Ton aus allen Richtungen mehr oder weniger gleich laut aufnahmen.[256]

Dies erschwerte zusätzlich die Arbeit am Set, wo absolute Stille bisher nicht nötig war. Die Aufnahme des Tons erforderte zudem erstmals eine konstante, standardisierte Aufnahme- und Abspielgeschwindigkeit für Filme, die auf 24 Bilder pro Sekunde festgelegt wurde. Zuvor hatte man meist mit 18 Bildern in der Sekunde gearbeitet.[257]

Ästhetisch wurde der Ton zunächst vollkommen realistisch gestaltet: Was im Bild zu sehen war, war auch zu hören und umgekehrt. Dialoge rückten in den Vordergrund der Handlung, weshalb viele Produzenten Theaterregisseure engagierten. Die entstandenen Filme wirkten deshalb manchmal wie gefilmte Theateraufführungen und ließen spezifisch filmische Gestaltungsmittel

---

[255] Walter Murch ist bis heute einer der bekanntesten und kreativsten Sound Designer des Kinos und ist für die Klanggestaltung in Filmen wie George Lucas' *American Graffiti* (USA 1973) sowie für Francis Ford Coppolas *The Conversation* (USA 1974) und *Apocalypse Now* (USA 1979) verantwortlich – letzterer sicherlich ein Meilenstein für die Entwicklung des ‚guten Tons' im Kino.

[256] Mikrofone dieser Richtcharakteristik bezeichnet man auch als omnidirektional – einfacher als *Kugel*.

[257] Die erhöhte Geschwindigkeit von 24 Bildern pro Sekunde und die damit verbundene kürzere Belichtungszeit für den Film benötigte zudem wesentlich mehr Licht am Set, was zu größerer Hitze führte.

vermissen. Dies wurde von Filmregisseuren wie René Clair und Sergej Eisenstein erkannt und kritisiert.

Besonders René Clair wollte sich in der Aufnahmephase seiner Filme durch den Ton nicht behindern lassen und trennte Film- und Tonaufnahme voneinander. Diese bis heute praktizierte Arbeitsweise stellte die Weichen für eine eigene dramaturgische Funktion des Tons im Film. Mit Filmen wie *Sous les toits de Paris* (Frankreich 1930) beeinflusste und inspirierte er Zeitgenossen und Regisseure.

Rouben Mamoulian drehte Filme mit kreativer Tongestaltung wie *Applause* (USA 1929) und Alfred Hitchcock experimentierte collagenartig mit der Tonspur in *Blackmail* (Großbritannien 1929), in dem die Unterhaltung von Nachbarinnen nur noch aus dem Wort „Knife" zu bestehen scheint.

Diese Filme nehmen jedoch eine Sonderstellung ein und für den Großteil der produzierten Filme mag das gegolten haben, was Flückiger im Hinblick auf die unzureichenden technischen Möglichkeiten und die damit verbundene ausgeprägte Ökonomie auf der Tonspur schreibt:

> Jedes Element hatte eine klare erzählerische Funktion, die mit größter Sorgfalt aufgebaut und sinnvoll in den Kontext integriert wurde. Komplexe Schichtungen verschiedener Klangelemente [...] waren die absolute Ausnahme. Stattdessen wurden die Klangobjekte wie Perlen auf einer Schnur hintereinander aufgereiht. (Flückiger 2001: 37)

An anderer Stelle heißt es bei ihr:

> Das filmische Medium wurde aufgrund technischer Unvollkommenheiten und mangelnder Erfahrung der Rezipienten als brüchig empfunden. Dieser Brüchigkeit versuchte man in der Hollywood-Klassik entgegenzuwirken, indem man die dargestellten Objekte und Handlungen doppelt kodierte, optisch und akustisch. Die dabei entstehende Redundanz [...] wirkte der Gefahr der möglichen Unverständlichkeit entgegen, die man nach dem Verständnis der Hollywood-Klassik unbedingt zu vermeiden hatte. Das erzählerische Material wurde so organisiert, dass es eindeutig und klar verständlich war. Die Geräusche sollten keine eigene akustische Qualität besitzen, sondern möglichst schnell und problemlos einen bestimmten Vorgang oder eine bestimmte Quelle bezeichnen, um die nahtlose Fiktion zu unterstützen. Die Tonspur wurde unter diesen Prämissen funktionalisiert und dem narrativen und visuellen Fluss angepasst. (Flückiger 2001: 136)

Die Klanglichkeit der frühen Tonfilme war gekennzeichnet durch die technischen Grenzen einer geringen *Auflösung*[258] und eines geringen *Dynamikumfangs*[259]. Der

---

[258] Die *Auflösung* meint das Erfassen klanglicher Details im Tonsignal und wird durch den Frequenzgang und den Signal-Rausch-Abstand aller beteiligten Komponenten bestimmt.

[259] Unter *Dynamikumfang* versteht man den Pegelunterschied zwischen geringstem und höchst-möglichem Pegel.

Ton wurde in der Regel direkt auf Filmmaterial als so genannter *Lichtton* aufgezeichnet. Bevor das Ergebnis einer Aufnahme also angehört werden konnte, bedurfte es einer konventionellen Filmentwicklung. Was heute als Selbstverständlichkeit erscheint – dass man verschiedene Teile der Tonspur getrennt aufnimmt (Dialog, Geräusch, Musik) und später in der Mischung zusammenführt – war bei der kommerziellen Einführung des Tonfilms[260] ab 1927 nur schwer möglich, oder zumindest mit großen Qualitätsverlusten verbunden. Durch die nötigen Kopiervorgänge des Filmmaterials vergrößerte sich das hörbare Rauschen unannehmbar.

Mit den fotochemischen Verbesserungen der Filmemulsion in den Folgejahren wuchs auch die Qualität der Tonspur. Martin (1998: 27) gibt für 1928 einen Frequenzgang von maximal 100-4000 Hz an. Zehn Jahre später liegt dieser bei 80-10.000 Hz.[261]

In den 30er Jahren setzte sich langsam die Filmmischung durch. Originalaufnahmen konnten zusätzlich mit ein oder zwei Effektspuren und ein bis zwei Musikspuren gemischt werden. Größtes Hindernis für die Erstellung komplexer Tonspuren war die Notwendigkeit, große Filmteile in einem Durchgang abzumischen, da sich die Lichttonkamera während der Aufnahme nicht stoppen ließ. Aus dieser Zeit stammt deshalb die Arbeitsteilung auf drei Mischtonmeister für Dialog, Geräusch und Musik.

Die Ästhetik, die immer auch von den technischen Rahmenbedingungen bestimmt wurde, änderte sich mit der Möglichkeit Musik nachträglich hinzuzufügen. Die alte Stummfilmpraxis der Orchesterbegleitung wurde dadurch wieder belebt, dass Musik – einmal aufgezeichnet – in jedem Kino mit Tonanlage wiedergegeben werden konnte.

Während Musik im Tonfilm bis dahin meistens szenisch motiviert war, gab es nun die Möglichkeit, sie außerhalb des Bildes als Kommentar oder Untermalung *extradiegetisch*[262] einzusetzen. Dies war der Beginn der großen Ära der

---

[260] Viele Systeme zur Tonaufzeichnung existierten schon seit Jahrzehnten. Ein Problem blieb bis in die 10er Jahre die Synchronisation von Bild und Ton. Vorführbereite Lichttonsysteme gab es in Deutschland bereits seit 1921. Flückiger (2001: 28-31) beschreibt die unterschiedlichen Entwicklungen.

[261] Zum Vergleich: Der hörbare Frequenzbereich liegt für junge Menschen bei etwa 20-20.000 Hz. Mit zunehmendem Alter sinkt die obere Grenze auf ungefähr 15.000-16.000 Hz. Unterhalb von 20 Hz (so genannter Infraschall) wird die Frequenz fühlbar und es treffen sich Hör- und Tastsinn. Oberhalb von 20.000 Hz liegt der so genannte Ultraschall-Bereich, der beispielsweise von Hunden und Fledermäusen wahrgenommen werden kann.

[262] Statt *extradiegetisch* spricht man auch von *nicht-diegetischer* Musik oder von so genanntem *Fremdton* (Bullerjahn 2001). Damit ist Musik gemeint, die nicht dem raumzeitlichen Kontinuum der filmischen Handlung zugeordnet werden kann.

Hollywood-Symphonik. Der Einsatz von Musik zur Untermalung selbst trivialster Szenen wurde gebräuchlich. Max Steiner und Erich Wolfgang Korngold waren die bekanntesten Komponisten dieser Art gefühlsbezogener Filmmusik.

Für das Geräusch bedeutete die Vorherrschaft von Dialog und Musik einen Rückzug auf kleinsten Raum. Oftmals mehr stilisiert und angedeutet als expressiv und einmalig, fristete es für viele Jahre ein Schattendasein.[263]

Eine technische Verbesserung in der Filmproduktion sollte die Umstellung auf Magnetton-Verfahren ab 1948 bringen. Beim Magnetton-Verfahren wird der Ton mittels Magnetisierung auf ein metall-bedampftes Band aufgenommen. Sowohl bei der Mischung, als auch bei der Tonaufnahme auf dem Set war der Magnetton dem Lichtton überlegen. Einfacher zu handhaben und besser in der Qualität, ersetzte er bis 1954 alle Lichtton-Verfahren in der Filmproduktion. Lediglich die Überspielung auf die endgültige Filmkopie blieb Sache des Lichttons. Qualitativ wurden durch diesen letzten Schritt allerdings viele Vorteile des Magnettons wieder zunichte gemacht. Die Qualität der Vorführung in den Kinos änderte sich deshalb kaum. Sie war seit den 30er Jahren fast gleich geblieben.

Auch wenn Filme mit ausgeprägt kreativer Gestaltung der Tonspur zunächst Ausnahmeerscheinungen in der Massenproduktion blieben, finden sich immer wieder Regisseure in der Filmgeschichte, die großen Wert auf die Tongestaltung ihrer Filme legten. Zu ihnen gehört Orson Welles. Mit Erfahrung in der Hörspielproduktion – Welles inszenierte H. G. Wells' *War of the Worlds* für das Radio 1938 so realistisch, dass Panik bei den Hörern ausbrach – gestaltete er seinen Film *Citizen Kane* (USA 1941) auch akustisch vielschichtig und experimentierte mit großen Hallräumen, Lautstärkeunterschieden und bis dato unkonventionellen Tonperspektiven.

Jaques Tati setzte diese Arbeit mit neuen Ton- und Hörperspektiven in seinen Filmen *Les Vacances de Monsieur Hulot* (Frankreich 1953) und *Mon Oncle* (Frankreich 1959) fort und benutzte Geräusche gezielt und vereinzelt eingesetzt als Leitmotive. Die Betonung des Geräuschs ist vor allem die Folge der Abwesenheit von Dialog und Musik. Auch schafft Tati eine neue slapstickartige Komik durch den Einsatz von offensichtlich deplatzierten Geräuschen.

---

[263] Aus Gründen der Bequemlichkeit und der Ökonomie verwalteten die meisten großen Studios in Hollywood Geräuscharchive und benutzten die gleichen Geräusche für viele Filme. Bei eingehender Beschäftigung kann man deshalb Filme von *Fox, Paramount* oder *Warner Brothers* an den benutzten Geräuschen unterscheiden. Ben Burtt (in LoBrutto 1994: 139 ff.) beschreibt diesen Umstand und die unterschiedlichen Stile verschiedener Studios.

Beispielsweise wird in *Les Vacances de Monsieur Hulot* eine aufschwingende Restaurant-Tür als gezupftes Cello hörbar.

Alfred Hitchcock verwendete größte Aufmerksamkeit auf die akustische Gestaltung seiner Filme wie *Rear Window* (USA 1954) und besonders *The Birds* (USA 1963), in dem die Geräusche der Vögel musikalisch inszeniert erscheinen. Der Badezimmer-Mord in *Psycho* (USA 1960) mit der zum Geräusch stilisierten Filmmusik von Bernhard Herrmann ist berühmt und oftmals zitiert worden.

Innovativ in der Gestaltung des Filmtons war auch Jean-Luc Godard. Er brach bestehende Konventionen, indem er, statt den Bildschnitt durch sanfte Übergänge auf der Tonspur zu glätten, auch den Ton wie mit einer Schere montierte. Damit machte er den Zuschauer auf diese etablierten Techniken aufmerksam. Auch schuf er Irritationen dadurch, dass er Musik nicht eindeutig *diegetisch* oder *extradiegetisch* einsetzte. Er gehörte zu der jungen Generation von Filmemachern in Europa die den gesellschaftlichen Wandel seit Anfang der 60er Jahre aufgriff und versuchte einen neuen (ton-)ästhetischen Ausdruck zu finden. Dies war in Europa leichter als in den USA zu bewerkstelligen, da sich dort das starre Studiosystem als großes Hindernis für neue ästhetische Konzepte erwies.

Zur Hilfe kamen Godard und anderen Regisseuren des so genannten *Autorenkinos*[264] neue technische Erfindungen wie das erste tragbare Tonbandgerät, das Stefan Kudelski 1951 unter dem Namen Nagra auf den Markt brachte. Die Nagra wurde zum Standard der mobilen Tonaufzeichnung. Martin (1998: 29) schreibt, dass durch diese Erfindung und das reduzierte Team von Kameramann, Toningenieur und Regisseur der technische Prozess des Filmens einfacher und wirklichkeitsnäher geworden sei – und somit den dokumentarischen Stil des *Cinéma Verité* erst ermöglichte oder zumindest förderte.

Es war die Idee des *auteurs*, die in den 70er Jahren junge tonverliebte Filmemacher wie Francis Ford Coppola (*The Godfather Part I* und *Part II*, USA 1972 und 1974 sowie in tontechnischer Hinsicht besonders *The Conversation*, USA 1974), George Lucas (*THX 1138*, USA 1970 und *American Graffiti*, USA 1973) und Steven Spielberg (*Jaws*, USA 1975) dazu brachte, ihre eigenen Visionen auch in klanglicher Hinsicht umzusetzen.

---

[264] Das *Autorenkino* gründete auf die in den 50er Jahren von den Kritikern der *Cahiers du Cinéma* wie Eric Rohmers, Claude Chabrol, François Truffaut und Godard entwickelten *Autorentheorie*, die den romantischen Geniekult wieder belebte und den autonomen Schöpfer mit seinen ureigenen Visionen in den Mittelpunkt stellte.

Sie waren geprägt von der wachsenden Musikkultur in den 50er und 60er Jahren, die ihre eigenen Klänge und Instrumente entwickelte. In der Musikproduktion hatte sich die Mehrspur-Aufnahme durchgesetzt, die einige Zeit später auch in die filmische Postproduktion Einzug hielt.

Ray Dolby brachte 1966 ein Rauschunterdrückungsverfahren für Magnetbänder auf den Markt, welches die nutzbare Dynamik der aufgezeichneten Tonsignale erhöhte. Die Musikkonsumenten gewöhnten sich an die hervorragende Klangqualität ihrer Langspielplatten und Bänder und gingen mit größeren Erwartungen an den Ton ins Kino. Der Druck auf die Filmindustrie, die Tonqualität zu verbessern, stieg.

In den 40er und 50er Jahren hatte sie versucht mit immer neuen Systemen wie *Fantasound*[265] und verschiedenen Mehrkanal-Magnettonsystemen in Richtung eines sensorischen Kinoerlebnisses vorzustoßen – dies vor allem als Reaktion auf die zunehmende Konkurrenz des Fernsehens. Trotz der teilweise sehr guten Qualität von verschiedenen Breitwandformaten wie *Cinemascope*[266], konnten sie sich auf-grund der hohen Produktions- und Umrüstungskosten nicht dauerhaft durchsetzen.

Ein Durchbruch gelang erst mit dem optischen (und daher auch weniger empfindlichen) 4-Kanal *Dolby Stereo*[267] und dem erfolgreichen Film *Star Wars* (USA 1977, George Lucas), der diesem System zum Erfolg verhalf.

Star Wars gehört mit Francis Ford Coppolas *Apocalypse Now* (USA 1979) sicherlich zu den Meilensteinen auf dem Weg zu einer neuen, wesentlich komplexeren Klangwirklichkeit auf der Tonspur. Möglich wurde dies erst durch ein Mehrkanalsystem wie *Dolby Stereo*, das mit einer verbesserten Dynamik und guter räumlicher Auflösung aufwarten konnte.

Dies führte auch zu einer Reevaluation des Geräuschs im Spielfilm. Während in der Anfangszeit des Tonfilms die Grenzen eines verrauschten Mono-Lichttons eine vielschichtige Komposition der unterschiedlichen Klangelemente unmöglich machte, war es nun möglich, Klänge sowohl räumlich anzuordnen als auch durch

---

[265] *Fantasound* war der erste kommerzielle Versuch von Stereo-Mehrkanalton im Kino. *Fantasia* (USA 1940, Walt Disney) war der erste Film für dieses System, welches sich auf Grund des enormen Aufwands der Toninstallation nicht durchsetzen konnte.
[266] *Cinemascope* benutzte vier magnetische Randspuren auf dem Filmpositiv für die Wiedergabe von drei Kanälen (Links – Mitte – Rechts) hinter der Leinwand sowie einem Effekt-Kanal hinten im Kino. Zusätzlich gab es eine aufbelichtete Mono-Lichttonspur für Kinos ohne Stereoanlage.
[267] Die vier Kanäle von *Dolby Stereo* verteilen sich auf drei hinter der Leinwand liegende Lautsprecher (Links – Mitte – Rechts). Der vierte *Surround*-Kanal versorgt die seitlich und hinten installierten Lautsprecher im Kino.

die größere Dynamik und Auflösung eine Schichtung von Klängen vorzunehmen. So konnten wirkliche Klanglandschaften entstehen, in denen der Zuschauer seine auditive Wahrnehmung auf verschiedene Klangobjekte richten konnte.

Es muss allerdings auch in dieser vereinfachten Darstellung eines Zeitraums, der sich über mehr als 70 Jahre erstreckt und keinen Anspruch auf Vollständigkeit erheben kann (besonders was die genannten Regisseure betrifft) gesagt werden, dass die Einführung von *Dolby Stereo* zwar ein wichtiges, aber kein singuläres Ereignis darstellt. Chion beschreibt eine stetige Entwicklung:

> Further, the standardization of Dolby has introduced a sudden leap in an older and more gradual process that paved the way for it. There is perhaps as much difference between the sound of a Renoir of the early thirties and that of a fifties Bresson film as there is between the fifties Bresson and a Scorsese in eighties Dolby, whose sound vibrates, gushes, trembles, and cracks (think of the crackling of Flashbulbs in *Raging Bull* [USA 1980] and clicking of billiard balls in *The Color of Money* [USA 1986]) (Chion 1994: 149)

Zu den ästhetischen Auswirkungen von *Dolby Stereo* heißt es weiter:

> [...] the fact remains that Dolby stereo has changed the balance of sounds, particularly by taking a great leap forward in the reproduction of noises. It has created sonic raw materials that are well defined, personalized, and no longer conventional *signs* of sound effects; and it has lead to the creation of a sort of superfield, a general spatial continuum or tableau. Which changes the perception of space and thereby the rules of scene construction. (Chion 1994: 149)

Mit dem Begriff *superfield* meint Chion die Entgrenzung der Leinwand durch atmosphärische Klänge, Stadt- und Umweltgeräusche und Musik, die ein Umfeld für das Geschehen auf der Leinwand schaffen. So ist es in manchen Fällen nicht mehr nötig das Umfeld visuell durch einen *Establishing Shot*[268] zu präsentieren. Stattdessen reicht es aus, die Anwesenheit der Umwelt – beispielsweise die allgegenwärtigen Raumschiffe und den hektischen Klang der futuristischen Stadt in *Blade Runner* (USA 1982, Ridley Scott) – akustisch darzustellen.

Eine vielleicht noch wichtigere Eigenschaft von so genanntem *Surround-Sound*[269] ist die Möglichkeit der unterschwelligen Beeinflussung der Wahrnehmung, auf die in dieser Arbeit mit Blick auf David Lynchs *Mulholland Drive* noch häufiger eingegangen werden soll. Dazu schreibt Flückiger:

---

[268] Einstellung (meist am Beginn einer Sequenz), die einen allgemeinen Überblick über die Situation verschafft.
[269] Toninformation, die über seitlich und hinten platzierte Lautsprecher im Kino dargeboten wird.

Die Trennung zwischen der bewussten Wahrnehmung des akustischen Ereignisses, das von der Leinwand zu kommen scheint, und der unterschwelligen Empfindung einer diffusen Klangwolke macht uns als Zuschauer besonders empfänglich für die subkutane Botschaft der Tonspur, die sich im klanglichen Register entfaltet. Dieses Register ist eine Welt des Imaginären, der individuellen Phantasie des Zuschauers, die in einem mehrdeutigen Reizangebot ihren ureigenen Anker auswirft. (Flückiger 2001: 58)

Die hier angedeuteten Möglichkeiten lassen viel Raum für die individuelle Ausgestaltung der Tonspur in zeitgenössischen Filmen. Durch die neu gewonnene Freiheit konnte der Beruf des *Sound Designers* entstehen. Zwar gab es in der arbeitsteiligen Filmproduktion schon immer verhältnismäßig viele Leute, die an der Tonproduktion beteiligt waren, doch nun waren einzelne Leute dafür verantwortlich, ein tonästhetisches Gesamtkonzept für die Bereiche Sprache und Geräusch zu entwickeln. Als kreative Instanz hatten sie die Verantwortung für das akustische Erscheinungsbild eines Films.[270]

Walter Murch und Ben Burtt waren in den 70er Jahren die Vorbilder für eine ganze Generation von Sound Designern, die ihnen folgen sollten. Walter Murch schuf die beeindruckenden klanglichen Visionen in *Apocalypse Now*, nachdem er bereits mit Francis Ford Coppola in *The Conversation* und mit George Lucas in *THX 1138* zusammengearbeitet hatte. Ben Burtt schuf für George Lucas' *Star Wars* ein gänzlich neues Vokabular an Klängen, das man bis dahin nicht im Science-Fiction-Genre gehört hatte. Murch und Burtt waren die ersten, die die Bezeichnungen *Sound Montage* und *Sound Designer* verwandten.

Ein großer Vorteil des Dolby-Formats lag in der Optimierung des äußerst wirtschaftlichen Lichttons, was zu einer schnellen Standardisierung des Systems beitrug. Die Lizenzgebühren, die die Kinos für die Umstellung zu zahlen hatten, waren vergleichsweise gering und wurden auf die einzelnen Filme mit Dolby-Ton umgewälzt. Zusätzlich wurde eine flächendeckende Verbesserung des Kinotons durch eine Einmessung der Tonanlagen in allen Dolby-Kinos erreicht.

1986 erfuhr das System eine nochmalige Verbesserung. *Dolby Stereo SR* (SR steht für *Spectral Recording*) wurde mit dem Film *Robocop* (USA 1987, Paul Verhoeven) eingeführt.

Seit den 90er Jahren setzte eine weltweite Umstellung auf digitalen Ton ein. Die Möglichkeit verlustfrei zu kopieren, sowie eine nochmals erweiterte Dynamik

---

[270] Bei großen amerikanischen Produktionen sind zwischen 20 und 50 spezialisierte Fachkräfte beteiligt – vom *Location Sound Mixer* (Filmtonmeister) bis zu den *Re-Recording Engineers* (Mischtonmeistern).

verhalfen diesen Systemen zum Erfolg. Die meisten davon bieten 6-Kanal-Ton. Der *Surround*-Kanal wurde zusätzlich nach rechts und links aufgeteilt und ein weiterer Kanal war für die Speisung eines *Subwoofers*[271] vorgesehen. Ihre Namen sind *DTS (Digital Theater Sound)* und *Dolby Digital (Dolby SR-D)*. Die Firma Sony lancierte 1994 ein eigenes System (*SDDS*), das sogar über acht Kanäle verfügt.

Zu den ästhetischen Konsequenzen schreibt Martin:

> Nach einer inflationären Schwemme von visuellen Spezialeffekten konzentrierten sich die Produzenten von Science-fiction- und Action-Filmen in den neunziger Jahren auf die noch ungenutzten Möglichkeiten des Klangdesigns. Sound Design hat viele syntaktische und semantische Funktionen von Filmmusik übernommen: Syntaktisch können Geräusche Kontraste und Zäsuren markieren, semantisch kann Geräuschdesign Spannung erzeugen, Akteure und Gegenstände akustisch charakterisieren oder ein allgemeines Ambiente schaffen. Mit der modernen 6-Kanal-Stereo-Technik kann eine akustische Intensität und Differenziertheit erreicht werden, die jede Geräusch-Wirklichkeit übertrifft.[272] (Martin 1998: 32)

Besonders die Möglichkeit, Funktionen der Filmmusik durch Sound Design partiell zu übernehmen, erscheint besonders interessant und soll in den späteren Kapiteln ausführlicher behandelt werden.

Festzustellen bleibt, dass sich durch die Verbesserungen der technischen Rahmenbedingungen des Filmtons ganz neue Klangmöglichkeiten eröffnet haben:

> Just what does Dolby stereo offer to a director? Nothing less than the equivalent of an eight-octave grand piano, when what she or he had before was an upright spanning only five octaves, less powerful and less capable of nuance. In short, Dolby offers a gain in resources on the level of sound space and sound dynamics that, of course, no one is obliged to use all the time but that is nevertheless available. (Chion 1994: 153)

Kino ist mehr als nur Bilder – diese eigentlich banale Feststellung kann man überprüfen, indem man einen Film mit abgeschaltetem Ton ansieht (vielleicht mit Untertiteln, um die Handlung nachvollziehen zu können). Die zweidimensionale Welt der bewegten Bilder wird oftmals einen Großteil ihrer Intensität einbüßen, die man fälschlicherweise dem Bild allein zuschreibt. Offensichtlich wird dies besonders bei zeitgenössischen Action- und Science-Fiction-Filmen.

---

[271] Lautsprecher, der ausschließlich für die Übertragung besonders tiefer Frequenzen (20-125 Hz) zuständig ist.
[272] Martins Unterscheidungen in syntaktische und semantische Funktionen der Filmmusik hat ihren Ursprung in dem strukturalistischen Modell von Maas und Schudack (1994: 35 ff.).

Fehlen die sensorischen Qualitäten des einhüllenden Kinotons, kollabiert der Raum der Handlung zur bedeutungslosen Abfolge von Bildern, die manchmal ungewollte Komik offenbart.

Man kann Filme dieser Machart, die vorwiegend auf sensorischen Sensationen gründen, kritisieren – daraus jedoch zu folgern, die technischen Möglichkeiten seien schuld an blutarmen Handlungen, wäre falsch. Im Gegenteil: Sie bieten ambitionierten Regisseuren wie David Lynch ein zusätzliches Register der Filmsprache, das, oftmals unterschätzt, in dieser Arbeit analysiert werden soll. Dieser Klang-Sprache die angemessene Beachtung zu schenken ist Ziel dieser Arbeit.

Das Kino benutzt visuelle und auditive Kanäle der Wahrnehmung, um offensichtliche und manchmal auch versteckte Botschaften zu vermitteln. Es schafft ein Angebot an rhythmischen, dynamischen, taktilen oder musikalischen Ereignissen. Diese im Sinne des Films einzusetzen ist Sache des Regisseurs und der mit ihm verbundenen Künstler. Je nach Film, Konzept und Stil wird er das Potenzial mehr oder weniger ausschöpfen.

Begriffsklärung für eine auditive Filmanalyse

Über die Schwierigkeit der Kategorisierung von Klangobjekten auf der Tonspur

> When you have an amorphous sound that's made by adding synthesizer sounds to weird atmospherics that are slowed down or played backward, it's hard to describe what it is anymore. It's not like you can say the dog bark, the squeaky hinge, or something that's rooted in reality. (Anderson in LoBrutto 1994: 161)

Der Sound Designer Richard Anderson[273] beschreibt hier ein großes Problem bei der Analyse von Klangobjekten – das Vokabular.

In der Tat scheinen wir bei der Beschreibung von einfachsten Geräuschen bereits in Schwierigkeiten zu geraten, wenn wir nicht gleichzeitig auf die Quelle hinweisen können. Wie beschreibt man den Klang eines Autos? Wie klingt ein Flugzeug? Und welches Geräusch macht das Laserschwert aus *Star Wars*? Die Mehrdeutigkeit der Sprache ist dabei für Chion ein besonderes Problem, wenn er von Versuchen mit Testpersonen spricht:

> And language we employ as a matter of habit suddenly reveals all its ambiguity: "This is a squeaky sound," you say, but in what sense? Is "squeaking" an image only, or is it rather a word that refers to a *source* that squeaks, or to an unpleasant *effect*? (Chion 1994: 29)

Dem flüchtigen akustischen Ereignis fehlt eine Prägnanz, welche die Beschreibung vereinfachen würde. Hält man den Film an, kann man ein Bild betrachten und beschreiben – hören tut man nichts mehr. Klang entsteht in der Bewegung und kann nicht angehalten werden. Die Klangereignisse auf der Tonspur rauschen an uns vorbei und jede Beschreibung muss notwendigerweise eine Vereinfachung der vielfältigen Ausgestaltung von Geräuschen, Musik und Sprache sein.

Dies sieht auch Schafer so, der sich sehr früh mit der Beschreibung von Lautsphären rund um den Globus und dem Thema Akustikdesign beschäftigte:

> Es ist jedoch schwieriger, einen genauen Eindruck von einer Lautsphäre zu formulieren als von einer Landschaft. In der Sonographie gibt es nichts, was dem augenblicklichen Eindruck entspricht, den die Fotografie festhält. (Schafer 1988: 13)

---

[273] Anderson arbeitete mit Regisseuren wie Robert Wise, Steven Spielberg, George Lucas und Tim Burton als *supervising sound editor*.

Auch er stellt die Kompetenz der Sprache in Frage: *Wer Lauteindrücke wiedergeben soll, muß dazu Laute gebrauchen; jede andere Methode ist falsch* (Schafer 1988: 192).

Flückiger (2001: 100) weist mit Recht darauf hin, dass die auditive Wahrnehmung zuallererst in Sprache überführt werden muss, bevor sie einer Analyse zugänglich wird. Das fehlende Vokabular sei einer der Gründe, weshalb in theoriebildenden Texten zur Filmästhetik die Tonspur regelmäßig ausgeblendet wird. Trotz der dargestellten Schwierigkeiten bedarf es der sprachlichen Formulierung von Klangwahrnehmung zum Zweck der Erkenntnis und Kommunikation.

Mit anderen Worten: Die subjektive Wahrnehmung, als ein nicht sprachlich zugänglicher Bewusstseinsinhalt, muss in einen sprachlich fassbaren Bewusstseins-inhalt überführt werden.

Mit der Beschreibung und Kategorisierung von Klangobjekten haben sich inzwischen einige Autoren beschäftigt, jedes System birgt eigene Stärken und Schwächen. Einige dieser Systeme sollen an dieser Stelle vorgestellt werden und in die Analyse von *Mulholland Drive* mit einfließen.

Die Terminologie von Bordwell/Thompson

Eines der einflussreichsten und einfachsten theoretischen Modelle zur Beschreibung von Ton im Film stammt von Bordwell/Thompson (1997: 315-354) und bedient sich der Terminologie der Musik.

Es unterscheidet die akustischen Eigenschaften eines Tons in drei Kategorien:

1. **Lautstärke** (Loudness): Lautstärke ist eine der fundamentalen Eigenschaften jeglichen Tons. Jeder Ton den wir wahrnehmen erreicht unser Ohr über den Umweg eines Mediums wie der Luft, indem sich Schallwellen mit einer bestimmten Amplitude ausbreiten. Die Größe der Amplitude bestimmt dabei das, was wir als Lautstärke wahrnehmen.

   Bordwell/Thompson gehen davon aus, dass die Lautstärke im Film ständiger Manipulation unterworfen und nicht an reale Verhältnisse gebunden ist. So kann man sich die Szene einer Unterhaltung inmitten von lautem Verkehr vorstellen, in der der Dialog bestens verständlich ist und so eine Art Vordergrund darstellt. Der zweifelsohne laute Verkehr wird ausgeblendet und übernimmt die Funktion einer Folie, beziehungsweise eines Hintergrunds für den Dialog.

   In *Mulholland Drive* findet sich beispielsweise eine Szene, in der Betty zusammen mit Rita für ein Vorsprechen probt (1.09.45-1.11.06). Während des Sprechens baut sich eine Spannung dadurch auf, dass alle Umgebungsgeräusche ausgeblendet werden. Am Ende fangen beide an zu lachen, die Spannung löst sich und wir hören plötzlich die einbrechenden Umgebungsgeräusche wie das Zwitschern der Vögel – was überdies wie ein Kommentar wirkt.

2. **Frequenz** (Pitch): Die Frequenz eines Tons nehmen wir umgangssprachlich als *hoch* oder *tief* war. Ein natürlicher Ton besteht dabei aus einer Vielzahl an Frequenzen, während ein künstlicher Sinuston, beispielsweise mit dem Synthesizer hergestellt, nur eine Frequenz hat. Die Frequenz dient dem Ohr zur Unterscheidung verschiedener Klangereignisse wie Musik, Geräusch und Sprache. Die Frequenz wird üblicherweise in Hertz (Hz) gemessen. Frequenzen von 20 bis maximal 20.000 Hz werden von Menschen wahrgenommen. Liegt die Frequenz darunter, spricht man von Infraschall, darüber von Ultraschall.

3. **Klangfarbe** (Timbre): Die harmonischen Komponenten eines Tons (die verschiedenen Frequenzen aus denen er sich zusammensetzt) bestimmen dessen Klangfarbe. So können wir den Klang einer Oboe und einer Flöte unterscheiden, obwohl sie den gleichen Ton spielen. Das gleiche gilt für die Unterscheidung von Stimmen: Die Klangfarbe lässt uns eine Person eindeutig identifizieren, obwohl sie gerade nicht im Bild zu sehen ist.

Des Weiteren unterscheiden Bordwell/Thompson vier Kategorien der Bild-Ton-Beziehung, auf die noch eingegangen werden soll. Lediglich auf den Rhythmus möchte ich an dieser Stelle zu sprechen kommen, da er auch unabhängig vom Bild existiert und eine der komplexesten Eigenschaften von Klang ist. Aus diesem Grund wird unterschieden zwischen:

- **Rhythmus der Musik** als am einfachsten erkennbares kompositorisches Prinzip mit Metrum, Taktart, Betonung und Tempo.

- **Rhythmus der Sprache** als wichtiges Unterscheidungsmerkmal: Personen können an der Art, wie sie Satzteile, Worte oder einzelne Silben betonen erkannt werden.

- **Rhythmus von Geräuschen**: Auch Geräusche können rhythmische Qualitäten aufweisen. Das Ticken einer Uhr ist ein vollkommen regelmäßiger Rhythmus und auch ein Maschinengewehr stellt einen schnellen, regelmäßigen Rhythmus dar. Einzelne Schüsse können die Zeit dagegen unregelmäßig zerteilen.

Altman (1992: 15-16) kritisiert die aus der Musikwissenschaft stammende Terminologie von Bordwell/Thompson als unzureichend für die Beschreibung komplexer zeitgenössischer Tonspuren. Wir können anhand der Parameter Lautstärke, Tonhöhe und Klangfarbe eine Beschreibung vornehmen, ähnlich einer musikalischen Analyse. Diese Beschreibung reicht allerdings – und das ist auch die Meinung des Autors dieser Arbeit – nicht weit genug. Klangereignisse sind zuweilen zu komplex, um sie mit dieser Terminologie adäquat zu beschreiben.

Der Vorteil des Bordwell/Thompson-Systems, dessen Übersichtlichkeit und Einfachheit, ist zugleich dessen Nachteil. Komplexen Phänomenen kann es nicht gerecht werden. Es bedarf einer differenzierteren Terminologie, die sowohl die akustischen Eigenschaften eines Klangereignisses, als auch dessen vielfältige Beziehungen zum Filmbild und die Funktion als narrativer und semantischer Bedeutungsträger adäquat beschreiben kann.

Die erweiterte Terminologie von Sonnenschein

Zur Beschreibung der akustischen Eigenschaften von Klangereignissen bedient sich Sonnenschein (2001: 65-70) der Kategorien von Bordwell/Thompson und erweitert sie um die Begriffe *Geschwindigkeit* (speed), *Hüllkurve* (shape, envelope) und *Organisation.*

Wenn akustische Impulse wiederholt werden, kann man die Geschwindigkeit der Wiederholung zwischen den Extremen *langsam* und *schnell* einordnen. Dauert die Pause zwischen zwei gleichartigen Impulsen länger als eine Sekunde, wird man darauf aufmerksam, es sei denn, die Impulse stehen innerhalb eines verbalen oder musikalischen Kontexts. Bei Wiederholung eines Impulses mit mehr als 20 Mal in der Sekunde verwischt der eigentliche Klang und tritt zurück hinter einen neuen tiefen Ton.

Die Hüllkurve beschreibt die Form eines Klanges von der Einschwingphase (attack) über den Körper oder die Dauer (body, duration, sustain) bis zur Ausschwingzeit (decay). Ein Klang wird sich gewöhnlich zwischen den Polen *impulsiv* oder *nachhallend* (reverberant) einordnen lassen. Ein Pistolenschuss in offenem Gelände ist sehr impulsiv, Wind in einem Tunnel dagegen eher nachhallend.

Die Organisation von Klang beschreibt zwischen den Eckpunkten *organisiert* und *chaotisch* die Wirkung auf den Zuhörer. Sie hängt in starkem Maße vom kulturellen und sozialen Hintergrund ab. Eine fremde Sprache wird sich solange chaotisch anhören, bis man lernt die einzelnen Laute in ein organisiertes Konzept zu übersetzen. Ähnliches gilt für Musik, Hintergrundgeräusche oder spezielle Effekte.

Das informationstheoretische Modell von Flückiger

Flückiger (2001: 100-130) entwickelt ein modulares System zur Beschreibung von Klangobjekten, das sich an einem informationstheoretischen Modell der *Differenzierung* (Was ist da?) und *Auflösung* (Wie deutlich ist es zu erkennen?) orientiert und hier verkürzt dargestellt werden soll.

In mehreren Durchgängen werden Fragen an das Klangobjekt gestellt. Die Antworten bilden zusammen eine mögliche Beschreibung des Klangobjekts:

Was klingt?

Evolutionär gesehen war es für den Menschen schon immer wichtig von einem Geräusch auf seine Quelle zu schließen. Die Frage, ob Gefahr droht, war lebenswichtig und ist es auch heute noch in manchen Situationen, beispielsweise im Straßenverkehr. De facto interessiert uns die Quelle eines Geräuschs in den meisten Fällen zuerst. Diese Art des Hörens wird von Chion (1994: 25) als *Kausales Hören* (causal listening, écoute causale) identifiziert. Wir hören ein Geräusch und fragen nach der Ursache. Nicht die klanglichen Feinheiten sind dabei von besonderer Bedeutung, sondern vielmehr die groben Kategorien, die wir aufmachen, wenn wir etwas hören. Wichtig ist, *dass* sich eine Tür öffnet, nicht wie groß oder schwer sie ist oder aus welchen Materialien sie sich im Einzelnen zusammensetzt. Ähnlich verhält es sich mit einer sprechenden Person. Zuallererst interessiert uns wer da spricht.

Was bewegt sich?

Klang ist mit Bewegung verbunden. Nicht immer ist der klingende Agens mit dem handelnden Agens identisch. *Nicht der Mensch klingt, wenn er eine Türe öffnet oder schließt, sondern die Türe, die sozusagen passiv eine Bewegung erleidet* (Flückiger 2001: 104).

Geräusche entstehen oft aus einer Interaktion zwischen Objekten. Dabei können eines oder alle beteiligten Objekte in Schwingung versetzt werden.

Welches Material klingt?

Relativ einfach zu erfassen sind klingende Materialien. Ob ein Objekt aus Metall, Plastik oder Holz besteht lässt sich schnell heraushören. Auch der Aggregatzustand spielt eine Rolle. Beispiel Wasser: Hören wir Dampf, Regen oder Eis?

Dem Material wird bei Flückiger größte Aufmerksamkeit zuteil. Ihrer Meinung nach ersetzen die Spuren des Materials im Klang wesentlich Reize, die dem zweidimensionalen Bild fehlen. Während die visuellen Objekte auf eine plane Fläche reduziert werden, ist es der Klang, der dem Gegenstand seine Dimension und Körperlichkeit wiedergibt und ihn wieder belebt. Das Wesen der Objekte äußert sich in starkem Maße im Klang und gibt ihnen eine Sinnlichkeit, die dem Bild durch den Transformationsvorgang des Aufnahme- und Wiedergabeapparates abhanden gekommen ist. Selbst wenn Veränderungen der Materialität von Klangobjekten mehr beiläufig rezipiert werden, *sich jedenfalls kaum je in den Vordergrund des Bewusstseins schieben, bilden sie doch ein unverzichtbares Fundament für die Vermittlung des unterschwellig affektiven Teils der Botschaft* (2001: 333).

Durch die Verbesserung der technischen Rahmenbedingungen des Filmtons ($\rightarrow$ *Von den ersten Tönen zum sensorischen Kinoerlebnis*) ist es seit den 70er Jahren möglich die Materialität von Objekten klanglich nuanciert wieder-zugeben und zu manipulieren, was dem Sound Designer ein wichtiges Feld in der Filmproduktion einräumt.

Flückiger erläutert die Klanglichkeit der Materialien im filmischen Kontext anhand einiger Filmbeispiele und bestimmter Materialien wie Wind, Wasser, Metall, Donner und Glas (2001: 339-361). Auch deren kulturelle und semantische Bedeutung spielt dabei eine Rolle und kann in eine Interpretation des Filmwerks mit einfließen.

Wie klingt es?

Diese Frage ist sicherlich am schwierigsten konkret-sprachlich zu beantworten. Flückiger schlägt vor, lautmalerische Verben zu benutzen: beispielsweise *blubbernd, dröhnend, heulend, tosend, zischend*.

Auch die Beschreibungen der Ansiedlung in einem bestimmten Frequenzbereich sollten nach Möglichkeit einfließen: *bassig*, *mittig* oder *hoch*. Ebenso die Lautstärke: *laut* oder *leise*.

Auffällige rhythmische Qualitäten können ebenfalls beschrieben werden: Ist das Geräusch regelmäßig, hektisch oder beschleunigt?

Objektivierbar sind auch Klangobjekte, die sich technischen Geräten wie Fernsehern, Radios, Telefonen oder Funkgeräten zuordnen lassen. Chion (1994: 76) schafft dafür eine neue Kategorie von Geräuschen und nennt diese *On-the-Air*.

Wo klingt es?

Auch der räumlichen Situierung von Klangobjekten sollte Beachtung geschenkt werden. Wie nah oder wie entfernt klingt es? Ist der Raum akustisch eher groß oder klein, verhallt oder trocken? Klingt es rechts oder links, in der Mitte oder von allen Seiten? Bewegt es sich?

Die Hörmethoden von Chion

Chion (1994: 25ff.) bereichert die Diskussion um die Analyse von Klangobjekten im Tonfilm, indem er drei verschiedene Hörmethoden unterscheidet, die hier kurz erläutert werden sollen:

1. **Kausal** (causal listening): Die bereits erwähnte *kausale Hörmethode* ist die übliche Art mit der wir auf Geräusche hören. Woher stammen diese? Wer oder was verursacht diese? Chion betont, dass das kausale Hören auf mehreren Ebenen (einzigartig bis allgemein) stattfinden kann. Eine Quelle kann genau erkannt werden und zum Beispiel einen eindeutigen Verweis auf einen uns bekannten Menschen geben. Kennen wir dagegen ein Objekt oder eine Person die ein Geräusch verursacht nicht, versuchen wir es zumindest in eine grobe Kategorie einzuordnen: Mann oder Frau, tierischer oder mechanischer Laut, Auto oder Motorrad?

2. **Semantisch** (semantic listening): Als *semantisches Hören* bezeichnet Chion unsere Fähigkeit, auf den Inhalt einer Botschaft, die uns als eine Aneinanderreihung komplexer (meist sprachlicher) Codes erreicht, zu hören. Klangliche Aspekte treten beispielsweise in den Hintergrund, wenn jemand mit einer anderen Muttersprache versucht Deutsch zu reden. Wir werden Fehler in der Aussprache verzeihen und uns stattdessen darauf konzentrieren, *was* er oder sie zu sagen hat. Neben der Bedeutung nehmen wir natürlich auch die Quelle wahr – somit schließt sich kausales und semantisches Hören nicht aus. Ebenso haben Sirenen, Glocken und ähnliche Laute semantische Bedeutung.

3. **Reduziert** (reduced listening): Der Ausdruck *reduziertes Hören* geht

zurück auf Pierre Schaeffer[274] und meint die Fokussierung auf die klanglichen Qualitäten eines Tons, unabhängig von dessen Quelle oder Bedeutung: *Reduced listening takes the sound – verbal, played on an instrument, noises, or whatever – as itself the object to be observed instead of as a vehicle for something else* (1994: 29). Zu Recht unterstreicht Sonnenschein die Künstlichkeit dieser Art zuzuhören, hebt aber auch die damit verbundenen Aussichten hervor: [...] *perhaps an unnatural mindset, but one that can disrupt lazy habits and open fruitful exploration to the sound universe* (2001: 77).

Einen Schwachpunkt sieht Chion in der Sprache, mit der Klangobjekte klassifiziert werden sollen. Er hält Umgangssprache und musikalische Terminologie anders als Flückiger für vollkommen ungeeignet und verweist lediglich auf das umfangreiche Klassifizierungssystem von Pierre Schaeffer *Traité des objets musicaux* (1967) und seine eigene Interpretation in *Guide des objets sonores* (1983). Diesen Standpunkt gilt es zu überprüfen.

Die Chancen, die reduziertes Hören bietet, fasst Chion in folgenden Worten zusammen:

> However, reduced listening has the enormous advantage of opening up our ears and sharpening our power of listening. Film and video makers, scholars, and technicians can get to know their medium better as a result of this experience and gain mastery over it. The emotional, physical, and aesthetic value of a sound is linked not only to the causal explanation we attribute to it but also to its own qualities of timbre and texture, to its own personal vibration. (Chion 1994: 31)

In der Tat scheint es bei der Beschäftigung mit der Tonspur interessant, auf diese neue Art und Weise genau hinzuhören und sich dem Gegenstand gewissermaßen unvoreingenommen zu nähern. Das Verhältnis zum Ton wird sich in vielen Fällen wahrscheinlich grundlegend ändern. Die Selbstverständlichkeit und scheinbare Natürlichkeit, mit der ein Großteil der Kinobesucher den Ton wahrnimmt und akzeptiert, wird damit in Frage gestellt. An die Stelle tritt ein bewusster Prozess und eine Erweiterung der Wahrnehmung um die Vielfalt der Formen und Erscheinungen in der auditiven Lautsphäre der Tonspur – ein Unterfangen, das sich lohnt.

---

[274] Zusammen mit Pierre Henry war Pierre Schaeffer in den 50er Jahren der Begründer der *Musique concrète*, deren wesentlichstes Kompositionsprinzip die Montage und Manipulation von Geräuschen ist.

Das Verhältnis von Bild und Ton

Lange Zeit wenig beachtet geblieben ist das Feld der Interaktion von Bild und Ton – vielleicht mit Ausnahme der Filmmusik. Der Ton und seine Bedeutung für den Film wird auch heute noch unterschätzt und von vielen als dem Bild untergeordnet angesehen. Diese Geringschätzung gilt übrigens auch für viele Filmemacher – nur wenige Regisseure abseits des Mainstream-Action-Kinos haben die Macht der Töne für sich so genutzt wie David Lynch.

Demgegenüber findet das Bild, nicht zuletzt aufgrund eines weit entwickelten Analyseinstrumentariums, wesentlich mehr Beachtung. Der visuellen Ausgestaltung eines Films scheint mehr Bedeutung zuzukommen, auch wenn die Formung der auditiven Schicht ähnlich komplex ausfallen kann wie eine atemberaubende Szenerie. Vielleicht liegt der Grund dafür aber auch in einem ohnmächtigen Vokabular (→ *Über die Schwierigkeit der Kategorisierung von Klangobjekten auf der Tonspur*) und in der Ermangelung eines ausgefeilten Systems der Analyse von Filmton.

Michel Chion unternimmt in seinem Buch *L'Audio-Vision* (1990)[275] den Versuch, die Wechselwirkungen von Bild und Ton genauer zu untersuchen und prägt dabei eine Reihe von Begriffen, die zum Verständnis der Phänomene auf der Tonspur beitragen. Zum Kern und zur Zielsetzung seiner Arbeit schreibt er:

> We never see the same thing when we also hear; we don't hear the same thing when we see as well. We must therefore get beyond preoccupations such as identifying so-called redundancy between the two domains and debating interrelation between forces (the famous question asked in the seventies, "Which is more important, sound or image?" (Chion 1994: xxvi)

Diesem Anliegen nachzugehen und mögliche Untersuchungsgegenstände für eine auditive Filmanalyse herauszustellen, ist Aufgabe der nächsten Kapitel.

---

[275] Für diese Arbeit wurde die Übersetzung ins Englische von Claudia Gorbman genutzt (*Audio-Vision*, 1994), die ein interessantes Vorwort von Sound Designer Walter Murch enthält.

Synchrese und Akzentuierung

Synchrese ist ein ursprünglich von Chion geschaffener Begriff und setzt sich aus den Worten Synchronismus und Synthese zusammen. Dieser Begriff ist deshalb treffend, weil er eines der wichtigsten Phänomene in der audiovisuellen Wahrnehmung beschreibt: die Zuschreibung von Klangereignissen auf der Tonspur zu Ereignissen im Bild. Diese Zuschreibung findet dann statt, wenn die Ereignisse gleichzeitig passieren: Wir sehen, wie jemand ein Glas fallen lässt und hören gleichzeitig (synchron) ein lautes Zerspringen. Automatisch verbinden (synthetisieren) wir beide Ereignisse, auch wenn das Geräusch nachträglich hinzugefügt wurde und ursprünglich nicht von einem Glas, sondern von einer großen Glasscheibe stammt – ein Grund dafür wäre, den Effekt des Zerspringens künstlich vergrößern zu wollen.

Dieser Prozess der Zuschreibung macht die Arbeit an Klangeffekten, die nachträgliche Synchronisation in anderen Sprachen und die Arbeit an der Tonspur erst möglich.

Voraussetzung für den Effekt der Synchrese ist die assoziative Verknüpfung von Empfindungen aus den unterschiedlichen Sinnbezirken für Hören und Sehen. Flückiger (2001: 138) spricht von *intermodaler Assoziation*. Die intermodale Assoziation ist die Annahme einer Kausalitätsbeziehung zwischen optischen und akustischen Reizen und damit verantwortlich für den Effekt der Synchrese.

Die Synchrese hat natürlich auch einen kulturellen Hintergrund. Es ist vorstellbar, dass nicht jedes Geräusch automatisch für das visualisierte Ereignis akzeptiert wird, da die Zuschreibung auch einen entsprechenden Erfahrungshintergrund voraussetzt. Andererseits kann die Zuschreibung aber auch gelernt werden: Das Zischen der automatischen Türen auf vielen Raumschiffen akzeptiert der Zuschauer vielleicht erst bei mehrmaligem Hören und Sehen.

Synchrese findet selbst dann statt, wenn die räumliche Position des Geräuschs nicht mit der Position des visuellen Ereignisses übereinstimmt. Fällt am äußersten rechten Bildrand ein Gegenstand zu Boden und hören wir das Geräusch aus der Mitte der Leinwand (in Kinos mit Mono-Ton), wird das Prinzip in den meisten Fällen nicht gestört. Die Zuschreibung funktioniert mehr mental als physikalisch.

Ähnliches gilt für die zeitliche Wahrnehmung: Auch wenn Ton und Bild nicht hundertprozentig synchron sind, funktioniert die Verschmelzung zu einem audio-visuellen Ereignis.[276] Japanische Filme sind in einer deutschen Synchron-Fassung oftmals nicht lippen-synchron, trotzdem akzeptieren wir diese Ungenauigkeiten im Dialog. Unsere Wahrnehmung ist recht großzügig in dem, was wir als noch glaubhaft ansehen.

Die Synchronisation funktioniert in einem Bereich von lose bis exakt. Von *Akzentuierung* (Flückiger 2001: 142) spricht man in Momenten der exakten Synchronisation, die eine Privilegierung des Ereignisses bewirken.

Das System des Mehrwerts

Mehrwert (added value) ist ein Begriff zur Umschreibung eines Phänomens, das zu beobachten ist, wenn wir das Bild zusammen mit der Tonspur wahrnehmen. Diese Art der Rezeption mag heute selbstverständlich anmuten, war es aber zu Zeiten des Stummfilms nicht. Ein empfehlenswertes Experiment ist es, den Ton auszublenden und zu gucken was passiert, wenn wir ihn wieder hinzunehmen oder ihn aus-tauschen.[277]

Der Begriff Mehrwert ist im eigentlichen Sinn des Wortes zu verstehen und nicht automatisch das Produkt der Verschmelzung audiovisueller Elemente.

Chion definiert ihn folgendermaßen:

> By *added value* I mean the expressive and informative value with which a sound enriches a given image so as to create the definite impression, in the immediate or remembered experience one has of it, that this information or expression "naturally" comes from what is seen, and is already contained in the image itself. (Chion 1994: 5)

Flückiger fügt hinzu:

> Der Mehrwert bezeichnet einen energetischen Fluss zwischen zwei Konzepten, über den ein drittes entsteht, das weder aus dem einen noch aus dem anderen erklärt werden kann. Diese Form der Bedeutungskonstitution ist nicht eine Gegebenheit, sondern ein Prozess der Modifikation. Sie ist daher eine dynamische Form der Bedeutungserzeugung. (Flückiger 2001: 143)

---

[276] Die notwendige Genauigkeit für die Verschmelzung zu *einem* Ereignis hängt von der zeitlichen Auflösungsfähigkeit des trägeren Sinnesorgans, des Auges, ab und beträgt ungefähr 30ms (Flückiger 2001: 139).
[277] Chion empfiehlt diese Vorgehensweise zusammen mit der abwechselnden Ausblendung des Bildes zur Konzentration auf die konstituierenden Elemente beider Gebiete.

Diese Form der Bedeutungserzeugung tritt dann auf, wenn die Ereignisse auf der Tonspur das Bild nicht lediglich widerspiegeln und somit keine hundertprozentige Redundanz entsteht. Flückiger bringt dafür den Begriff *Typikalität* ins Spiel. Die Typikalität beschreibt inwieweit das gewählte Klangobjekt einen Prototyp für das gezeigte Objekt darstellt oder davon abweicht. Eine klackende Tür, ein satter Schuss – wir kennen diese Art der stilisierten, immer gleichen Geräusche aus frühen Hollywood-Produktionen. Ist das gewählte Klangobjekt prototypisch, besteht also eine hohe Typikalität, tendiert der Mehrwert gegen Null. Umgekehrt kann es sein, dass ein Geräusch zu abstrakt ist und nicht mehr im Prozess der Synchrese mit dem Bild verschmilzt. Zwischen beiden Extremen besteht ein weites Feld an Möglichkeiten, die dem Bild eine neue, andersartige Dimension verleihen können. David Lynch beschreibt seine Vorliebe für *untypische* Klänge, wenn er das Sound Design zu *The Grandmother* (USA 1970) erklärt:

> Well, if you were recording real sound, that would be one thing. But that's just a point of departure to find the next level of sounds that build up the intensity [...]. So it's finding those sounds that fit, and yet don't fit. They're just off, but they amplify the emotion, or amplify the feeling. (Lynch in Lynch/Rodley 1999: 47)

Bei Bordwell/Thompson (1997: 329) finden wir einen ähnlichen Begriff wie Typikalität. Dort heißt er *Übereinstimmung* (fidelity). Sie untersuchen, inwiefern ein Klang für ein visuell repräsentiertes Objekt glaubhaft erscheint. Dabei spielen die Umstände der Produktion keine Rolle, da ein Großteil der Geräusche in Spielfilmen in der Phase der Postproduktion entsteht.

Ähnlich wie bei der Beschreibung von Klangobjekten funktioniert das Instrumentarium zur Analyse der Bild-Ton-Beziehung bei Bordwell/Thompson aber auf einem eher rudimentären Level. Ein übergeordnetes System, wie das des Mehrwerts, fehlt dort.

Der Begriff Mehrwert lässt sich noch breiter fassen. Mehrwert ergibt sich neben den Geräuschen auch aus Sprache und Musik.

Chion demonstriert anhand eines bemerkenswerten Beispiels, wie ein gesprochener Text die Wahrnehmung des Bildes strukturiert und verändert. Er bezieht sich dabei auf eine englische Fernsehsendung von 1984, die für das französische Publikum von Leon Zitrone kommentiert wurde. Das Bild zeigt drei Flugzeuge vor einem blauen Himmel:

BILD	Kommentar	Wahrnehmung
	„Hier sind drei kleine Flugzeuge !"	In der Tat: Drei Flugzeuge – Lachen
	„Das Wetter ist fantastisch heute!"	Es sind keine Wolken am Himmel
	„Die beiden ersten Flugzeuge liegen vor dem dritten!"	Kann jeder sehen
	„Wo ist das vierte Flugzeug?"	Die Abwesenheit eines vierten Flugzeugs wird durch die bloße Erwähnung bewusst

Visualisiert nach Chion (1994: 6-7)

Obwohl das Bild das gleiche bleibt, sind unsere Gedanken vollkommen andere. Der Kommentar lenkt unsere Wahrnehmung auf die unterschiedlichen Elemente wie das gute Wetter oder die Reihenfolge der Flugzeuge im Bild und lässt es uns so auf unterschiedliche Arten lesen.

Wesentlich abstrakter und mehrdeutiger können Geräusche und natürlich Musik die Wahrnehmung des Bildes beeinflussen. Bei Musik unterscheidet Chion zwischen *empathischen und unempathischen* Effekten:

> [...] there are two ways for music in film to create a specific emotion in relation to the situation depicted on the screen. On one hand, music can directly express its participation in the feeling of the scene, by taking on the scene's rhythm, tone, and phrasing; obviously such music participates in cultural codes for things like sadness, happiness, and movement. In this case we can speak of *empathetic music*, from the word empathy, the ability to feel the feelings of others.

On the other hand, music can also exhibit conspicuous indifference to the situation, by progressing in a steady, undaunted, and ineluctable manner: the scene takes place against this very backdrop of "indifference." This juxtaposition of scene with indifferent rnusic has the effect not of freezing emotion but rather of intensifying it, by inscribing it on a cosmic background. I call this second kind of music anempathetic [...]. The anempathetic impulse in the cinema produces those countless musical bits from player pianos, celestas, music boxes, and dance bands, whose studied frivolity and naiveté reinforce the individual emotion of the character and of the spectator, even as the music pretends not to notice them. (Chion 1994: 8)

Natürlich ist dies eine starke Vereinfachung der vielfältigen und gut untersuchten Funktionen der Filmmusik. Mit diesem Thema haben sich bereits viele Autoren auseinandergesetzt.[278]

Auch wenn in der auditiven Analyse von *Mulholland Drive* am Rande auf die Funktionen der Filmmusik eingegangen werden soll, sprengt eine eingehende Darstellung den Rahmen dieser Arbeit. Schneiders zwar detaillierte, aber nicht systematisierende Aufzählung von Funktionen der Filmmusik gibt einen guten Überblick:

Atmosphären herstellen
Ausrufezeichen setzen
Bewegungen illustrieren
Bilder integrieren
Emotionen abbilden
Epische Bezüge herstellen
Formbildend wirken
Geräusche stilisieren
Gesellschaftlichen Kontext vermitteln
Gruppengefühl vermitteln
Historische Zeit evozieren
Irreal machen
Karikieren und Parodieren
Kommentieren
Nebensächlichkeiten hervorheben
Personen dimensionieren
Physiologisch konditionieren
Rezeption kollektivieren
Raumgefühl herstellen
Zeitempfindungen relativieren

(Schneider 1986: 90)

---

[278] Neben Lissa (1965) sind die Modelle von Maas/Schudack (1994), Schneider (1986, 1989, 1997), Gorbman (1987) und Bullerjahn (2001) zu erwähnen. Maas/Schudack (1994) unterscheiden in ihrem strukturalistischen Modell generell tektonische, syntaktische, semantische und mediatisierende Funktionen von Filmmusik.

Diese Liste ließe sich bei Bedarf noch erweitern. Ins Auge fällt dabei, dass fast alle aufgezählten Funktionen ebenso von Geräuschen und einem sensiblen Sound Design übernommen werden können. Die Möglichkeit physiologisch zu konditionieren wird bei vielen Action-Filmen augenscheinlich. Explosionen bekommen ihre physische Gewalt hauptsächlich durch den Ton zurück, der im Gegensatz zum zweidimensionalen Abbild auf der Leinwand direkt körperlich erfahrbar wird.

Besonders der Möglichkeit die Zeitempfindung zu beeinflussen kommt ein größerer Mehrwert zu. So kann der Ton die filmische Handlung in einem zeitlichen Kontinuum festschreiben.

Stellen wir uns eine Sequenz vor, in der nacheinander die Gesichter einzelner Leute in Großaufnahme zu sehen sind. Stumm betrachtet ergibt sich ein Nebeneinander der einzelnen Figuren oder zumindest eine nur vage Ahnung von Zeit. Legen wir nun die Geräusche einer großen Menschenmasse an das Bild, ergibt sich eine zeitlich gerichtete Linearität der Ereignisse. Wir begreifen die gezeigten Gesichter als nacheinander, so als würde unser Blick ziellos über die einzelnen Menschen gleiten.

> Es ist die Allgegenwart des Tons, die seine attraktivste Qualität ist. Er bewirkt den Aufbau von Raum wie Zeit. Er ist wesentlich für das Schaffen eines Schauplatzes; die „Raumatmosphäre", die auf der Echo-Zeit, den Schwingungen und so weiter eines bestimmten Ortes beruht, ist kennzeichnend für ihn. Ein tonloses Bild wird lebendig, wenn ein Soundtrack hinzugefügt wird, der eine Vorstellung vom Ablauf der Zeit hervorrufen kann. Der Ton erweist sich dadurch als nützlich, daß er eine Basis der Kontinuität schafft und so die Bilder unterstützt, die im Allgemeinen mehr bewußte Beachtung erfahren. Dialog und Musik erfahren natürlicherweise Beachtung, da sie eine spezifische Bedeutung haben. Aber das sogenannte „Geräusch" des Soundtracks – „Toneffekte" – ist am wichtigsten. Hier findet der wirkliche Aufbau des akustischen Umfeldes statt. (Monaco 1995: 215)

Die Festschreibung eines zeitlichen Vektors bei der Bildwahrnehmung kann dabei auf die unterschiedlichsten Arten erfolgen. Zeit kann subjektiv gedehnt oder beschleunigt werden. Die Gliederung der Zeit bewegt sich ähnlich wie in musikalischen Werken zwischen den Polen exakt-konkret und vage.

Alle denkbaren Varianten von Mehrwert darzustellen, ist allein quantitativ nahezu unmöglich und nicht im Sinne dieser Abhandlung. Es lassen sich noch weit mehr Phänomene der Bild-Ton-Beziehung unter diesem Begriff subsumieren. Eine Analyse des Mehrwerts wird sich deshalb immer am untersuchten Subjekt ausrichten müssen und von dort ausgehen.

Die Kategorisierung akustischer Ereignisse in verschiedene Räume vollzieht sich auf mehreren Ebenen, die getrennt behandelt werden sollten.

Zunächst gibt es die rein akustische Raum-Komponente fast jeden Klanges. Dazu der bereits vorgestellte Sound Designer Walter Murch: *I like to think, that I not only record a sound but the space between me and the sound: The subject that generates the sound is merely what causes the surrounding space to resonate* (Murch zitiert nach Bordwell/Thompson 1997: 333).

Wir nehmen ein Klangobjekt in der Realität oder im Film selten isoliert wahr. Vielmehr hören wir das Klangobjekt (diesen Teil nennt man das *Direktsignal*) *und* die räumliche Umgebung mit ihren vielfältigen *Reflektionen* oder einem *Nachhall*. Unser Gehör ist so in der Lage, die ungefähre Größe und Beschaffenheit des Raumes zu erkennen: ein gekacheltes Badezimmer, eine große Konzerthalle oder das mit Teppichen gedämpfte Ambiente eines Wohnzimmers.

Die riesigen Räume in Orson Welles *Citizen Kane* (USA 1941) sind ein gutes Beispiel für die Räumlichkeit des frühen Kinotons. Durch die Surround-Kapazitäten von Dolby und den neuen digitalen Formaten haben sich die Möglichkeiten Räume physisch erfahrbar zu machen bis heute noch wesentlich verbessert.

Neben den Qualitäten des Raumes sind wir auch in der Lage die ungefähre Entfernung zum Klangobjekt durch den Anteil von Direktsignal und Reflektion abzuschätzen und die Richtung, aus der uns der Schall erreicht zu bestimmen.

Die besprochenen Merkmale der räumlichen Situierung von Klangobjekten zielen eindeutig in die Richtung der Frage *Wo klingt es?* ($\rightarrow$ *Das informationstheoretische Modell von Flückiger*). Auf der Ebene der Ton-Bild-Beziehung lässt sich untersuchen, ob die akustische Repräsentation mit der optischen übereinstimmt. Ist dies nicht der Fall – klingt beispielsweise etwas wesentlich näher, als es im Bild zu sehen ist – ist zu überprüfen, ob damit eine Aussage im Sinne des Mehrwerts verbunden ist.

Auf der anderen Seite gilt es zu überprüfen in welchem übergeordneten Verhältnis der Ton zum Bild steht. Es haben sich dafür einige Kategorien etabliert, die in neuen Veröffentlichungen gelegentlich noch erweitert werden.

Bordwell/Thompson (1997: 330-335) unterscheiden *diegetischen* Ton, den wir der filmischen Diegese zuschreiben können und *nicht-diegetischen* Ton, der von außerhalb zu kommen scheint. Nicht-diegetischer Ton ist zum Beispiel Filmmusik im eigentlichen Sinn. Chion nennt diese Art von Musik auch *Orchestergraben-Musik* (pit music) und verweist damit auf den Orchestergraben der klassischen Oper. Diese Konvention wurde bereits in den stummen Tagen des Kinos bedient. Damals wurden viele Filmwerke live durch Musiker orchestriert. Nicht-diegetischer Ton ist deshalb aber keineswegs auf Musik beschränkt. So gibt es beispielsweise Geräusche oder Stimmen, die nicht in der Diegese des Films zu verorten sind und deshalb zu dieser Kategorie gehören.

Bordwell/Thompson unterscheiden weiterhin *Ton im Bild* (onscreen) und *Ton außerhalb des Bildes* (offscreen). Aus Gründen der Einfachheit will ich im Folgenden die angloamerikanische Terminologie von *On-* und *Offscreen*-Ton übernehmen.

Die Besonderheit von Offscreen-Ton ist, dass dabei Klangobjekte präsentiert werden, die momentan nicht im Bild zu sehen sind. So kann die Begrenzung der Leinwand in gewisser Weise durch Klangereignisse außerhalb des Bildes erweitert werden. Besonderen Gebrauch von Offscreen-Ton machte Alfred Hitchcock in *Psycho* (USA 1960): Norman Bates Mutter ist nicht im Bild zu sehen wenn (er) sie spricht. Ein anderes außergewöhnliches Beispiel ist der Mörder in Fritz Langs *M* (Deutschland 1931).

Diegetischer Ton wird außerdem als *intern* oder *extern* beschrieben. *Intern* meint gesprochene Gedanken, die wir eindeutig der Handlung zuschreiben können. *Extern-diegetischer* Ton setzt eine klar ersichtliche physikalische Quelle voraus.

Wie bei anderen Kategorien des Filmtons sind Grenzfälle oder kategorienübergreifende Klangereignisse möglich. Ordnet man einen Erzähler, der nicht im Bild zu sehen ist, eher der Diegese zu oder handelt es sich um ein Element von außerhalb, ist es also nicht-diegetisch?

Einen Sonderfall stellen auch elektronische Quellen wie Radios, Fernsehgräte, Funkgeräte und Telefone dar. Chion bezeichnet die Klänge dieser Quellen als *On-the-Air* (1994: 76). Die eigentliche Quelle des Klanges ist dabei nicht zu sehen und kann aufgezeichnet sein. Vielmehr ist ein Medium zu sehen, dessen technischer Prozess den Klang auf charakteristische Weise prägt.

Besonders aufgezeichnete Musik verwischt die Grenzen zwischen On- und Offscreen, diegetischem und nicht-diegetischem Ton. Je nach Art der Mischung treten dabei die Züge der ursprünglichen Quelle (zum Beispiel ein Saxophon) oder die Züge des Mediums (Radio, Schallplatte, Lautsprecher) in den Vordergrund.

Auf diese Weise kann aufgenommene Musik, die ihre Legitimation durch das Bild erhält, auch als kommentierende Filmmusik wahrgenommen werden.

Das Modell von Chion stellt die verschieden Kategorien und Grenzen dar:

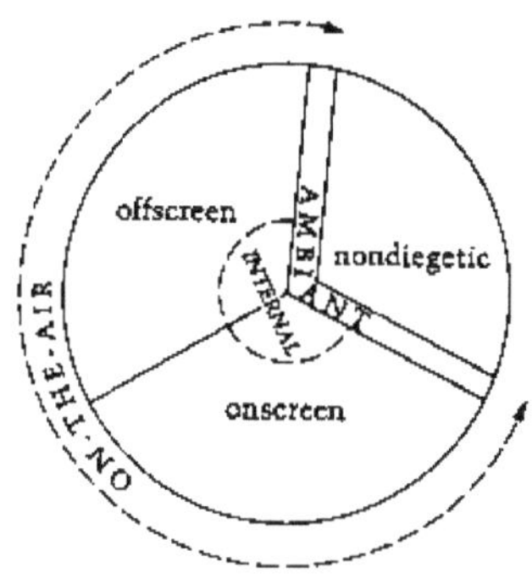

(Chion 1994: 78)

Die meisten Elemente auf der Tonspur lassen sich den einzelnen Kategorien im Modell zuordnen. Eine zeitliche Komponente wird in diesem System jedoch ausgeklammert.

Zeit kann im Film auf die unterschiedlichsten Arten manipuliert werden. Die Zeit auf der Tonspur kann dieselbe Zeit repräsentieren wie das Bild – wir sehen jemanden sprechen *und* wir hören ihn – oder nicht-simultane Klangereignisse erzeugen. Bei nicht-simultanen Klangereignissen unterscheiden Bordwell/Thompson (1997: 336) zwischen Klangereignissen, die bereits stattgefunden haben, genannt *sound-flashback* oder *image-flashforward* und vorweggenommenen, *sound-flashforward* oder *image-flashback*. Von Interesse ist, in welchem zeitlichen Verhältnis Bild und Ton stehen. Von einer zeitlichen Komponente kann man dabei nur bei diegetischem Ton sprechen, da nicht-diegetischem Ton diese Komponente normalerweise fehlt.

Ein Sonderfall: Das unidentifizierbare Klangobjekt

Einen Sonderfall stellt ein Geräusch dar, das nicht identifiziert werden kann. In Anlehnung an Flückiger (2001: 126-130), die den Begriff *unidentifizierbares Klangobjekt* (kurz UKO) in die Debatte einführt, möchte ich im Folgenden erklären, was darunter zu verstehen ist.

Nicht immer tragen Geräusche zum Bedeutungsaufbau einer Erzählung bei. Ein UKO hat vielmehr die Fähigkeit Fragen beim Zuschauer zu evozieren: „Was ist da?" oder „Woher kommt das?". Da Klang im Film selten reflektiert wird, ist es oft ein eher dumpfes Gefühl was entsteht oder eine Ahnung („Etwas stimmt nicht!").

Beim UKO bleibt die Quelle unersichtlich. Anders als bei nicht-diegetischer Musik, die einer Konvention entspringt, schreiben wir geräuschhafte Klänge am ehesten der filmischen Handlung zu. Ist eine Quelle weder im Bild (onscreen) noch im allgemeinen Kontext der Handlung (offscreen) zu verorten, ergibt sich eine Mehrdeutigkeit, ein Spiel mit möglichen Bedeutungen. Diese Mehrdeutigkeit ist kein Zufall, sondern ein bewusst gewähltes Stilmittel, das eine Offenheit in der filmischen Narration schaffen kann. In Flückigers Worten:

> Das UKO kann man als offenes, undeterminiertes Zeichen verstehen, dessen Vagheit verwundbare Offenheit und gleichzeitig neugierige Spannung erzeugt. Als Leerstelle im Text ist es wie eine Projektionsfläche für die individuelle, subjektive Bedeutungserzeugung des Zuschauers. Das nicht eindeutige Klangobjekt stellt eine Frage, und der Zuschauer wird versuchen, das Rätsel durch Interpretation zu lösen. (Flückiger 2001: 129)

Das UKO ist in stärkstem Maße ein emotionaler Appell, da es tiefe Schichten des Bewusstsein berührt. Über Geräusche kündigte sich immer schon Gefahr an, und dahingehend kann ein unidentifizierbares Geräusch ein Gefühl von Ohnmacht erzeugen, da sich die Quelle der Gefahr nicht erschließt. Dies gilt umso mehr, je länger das Geräusch Fortbestand hat.[279]

Flückiger untersuchte einen breiten Korpus von Filmen und stellte fest, dass das UKO besonders ein Phänomen neuerer Filme ab den 70er Jahren ist. Dies lässt sich mit dem Verweis auf die in dieser Zeit erreichte Verbesserung der Auflösung der Tonspur erklären (→ *Von den ersten Tönen zum sensorischen Kinoerlebnis*). Solange ein vages, unbestimmtes Geräusch den Mängeln des technischen

---

[279] Dieser Umstand lässt sich auch physiologisch nachverfolgen, da der Hörnerv evolutions-geschichtlich vornehmlich mit dem für emotionale Reaktionen verantwortlichen Zwischenhirn verschaltet ist. Schneider (1997: 30) erläutert die physiologischen Grundlagen des Hörens und dessen archaische Züge in Bezug auf Filmmusik.

Apparates zugeschrieben wurde, konnte man ein mehrdeutiges Zeichen wie das UKO nicht benutzen.

Das UKO fordert obendrein zu einer gedanklichen Tätigkeit heraus, die ein stereotypisiertes Klangobjekt, das als bloße Verdoppelung der Bildinformation fungiert und somit redundant ist, zu erzeugen nicht in der Lage ist und setzt somit einen mündigen Zuschauer voraus.

Tonperspektive und Extension

Einen weiteren wichtigen Untersuchungsgegenstand bildet die Tonperspektive. Das Modell der Tonperspektive findet seine visuelle Entsprechung im Standpunkt der Kamera. Dabei sind drei Dinge von Bedeutung:

1. Der Standpunkt und die Perspektive von der aus wir eine Szene hören – also eine *räumliche* Definition des Standpunktes. Dies setzt eine annähernd reale Tonperspektive, ähnlich unserer Alltagswahrnehmung, voraus.

2. Welche Elemente (Sprache, Geräusche, Musik) werden in der Mischung favorisiert? Entsprechen sie einer realen Tonperspektive oder wird unsere Wahrnehmung gezielt auf bestimmte Elemente gelenkt und werden andere dafür ausgeblendet?

3. Welche Person hört, was wir hören? Dies ist die Frage nach einem möglichen subjektiven Standpunkt, ähnlich der *Subjektiven Kamera*[280]. Diese Perspektive kann auch die psychische oder physische Verfassung eines Charakters widerspiegeln und wird oft in dieser Richtung manipuliert. Die Frage könnte also auch lauten: *Wer* hört *wie was*?

---

[280] Dabei nimmt die Kamera die Position einer Figur ein, d.h. man sieht auf der Leinwand, was die Figur sieht. Synonym wird der Begriff *Point of View Shot,* kurz *PoV* gebraucht.

Besondere Beachtung verdient die Tatsache, dass die Tonperspektive – anders als die monokulare Abbildung der Kamera auf dem Filmnegativ – in den allermeisten Fällen vollkommen künstlich aus vielen Komponenten zusammengesetzt wird.[281]

So arbeiteten Regisseure wie Robert Altman schon in den 70er Jahren beim Drehen oft mit dutzenden Mikrofonen und schafften so unmögliche Tonperspektiven.[282]

Die auf getrennten Spuren aufgezeichneten Signale werden in der Postproduktion mit Hintergrundgeräuschen gemischt, mit Hall versehen oder auf mannigfaltige Art und Weise bearbeitet. Die Formung einer Tonperspektive ist somit nur durch die Vorstellungskraft der Regisseure und Sound Designer begrenzt und muss sich keineswegs an einer äußeren Realität orientieren.

In den meisten Fällen wird sich die Tonperspektive nicht an bestimmten Personen festmachen lassen. Vielmehr gehorcht sie dem Prinzip der gezielten Informationsvergabe und favorisiert meist den Dialog. Die Hierarchie, in der die unterschiedlichen akustischen Elemente angeordnet sind, kann dabei mitunter sehr differieren. So hängt die Betonung einzelner Elemente stark von deren narrativer Funktion und vom Stil des Regisseurs ab. Schneider (1997) unterscheidet zwei Arten der Mischung (und damit der Tonperspektive):

1. Die **dokumentarische Mischung** strebt eine möglichst authentische Mischung der Klangobjekte auf der Tonspur an und orientiert sich an einer äußeren Realität. *Nach Vorgabe des Bildes werden alle sichtbaren Zutaten auch akustisch angelegt (die Turmuhr, das Moped, der vorbeifahrende Brummi, die Baustelle im Hintergrund usw.) und auf Biegen und Brechen hörbar gemacht* (1997: 14). Diese Art der Mischung sieht Schneider als vorherrschend in der deutschen Film- und Fernsehlandschaft. Die Gründe dafür liegen seiner Meinung nach in der Tradition des politisch-argumentativen Autorenfilms[283].

---

[281] In dieser Betrachtung blende ich selbstverständlich alle herkömmlichen Montagetechniken und besonders die computergestützte Schaffung virtueller Kulissen und Perspektiven aus.

[282] Jim Webb beschreibt die Zusammenarbeit als Tontechniker mit Robert Altman und den Gebrauch von dutzenden Mikrofonen, deren Signale auf Mehrspur-Aufnahmegeräten aufgenommen wurden – eine Produktionstechnik, die ursprünglich in der Musikproduktion entwickelt wurde (in Lobrutto 1994: 70ff.).

[283] Eine wichtige Strömung des Neuen Deutschen Films von etwa 1960 bis 1980.

2. Die **emotionale Mischung** dagegen

> [...] orientiert sich an der „inneren Realität" einer Filmszene, die mit ihrer Unterschwelligkeit (allem intellektuellen Kalkül zum Trotz) für ein Werturteil über den Film weit wichtiger ist, als vermutet wird. Unser Ohr funktioniert nicht wie ein realistisches Mikrophon. Wenn z.B. der Filmheld „traurig" ist, dann muß Traurigkeit akustisch dominieren. Dann verschwindet für ihn die äußere Realität von Turmuhr, Moped und Brummi; er ist ganz in seinem Inneren, ganz von seinem Gefühl erfüllt.

Und weiter heißt es:

> Die Hörperspektive ist ein entscheidender Faktor bei der emotionalen Mischung. [...] Der Hörperspektive haben sich nicht nur die Musiken unterzuordnen, sondern auch die Geräusche. (Generell sei hier auch angemerkt, daß eine künstliche Geräuschcollage bzw. ein selektiver, interpretierender Einsatz von Geräuschen bereits eine „Komposition" darstellt, die durchaus anstelle einer konventionellen Filmmusik treten kann.) (Schneider 1997: 15)

Auch wenn die von Schneider gebrauchten Begriffe der dokumentarischen und emotionalen Mischung für eine wissenschaftliche Analyse der Tonspur nur bedingt geeignet sind, lenken sie unsere Aufmerksamkeit auf einen wichtigen Punkt in deren Gestaltung. Welche Elemente einen Vordergrund darstellen – und uns so besonders wichtig erscheinen – und welche den weniger wichtigen Hintergrund bilden, ist eine vollkommen willkürliche Angelegenheit.[284]

Da der Ton vom durchschnittlichen Kinozuschauer wenig reflektiert wird und quasi als Selbstverständlichkeit dem Bild zu entspringen scheint, findet auf der Ebene der Tonperspektive eine gezielte Beeinflussung statt.

Während die künstliche Formung einer akustischen Perspektive fast schon zum Normalfall im typischen Mainstream-Film geworden ist, bildet die von Schneider beschriebene dokumentarische Mischung heute eher eine Ausnahme.

Nur in Ausnahmefällen, dann aber meist besonders deutlich, ist die Tonperspektive eindeutig einer Person zugeordnet.

In *Mulholland Drive* findet sich eine Szene (→ *Tonperspektive und Subjektivierung*) in der ein Mann, zu Tode erschreckt von einem unbekannten Wesen, plötzlich zusammenbricht. Dieses Zusammenbrechen wird akustisch überdeutlich durch das plötzliche Ausblenden aller hohen Frequenzen und zielt in die Richtung der Darstellung einer innerlichen Tonperspektive.

---

[284] In der Gestaltpsychologie spricht man statt von Vorder- und Hintergrund von Figur und Grund für die visuelle Wahrnehmung. Dieses Prinzip lässt sich auch auf die Funktion des Gehörs übertragen.

Dabei muss die Tonperspektive nicht identisch mit dem Bild auf der Leinwand sein, obwohl dies natürlich oft zu beobachten ist. Wenn wir dagegen dem Blick des Protagonisten in wackeligen Bildern durch labyrinthartige Gänge folgen und dabei dessen Herzgeräusche und hektischen Atem hören, sind Tonperspektive und Bildperspektive nahezu identisch.

Die Tonperspektive beinhaltet jedoch noch ein weiteres Merkmal. Der Begriff *Extension*[285] beschreibt die Ausdehnung der auditiven Lautsphäre und ist vergleichbar mit der Brennweite eines optischen Objektivs. Auf der einen Seite kann der Ton sich darauf beschränken, einen relativ kleinen akustischen Rahmen, beispielsweise den eines Zimmers, abzubilden. Dies entspräche der längeren Brennweite und der einengenden Abbildung eines Tele-Objektivs. Auf der anderen Seite kann sich das akustische Abbild weit darüber hinaus erstrecken und so eine weitwinkel-ähnliche Darstellung bewirken.

Ein gutes Filmbeispiel in dieser Hinsicht ist Hitchcocks *Rear Window* (USA 1954), in dem die Extension in extremer Weise variiert wird. Während sich die Kamera darauf beschränkt alles aus der Perspektive eines Apartments zu zeigen, vollzieht der Ton diese Perspektive nur partiell nach. In vielen Einstellungen erweitert er sie, je nach Situation, zusätzlich um die vielfältigen akustischen Erscheinungen der Großstadt oder um das nähere Umfeld des Apartments.

Des Weiteren kann der Begriff Extension auch zur Bestimmung der räumlichen Ausdehnung von Klangereignissen herangezogen werden. Im breiten Stereofeld von *Dolby Digital* und ähnlichen Systemen mit Surround-Klang (→ *Von den ersten Tönen zum sensorischen Kinoerlebnis*) können Klangobjekte rund um den Zuschauer in einem 360° Umkreis positioniert werden und dabei eine breite oder schmale Präsenz einnehmen. Gehörmäßig gilt es Position und Ausdehnung (Extension) zu erfassen.

Aufgrund der verschiedenen Aspekte die Extension beinhaltet, schlage ich die Unterscheidung von aufnahmeseitiger und wiedergabeseitiger Extension vor. Aufnahmeseitige Extension beschreibt die Ausdehnung des diegetischen Tonraums, d.h. welche Elemente überhaupt repräsentiert werden. Die wiedergabeseitige Extension dagegen betrifft die oben beschriebene Ausdehnung von Klangereignissen im Kino. Diese Unterscheidung ist deshalb von Bedeutung,

---

[285] Ursprünglich von Chion (1994: 86-89) eingeführter und von Flückiger (2001: 153-157) erweiterter Begriff zur Beschreibung der Ausdehnung von Atmosphären und anderen Klangobjekten über den Bildraum hinaus in alle Quadranten des Kinos.

da sich beide Varianten der Extension durchaus unterscheiden können. So ist es beispielsweise vorstellbar, dass aufnahmeseitig ein akustisch sehr begrenzter Raum im Kino eine sehr breite Abbildung erfährt, oder umgekehrt ein riesiger diegetischer Tonraum eine sehr schmale Präsenz in der Wiedergabe einnimmt.

Ein wichtiger Aspekt der Extension ist das Verhältnis von Bildraum und aufnahmeseitiger Extension (Tonraum). Flückiger (2001: 154) unterscheidet drei abstrakte Muster zur Einordnung:

1. Bild- und Tonraum entsprechen einander
2. Das Bild suggeriert Weite; akustisch ist ein enges Umfeld dominant
3. Das Bild ist ausschnitthaft, die Tonspur verdeutlicht den Raum

Für eine nicht kongruente Darstellung von Bild- und Tonraum gilt es in einer Interpretation Gründe zu finden. Einige Regisseure versuchen über den Ton andere Dinge zu erzählen, als sie das Bild allein darstellt. So kann in einer Art doppelter Narration ein Mehrwert geschaffen werden, den eine redundante Darstellung durch beide Domänen (Bild und Ton) nicht erreicht.

Die Frage des Kontrapunkts

Auf einer wesentlich allgemeineren Ebene, die alle oben besprochenen Punkte umfasst, lässt sich diskutieren, in welchem Verhältnis der Ton zum Bild steht.

Für die Funktionen der Filmmusik schrieb Pauli (1976) ein System, das deren Verhältnis zum Bild auf die drei Kategorien *Paraphrasierung, Polarisierung und Kontrapunktierung* reduziert:

> Als paraphrasierend bezeichne ich eine Musik, deren Charakter sich direkt aus dem Charakter der Bilder, aus den Bildinhalten, ableitet. Als polarisierend bezeichne ich eine Musik, die kraft ihres eindeutigen Charakters inhaltlich neutrale oder ambivalente Bilder in eine eindeutige Ausdrucksrichtung schiebt. Als kontrapunktierend bezeichne ich eine Musik, deren eindeutiger Charakter dem ebenfalls eindeutigen Charakter der Bilder, den Bildinhalten, klar widerspricht. (Pauli 1976: 104)

Erweitert man den Begriff der Musik um alle akustischen Phänomene auf der Tonspur – eine Vorgehensweise, die mir angesichts komplexer audiovisueller

Arrangements[286] in vielen Filmen gerechtfertigt erscheint – bekommt man einen neuen und interessanten Untersuchungsgegenstand.

Auch wenn Paulis Reduzierung auf nur drei Kategorien oftmals kritisiert worden ist (Darstellung in Bullerjahn 2001: 37) und er das System 1981 sogar widerrief, kann es uns helfen die Wirkung der Tonspur zumindest im Hinblick auf das Einzelbild zu untersuchen. In der Tat fehlt dem System eine horizontale Komponente, da es die Wirkung lediglich auf den einzelnen Moment in der Relation zum Bild erfasst und somit nur vertikal funktioniert. Trotzdem, so meint auch Bullerjahn (2001: 38), *erweist sich Paulis triadisches Modell zur Beschreibung der Beziehung zwischen Einzelbild bzw. einer einzelnen Kameraeinstellung und Musik* [und der gesamten Tonspur] *als sehr griffig* und ist deshalb brauchbar.

Einen Stolperstein stellt der ambivalente Gebrauch des Begriffs Kontrapunkt dar. Nicht immer verstehen die Autoren, die sich mit dem Bild-Ton-Verhältnis auseinandersetzen, darunter dasselbe. Eisenstein, Pudowkin und Alexandrow forderten in ihrem *Manifest zum Tonfilm* von 1928 die kontrapunktische Verwendung des Tons, durch die eine Vervollkommnung der Montage erreicht werden könne. Gemeint war damit die Darstellung von unterschiedlichen Ereignissen in Bild und Ton und eine Vermeidung bloßer Verdoppelung. Ähnlich wie Pauli sehen sie den Kontrapunkt hauptsächlich als Gegensatz an. Im musikalischen Sinn bezeichnet er aber vielmehr die relative Eigenständigkeit einer Stimme im (traditionell harmonischen) Zusammenklang mit anderen, er ist ursprünglich also eine kompositionstechnische Erscheinung. Chion (1994: 38) schlägt deshalb vor, den Begriff *audiovisuelle Dissonanz* für die kontrapunktische Montage zu verwenden, da sie sich vertikal über eine fehlende Übereinstimmung von Bild und Ton entfaltet. Tatsächlich erscheint dieser Begriff genauer für die Beschreibung des gemeinten Gegensatzes.

Anders als Chion sehe ich den Gebrauch des populären Begriffs Kontrapunkt gleichwohl weniger kritisch. Als besonders bei Filmtheoretikern beliebter Begriff wird man nicht um ihn herum kommen. Es sollte aber auf jeden Fall definiert werden, in welcher Hinsicht man ihn gebraucht.

---

[286] Solchermaßen umfassende Arrangements können durchaus als Kompositionen aufgefasst werden. Beispiele für Kompositionen mit Geräuschen finden sich seit der Beschäftigung der Futuristen mit neuen Klängen Anfang des 20. Jahrhunderts. Auch Edgar Varèse verstand sich auf die Verwendung bis dahin musikfremder Klänge und besonders in der *Musique concrète* von Pierre Henry und Pierre Schaeffer finden sich Kompositionen, die allein auf die Montage von Geräuschen aufbauen.

Verwandte Begrifflichkeiten stammen von Siegfried Kracauer und Karel Reisz. Kracauer spricht von *aktuellem* und *kommentierendem* Ton. Aktueller Ton gehört logisch zum Bild, während kommentierender Ton dies nicht tut. Reisz unterscheidet zwischen *synchronem* und *asynchronem* Ton, meint damit aber faktisch dasselbe: Synchroner Ton hat seine Quelle im Bild, asynchroner Ton stammt von außerhalb.[287]

Während Kracauers Begriffe relativ unscharf sind (nicht immer hat Ton außerhalb des Bildes im Wortsinn kommentierende Funktion), gebraucht Reisz Begriffe der Filmtechnik, die ursprünglich die ordnungsgemäße oder fehlende zeitliche Übereinstimmung zwischen Bild und Ton bezeichnen und deshalb im ästhetischen Zusammenhang problematisch sind.

Abschließend sei James Monaco erwähnt, der zwischen den Polen *paralleler* und *kontrapunktischer* Ton unterscheidet und dabei alle Begriffe folgendermaßen zusammenfasst:

> Paralleler Ton ist aktuell, synchron und mit dem Bild verbunden. Kontrapunktischer Ton ist kommentierend, asynchron und dem Bild entgegengesetzt oder kontrapunktisch zu ihm. Es macht keinen Unterschied, ob es sich um Dialog, Musik oder Geräusche aus dem akustischen Umfeld handelt: Alle drei sind zeitweilig unterschiedlich parallel oder kontrapunktisch, aktuell oder kommentierend, synchron oder asynchron. (Monaco 1995: 217)

---

[287] Darstellung in Monaco (1995: 216).

Mulholland Drive – Eine auditive Filmanalyse

Der Film

Synopse

Der Film beginnt mit einer nächtlichen Fahrt über den Mulholland Drive – eine Straße, die sich über den Bergen von Hollywood entlang windet. Wir folgen einer schwarzen Limousine auf ihrem Weg. Im Fond des Wagens sitzt eine attraktive, dunkelhaarige Frau (Laura Elena Harring). Der Wagen stoppt und sie sieht sich vom Fahrer mit einer Pistole bedroht. Er fordert sie auf auszusteigen, als ein heranrasendes Auto mit Jugendlichen plötzlich frontal mit der Limousine zusammenstößt.23

Als einzige Überlebende, sowohl des geplanten Attentats als auch des schweren Unfalls, befreit sich die Frau aus dem Autowrack und begibt sich mit wackeligen Knien auf den Weg ins Lichtermeer von Los Angeles. Erschöpft und verängstigt bricht sie in einem Vorgarten zusammen und erwacht erst am nächsten Morgen. Es gelingt ihr sich ins Apartment einer gerade abreisenden Frau zu flüchten.

Zur gleichen Zeit landet die blonde Betty (Naomi Watts) in L.A., der Stadt ihrer Träume. Kommend aus Deep River im Bundesstaat Ontario, wo sie einen Jitterbug-Wettbewerb gewonnen hat, will sie versuchen eine Filmkarriere in Hollywood zu starten.

Im Apartment ihrer Tante findet Betty die verstörte Frau, die offensichtlich ihr Gedächtnis verloren hat und die sich – nach einem Blick auf ein Rita-Hayworth-Filmplakat – Rita nennt. Die naive und unbekümmerte Betty kümmert sich um Rita und will ihr helfen ihre wahre Identität wieder zu finden. In Ritas Tasche finden sich eine große Summe Bargeld und ein geheimnisvoller blauer Schlüssel. Bruchstück-haft kann sich Rita an ein paar Gegebenheiten und einen Namen erinnern: Diane Selwyn. Gemeinsam versuchen Betty und Rita die Geheimnisse aufzuklären. Sie beschließen Diane Selwyn einen Besuch abzustatten.

Vorher will Betty allerdings einen Vorsprech-Termin für eine Rolle in einem Film wahrnehmen. Grandios meistert sie ihn. Eine bekannte Casting-Agentin will sie dem jungen Star-Regisseur Adam Kesher vorstellen. Um ihre Verabredung mit Rita nicht zu verpassen, verlässt Betty jedoch frühzeitig das Filmset. Zusammen fahren die beiden zu Diane Selwyns Apartment und finden deren verwesenden Leichnam. Geschockt begeben sie sich auf den Heimweg.

Durch die erfolglose Suche kommen sich Betty und Rita näher. Aufgeschreckt von einem Traum, fordert Rita Betty noch in der ersten Liebesnacht auf, sich mit ihr auf den Weg in die Stadt zu begeben. Sie finden sich kurze Zeit später im Club ‚Silencio' wieder. Nach einer geheimnisvollen und verstörenden Vorstellung entdecken sie eine blaue Box, die scheinbar zu dem Schlüssel aus Ritas Handtasche passt. Nachdem sie zu Hause angekommen sind, ist Betty plötzlich verschwunden. Rita öffnet die Box mit dem Schlüssel.

Parallel dazu erzählt *Mulholland Drive* vom jungen Regisseur Adam Kesher, der gerade nach einer neuen Hauptdarstellerin für seinen 50er-Jahre-Film sucht. Der Medien-Mogul Mr. Roque scheint auf mysteriöse Weise im Hintergrund die Fäden zu ziehen. Es offenbaren sich mafiaähnliche Strukturen von Hintermännern – unter ihnen ein seltsamer ‚Cowboy' – die Kesher zwingen seine Hauptrolle mit einer unbekannten Blonden, Camilla Rhodes, zu besetzen. Kesher, der sich dagegen zunächst wehrt, erwischt zudem seine Frau mit dem Mann von der Pool-Reinigungs-Firma im Bett.

Auf anderen Handlungsebenen finden sich noch mehr, meist skurrile Gestalten: ein Mann, der sich seinem Psychiater anvertraut, ermittelnde Polizeibeamte am Unfallort und ein ungeschickter Auftragskiller.

Mit dem Öffnen der blauen Box beginnt ein neuer Abschnitt: In einem zweiten Teil (nach gut zwei Dritteln des zweieinhalbstündigen Films) scheint zunächst alles verkehrt. Betty heißt nun Diane Selwyn und wohnt in einem schäbigen Apartment.

Die Frau, die vorher Rita war, heißt jetzt Camilla Rhodes und ist ein selbstzufriedener Filmstar, der sowohl mit dem Regisseur Adam Kesher als auch mit Diane und einer anderen Blondine ein Verhältnis hat.

Diane ist zerfressen von Eifersucht und vollkommen abhängig von Camilla, die ihr hin und wieder kleine Rollen beim Film verschafft. Die beiden verbindet eine ungleiche erotische Beziehung.

In Vor- und Rückblenden erzählt der Film, wie Diane einen vermeintlichen Profikiller damit beauftragt Camilla zu töten. Am Ende verkraftet Diane ihre eigenen Schuld-gefühle nicht und bringt sich mit einem Kopfschuss um.

Figuren und Namen aus dem ersten Teil tauchen in veränderter Form fast vollständig wieder auf. Sie verkörpern allerdings andere Personen. Nur die Figur des Adam Kesher bleibt erhalten. Ähnliches gilt auch für Objekte wie den blauen Schlüssel, der lediglich sein Aussehen verändert.

Der Film endet mit den transparenten Silhouetten von Betty und Rita vor dem Hinter-grund der erleuchteten Stadt und eine Dame mit blauem Haar im Club ‚Silencio' verkündet den Rest: „Silencio!"

Lesarten

Wie die anderen Arbeiten von David Lynch scheint der Film auf den ersten Blick mysteriös und rätselhaft. Erst beim mehrmaligen Betrachten offenbart sich eine erklärbare Struktur von *Mulholland Drive*:

Die Betty aus dem ersten Teil scheint Dianes Alter Ego zu sein, das sie sich in einer Art freudschem Wunschtraum erfindet. Dieser Teil des Films liest sich wie eine positive Umdeutung der realen, nicht gerade ruhmreichen Umstände im zweiten Teil. Statt der Komparsen-Engagements als Diane beeindruckt Betty durch ein grandioses Vorsprechen. Die Hauptrolle im 50er-Jahre-Film bekommt sie nur deshalb nicht, weil die Mafia eine andere dafür vorgesehen hat. Der Regisseur Adam Kesher, mit dem sie viel versprechende Blicke austauscht, wird von seiner Frau betrogen – eine Rachephantasie dafür, dass er ihr Camilla in gewisser Weise wegnimmt. Camilla ist Rita, hat Amnesie und braucht in ihrer tiefen Verletzlichkeit Bettys Hilfe.

Bei der Suche nach Ritas Identität stößt Betty auf die tote Diane Selwyn – sie begegnet sich im Traum also selbst. Am Ende steht eine romantische Liebesaffäre mit der empfänglichen Rita. Der Killer, den Diane beauftragt hat Camilla umzubringen, taucht im Traum als ungeschickter Typ auf, der seine Aufträge regelmäßig vermasselt. So kann Rita das geplante Attentat überleben.

Für eine traumähnliche Deutung sprechen auch andere Anhaltspunkte. So wiederholt sich Ritas Fahrt in der Limousine zu Beginn des Films in Dianes Fahrt zu einer Party, bei der sie erfährt, dass Camilla und Adam Kesher heiraten wollen.

Lynch durchwebt den Film zusätzlich mit Versatzstücken aus der Geschichte Hollywoods. Sie tauchen als Bilder, Songs oder Personen – beispielsweise wird die Apartmentbesitzerin Coco von Ann Miller, einer Stepptanz-Legende der 40er

Jahre dargestellt – an mehreren Stellen im Film auf und lassen viel Freiraum für Spekulationen.[288]

Es soll an dieser Stelle jedoch keine vollständige Interpretation und Analyse von *Mulholland Drive* vorgenommen werden. Über die vorgeschlagene Lesart hinaus gibt es sicher unzählige Arten, diesen Film zu verstehen. Beschäftigt man sich mit den Arbeiten von David Lynch, scheint es, dass er Rätsel in vielen Fällen für interessanter erachtet als deren Lösung. Unterschiedlichste Interpretationen sind deshalb möglich und werden vom Regisseur ausdrücklich gewünscht.

Anmerkung

Interessant wird die Erzählweise von *Mulholland Drive* durch die genauere Betrachtung der Umstände der Produktion. Ursprünglich war der erste Teil (ungefähr bis zur Entdeckung der toten Diane Selwyn) als Pilotfilm[289] für eine TV-Serie geplant, die Lynch 1999 für die amerikanische *ABC*[290] drehen wollte. Nach Fertigstellung des Rohschnitts gefiel den Produzenten von *ABC* der entstandene Pilotfilm nicht und sie verwarfen das Projekt. Erst als die Produzenten des französischen *Studio Canal Plus* intervenierten und das Budget für weitere 45 Minuten zur Verfügung stellten, bekam Lynch im Jahr 2000 die Möglichkeit das Projekt doch noch fertig zu stellen – diesmal als Kinofilm.

Deshalb muss man den zweiten Teil auch als umstürzlerische Vervollständigung des Pilotfilms zu einem Gesamtwerk sehen – im Gegensatz zu der offenen Form einer Fernsehserie.

Für das Sound Design von *Mulholland Drive* zeichnet David Lynch persönlich verantwortlich. Musikalisch arbeitet er dagegen wie in fast allen Filmen seit *Blue Velvet* (USA 1986) mit dem Komponisten Angelo Badalamenti zusammen.

Den Soundtrack kennzeichnet eine große Dichte, die durch die enge Verflechtung aller Bestandteile wie Sprache, Orchestermusik, synthetischer Klänge, Geräusch und Songs zu erklären ist. Neben Original-Songs aus den 50er Jahren und eines

---

[288] Graham Fuller (2001: 14-17) betont, dass es viele Vorbilder für die Geschichten in *Mulholland Drive* gibt und sieht neben der Traumdeutung eine postmoderne Lesart des Films.
[289] Eine von Mike Dunn kopierte Version des Drehbuchs für den Pilotfilm existiert im Internet (siehe Bibliographie).
[290] *ABC* war auch der produzierende Sender für Lynchs Fernsehserie *Twin Peaks*, die weltweit mit großem Erfolg ausgestrahlt wurde.

Im-Film-Auftritts der spanischsprachigen Sängerin Rebekah del Rio ist auch ein eigenes musikalisches Projekt David Lynchs namens *Blue Bob* im Film zu hören.

Die orchestralen Hauptthemen, die an unterschiedlichen Stellen im Film auftauchen und große tektonische Bögen spannen, sind außerordentlich langsam und bestehen aus fließenden, einfach gehaltenen Motiven. Sie entwickeln sich erst über einen langen Zeitraum und sind harmonisch meist einfach aufgebaut.

Neben den Hauptthemen spielen die Verfremdung orchestraler Klangfarben und die Hinzunahme synthetischer Klänge eine ebenso wichtige Rolle wie die Geräuschhaftigkeit der Musik im Allgemeinen. Diese Besonderheiten sind auch Gegenstand der auditiven Filmanalyse von *Mulholland Drive*.

Die Grenze zwischen Musik und Geräusch

Eine häufig anzutreffende Erscheinung ist die musikimmanente Verwendung des Geräuschs, also die Einbeziehung von traditionell musikfremdem Klangmaterial in musikalische Strukturen, die seit Anfang des letzten Jahrhunderts zu beobachten ist. Auch die Manipulation der Musik mit Hilfe der Aufnahme- und Wiedergabeapparatur gehört in diesen Bereich.

Seit Einführung des Tons ist der Film zum Experimentierfeld in der Musik- und Geräuschgestaltung geworden und hat damit manche Entwicklungen der autonomen Musik vorweggenommen. So schreibt Lissa (1961: 152), dass die Präparierung des normalen Klangmaterials in der Filmmusik weit früher als in der elektronischen und konkreten Musik auftritt. Die Bandaufzeichnung müsse nicht so naturalistisch sein wie die Filmfotographie, die ihrerseits ja auch zugunsten des Ausdrucks modifiziert werden könne. Weiter heißt es bei ihr:

> [...] die *Konstruierung* des Klangmaterials wurde zur Quelle neuer, dem traditionellen Orchester unbekannter klanglicher Qualitäten, die der Bereicherung des künstlerischen Ausdrucks vortrefflich dienen. Der Film weicht also in der Reproduktion der auditiven Sphäre zugunsten eines konstruierten, präparierten Materials vom Natürlichen ab. (Lissa 1961: 152)

Neben dieser musikimmanenten Anwendung ist eine vielfältige Wechselbeziehung und gegenseitige Durchdringung von Musik und Geräusch im Film zu beobachten. Lynch sieht darin ein bedeutendes Potenzial: *The borderline*

Auch wenn der Übergang vom Geräusch in Musik und umgekehrt ein subtiler Vorgang sein kann, stellt er für die auditive Filmanalyse manchmal eine wichtige Demarkationslinie dar. An ihr entsteht das Wechselspiel diegetischer und nicht-diegetischer Klänge.

Als Beispiel dient eine Sequenz, in der sich der Regisseur Adam Kesher auf den Weg zu einem Treffen mit dem mysteriösen ‚Cowboy' begibt:

Beispielsequenz Treffen mit ‚Cowboy' (1.04.54-1.09.44)

Bild		**Ton**
	Fahrt zu nächtlichem Treffen	Motorengeräusch; bassiges Rumpeln, leise
	Kesher lacht über den Namen ‚Cowboy'	stark verfremdeter tiefer Streicherton mit modulierendem Obertonspektrum, anschwellend metallischer Grollen mitteltief, anschwellend, erinnert an Donnerblech

175

	Der Wagen nähert sich dem Treffpunkt Kesher schaltet den Motor aus und steigt aus	Übergang zu rauschenden Windgeräuschen in weiter Extension, bassig rumpelnd, mittig und hoch Motorengeräusch geht aus; Dumpfes Schlagen der Autotür; Schrittgeräusche auf Sand
	Kesher wartet auf seine Verabredung	hohes Flirren undefiniert; tiefe Streichertöne aufsteigend, sehr leise, entfernt; Wind
	Das Licht der Laterne flackert und geht dann an	Geräusch einer defekten Leuchtstoffröhre: metallisches Sirren an- und abschwellend hohes Flirren, Streicher und Windgeräusche schwellen kurz an
	Der ‚Cowboy' erscheint plötzlich Gespräch zwischen Kesher und dem ‚Cowboy'	Windgeräusche werden leiser; bassiges Rauschen brandet stellenweise auf; Dialog im Vordergrund
	Der ‚Cowboy' macht dem Regisseur klar, dass dieser die Besetzung der Hauptrolle in seinem Film nicht zu entscheiden habe	Schichtung von stark verfremdeten Orchesterklängen langsam anschwellend; tiefes Grollen laut; hohes metallisches Flirren in weiter Extension; tiefer Grundton undefiniert
	Das Licht geht aus, Kesher bleibt im Dunkeln zurück	kurzes Sirren der Lampe; Schrittgeräusche des ‚Cowboys'; aufbrausende Windgeräusche; tiefes Grollen laut tremolierende Kontrabässe anschwellend laut

Die einzelnen Klangobjekte gehen organisch auseinander hervor. Es gibt keine abrupten Brüche, welche die Aufmerksamkeit auf einzelne Klangobjekte lenken würden.

Das Zusammenspiel aller Klangobjekte auf der Tonspur funktioniert hier ähnlich einer durchkomponierten Filmmusik im Stil der *Mood-Technik*[291]: Es entsteht ein sehr dichtes Stimmungsbild, das sich als unheimlich/mysteriös/bedrohlich beschreiben lässt.

Ein weiteres Merkmal ist die Ausdifferenzierung der bildlich legitimierten Geräusche: das bassige Rumpeln, die verschiedenen Windgeräusche und die aufleuchtende Glühlampe.

Besonders das letzte Beispiel entfernt sich weit von dem, was man für physikalisch glaubwürdig halten kann. Eine Glühlampe, wie sie im Bild zu sehen ist, kann nicht die Quelle für das zu hörende Geräusch sein. Dieses stammt wahrscheinlich von einer defekten Leuchtstoffröhre oder wurde synthetisch erzeugt.

Die Besonderheit liegt in der Künstlichkeit der dabei entstehenden Klanglandschaft. Die Behandlung der Geräusche gehorcht nicht den Gesetzmäßigkeiten eines irgendwie gearteten Realismus, sondern ist musikalisch, ähnlich dem Umgang mit einzelnen Stimmen einer polyphonen Partitur. Jedes Element hat eine erkennbare Funktion in Bezug auf die Erzeugung der beabsichtigten Stimmung und wird entsprechend manipuliert. So reagieren die windähnlichen Geräusche in ihrer Intensität auf den Inhalt des Gesprächs und stützen die Dramatik der Handlung.

Der Übergang zur konventionell diegetischen Filmmusik wird damit kaschiert. Stattdessen schälen sich die filmmusikalischen Elemente (Streicher, tremolierende Kontrabässe) aus der sie umgebenden Geräuschhaftigkeit heraus.

Dieser Umgang mit Geräusch und Musik gilt nicht allein für das gezeigte Beispiel, sondern ist darüber hinaus im ganzen Film anzutreffen. Sehr oft gehen die musikalischen Themen aus einem Geräusch hervor, verschwinden auf diese Weise oder bedienen sich selbst einer stark verfremdeten Klanglichkeit.

Insgesamt lässt sich eine Aufweichung der Grenzen von Musik, diegetischen und nicht-diegetischen Geräuschen feststellen. Die Intention liegt meines Erachtens in einer stärkeren Verschmelzung unterschiedlicher auditiver Wahrnehmungen. Es ergibt sich ein assoziativer Raum, der stärker mit dem Bild verankert ist als beim Nebeneinander von Filmmusik und realistisch gestalteten Geräuschen.

---

[291] Damit ist die Zuordnung musikalischer Stimmungsbilder zu einer Szene gemeint. Bullerjahn (2001) erläutert gängige Filmmusiktechniken.

Dieses Vorgehen stützt die Rätselhaftigkeit und Mehrdeutigkeit, die den Zuschauer nach dem *Dahinter* des Bildes fragen und nach Bedeutung suchen lässt.

Raumtöne und Atmosphären

Unter dem Begriff *Raumton* versteht man die akustische Charakteristik eines Raumes. Bedingt durch die verwendeten Materialien, Größe und Form (parallele Wände etc.) formt der Raum die in ihm erzeugten Klänge. Bestimmte Frequenzen werden dabei hervorgehoben oder abgeschwächt und klingen länger oder kürzer nach als andere.

Ein leicht wahrnehmbarer Raumton findet sich beispielsweise in kleinen, vorzugsweise gekachelten Badezimmern. Bestimmte Tonhöhen klingen dort beim Sprechen oder Singen besonders voll, wenn man die Resonanzfrequenz des Raumes (bedingt durch den Abstand der Wände) trifft.

Zum Raumton hinzurechnen kann man auch Geräusche, die durch elektronische oder mechanische Geräte, Verkehrsgeräusche oder die Umwelt verursacht werden. Sie prägen die akustische Eigenheit des Raumes ebenso wie die bereits erwähnten Faktoren.

Der Begriff *Atmosphäre* wird sinnverwandt gebraucht, bezieht sich aber vor allem auf die Zusammensetzung der Hintergrundgeräusche. Schafer (1988) spricht von *Lautsphären* und unterscheidet zwischen *Grundtönen*, *Signallauten*, *Orientierungslauten* und *archetypischen Klängen*.

Der Grundton bildet die Basis für alle anderen Klänge und wird meist nicht bewusst wahrgenommen. Dessen ungeachtet kann er großen Einfluss auf die Stimmung einer Szene haben.

Signallaute gehören dagegen zu den bewusst wahrgenommen Klängen und vermitteln meist eindeutige Botschaften. Beispiele für Signallaute sind Sirenen, Nebel- oder Jagdhörner, Kirchenglocken und Warntöne elektrischer Geräte.

Orientierungslaute etablieren einen bestimmten Ort. So lassen uns Lautsprecherdurchsagen und Zuggeräusche sofort an einen Bahnhof denken.

Archetypische Klänge haben einen universellen Charakter und können meist unmittelbar damit verbundene Emotionen evozieren. Wind und Vogelzwitschern gehören dazu ebenso wie die Geräusche von Feuer, Donner und Regen.

Im Allgemeinen sind Raumtöne oder Atmosphären im Film fast ständig präsent. Entweder sind sie Teil der zum Dialog gehörenden Hintergrundgeräusche oder hinzugefügte Klänge. Oftmals findet sich eine Mischung aus gezieltem Sound Design und Originaltönen.

Die Bedeutung dieses häufig unbewusst wahrgenommenen Hintergrunds variiert je nach Film, Stil und Genre natürlich stark. Für die Arbeiten David Lynchs ist zu konstatieren, dass sie eine große Rolle im Aufbau der eigentümlichen filmischen Realität spielen, die sich auch in *Mulholland Drive* wieder findet.

> I'm real fascinated by presences – what you call 'room tone'. It's the sound that you hear when there's silence, in between words or sentences. It's a tricky thing, because in this seemingly kind of quiet sound, some feelings can be brought in, and a certain kind of picture of a bigger world can made. And all those things are important to make that world. (Lynch in Lynch/Rodley 1999: 72)

Dass die Raumtöne bei Lynch keine unbedingt realistische Behandlung erfahren, deutet sich in diesem Zitat schon an. Welchen Mehrwert sie produzieren, soll im Folgenden anhand einer Beispielsequenz (0.58.03-1.02.12) erklärt werden:

Nachdem Adam Kesher von seiner Frau vor die Tür gesetzt wurde und zusätzlich die Castigliane-Brüder hinter ihm her sind, findet er Zuflucht im heruntergekommenen ‚Park Hotel'. Der Hotelbesitzer namens Cookie klopft an seine Tür und berichtet ihm von zwei Männern, die sich als Bankmitarbeiter ausgegeben und behauptet hatten, Kesher habe seine Kreditwürdigkeit verloren. Er sähe es als seine Pflicht an ihn vor diesen Männern zu warnen. Kesher dankt Cookie für diese Information und ruft seine Sekretärin Cynthia an, um die Situation zu klären. Die berichtet ihm von einem mysteriösen ‚Cowboy' mit dem er sich treffen soll.

Die Szene wird begleitet von diversen Geräuschen. Im Einzelnen finden sich folgende Klangobjekte auf der Tonspur:

- Dialog, zunächst zwischen Kesher und Cookie, später zwischen Kesher und seiner Sekretärin Cynthia am Telefon

- Diegetische Geräusche wie Rascheln der Kleidung, Schritte, Türklopfen, Telefon etc.

- Verkehrslärm, der stark gedämpft aber permanent wahrnehmbar ist und in der Lautstärke variiert

- Tieffrequentes Rauschen und Rumpeln in weiter Extension, leicht modulierend, das die gesamte Szene begleitet
- Musik, bestehend aus lang gehaltenen Tönen von einem Kontrabass während Cookie an Keshers Tür klopft, ca. 15 Sekunden

Optisch präsentiert sich das Hotel als völlig heruntergekommen und düster. Die Farbe blättert von den Wänden und es scheint ein sehr unwirtlicher Ort zu sein. Diese Charakterisierung spiegelt sich in der Tongestaltung der Szene. Das tieffrequente Rauschen und Rumpeln lässt sich als Grundton identifizieren und bildet zusammen mit dem Verkehrslärm, der die Funktion eines Orientierungslauts übernimmt, einen permanent unbehaglichen Hintergrund für die Szene. Die mysteriöse Spannung verstärkt sich durch die vibrierenden Geräusche. Die Gefahr, die Kesher durch die Castigliane-Brüder droht, scheint sich als unterschwellige Botschaft durch den diffusen Raumton zu vermitteln.

Damit übernimmt der diegetisch legitimierte Raumton eine narrative Funktion und erreicht einen größeren Mehrwert als dies bei der üblichen Aufgabentrennung zwischen diegetischen Klängen, die lediglich Informationscharakter haben und Spannung schaffenden, nicht-diegetischen Elementen wie Filmmusik der Fall wäre. Der Raumton ist selbst dann noch fest in der Diegese verankert, wenn er, wie in dem gezeigten Beispiel, eine vollkommen unrealistische Behandlung erfährt. Ähnlich wie durch Filmmusik entsteht ein Mehrwert für die filmische Handlung indem sich Gefühle und Stimmungen über den Ton vermitteln. Durch subtile Veränderungen in der Klanggestaltung laden Atmosphären und Raumtöne das Bild mit Bedeutung auf.

Zu untersuchen ist, welches Verhältnis Bild und Ton dabei eingehen. Ich beziehe mich auf das im Kapitel *Die Frage des Kontrapunkts* vorgestellte Modell von Pauli (1976). Die besprochene Beispielsequenz lässt sich zwischen den Polen Paraphrasierung und Polarisierung einordnen. Wie oben erwähnt, spiegelt sich das Bild des heruntergekommenen Hotels in der düsteren und unwirtlichen Qualität der Klänge. Der Ton paraphrasiert somit das Bild. Andererseits ergibt sich viel von der spürbaren Spannung erst durch den auditiven Gesamteindruck und Grundton der Szene. Folglich findet auch eine Polarisierung statt.

UKOs als offene Zeichen

Rein quantitativ nehmen die UKOs in *Mulholland Drive* eine Sonderstellung ein. Viel von der vermeintlichen Rätselhaftigkeit und Mehrdeutigkeit der Bilder ergibt sich durch Klangobjekte unbekannter Herkunft. So wie Chion schreibt, dass die Wahrnehmung des Bildes stark vom simultan gehörten Klang abhängt (1994: xxvi), so benutzt David Lynch UKOs um die Lesbarkeit der Filmbilder kontrapunktisch zu erweitern oder zumindest in eine bestimmte, meist metaphysisch anmutende Richtung zu polarisieren.

Natürlich gehört zu Lynchs Stil die Optik – die langsam schleichende Kamera, die oft länger als es die Narration erfordert auf den Personen oder Gegenständen verweilt. Für das Gefühl, in eine andere Art von Realität versetzt zu sein, die eigenen Gesetzen zu gehorchen scheint, ist aber vor allem der Klang verantwortlich. Bei vielen der gehörten Geräusche durchdringen sich Bild und Ton gegenseitig und schaffen eine eigenartige Form der Synthese. Der Ton scheint zu sagen „Das ist nicht alles!" und verweist damit gewissermaßen hinter das Bild.

Was Flückiger über den Film *Citizen Kane* (USA 1941, Orson Welles) sagt, lässt sich ohne weiteres auf *Mulholland Drive* übertragen:

> Der Eindruck von akustischer Vielfalt geht viel eher auf die sorgfältige Variation der Klangobjekte und die klangliche Differenzierung – auch des Dialogs – zurück, nicht zuletzt aber auf die Verwendung von UKOs, deren Klanglichkeit spezifisch durch das Fehlen einer visuellen Verankerung reichhaltig erscheint, indem sie die Phantasie des Zuschauers anspricht und so eine innere Anreicherung erzeugt. (Flückiger 2001: 128)

Als Beispiel dient eine Filmsequenz, in der die Skyline von Downtown Los Angeles zunächst in der Totale und anschließend aus der Vogelperspektive gezeigt wird (0.27.48-0.28.06):

Parallel dazu hört man eine Collage aus mehreren Klangobjekten, die zusammen ein akustisches Porträt der Szenerie zeichnen:

- Sausen mittelhoch, erinnert an Flugzeugturbine

- windähnliches Rauschen, leise, statisch

- metallisches Rumpeln, leise, verhallt

- leises Zirpen, metallisch, wiederkehrend

- entfernt klingende Verkehrsgeräusche, sehr bassig, verhallt, weite
  Extension

- anschwellender glockenähnlicher Ton, leise, entfernt

Der Ort, an dem anschließend eine Besprechung zwischen Adam Kesher und den Studiobossen stattfindet, wird nicht nur optisch, sondern auch akustisch etabliert. Dabei entsteht ein Eindruck, der nicht durch das Bild legitimiert wird. Die Geräusche lassen den Ort unheimlich erscheinen. Die Gebäude scheinen zu vibrieren und ihre Materialität scheint sich in der metallischen Klanglandschaft widerzuspiegeln. Der Ton erreicht damit ein hohes Maß an Verrätselung. Es ist nicht die Oberfläche des Bildes, die uns interessiert, sondern das, was verborgen bleibt. Das folgende Unheil (die Besprechung) scheint sich unterbewusst anzukündigen.

Die Einordnung der Geräusche in die Kategorien diegetisch oder nicht diegetisch fällt schwer. Während einige Geräusche, wie das Verkehrsrauschen eindeutig der Diegese zuzurechnen sind – und das selbst, wenn sie wie in diesem Beispiel stark manipuliert erscheinen – so bewegen sich andere in einem fließenden Übergang zwischen den beiden Kategorien.

Dass sich die Geräusche der Einordnung entziehen ist ihre besondere Stärke. Einerseits bieten sie eine Leerstelle, ein offenes Zeichen, das vom Zuschauer mit Bedeutung gefüllt werden will, andererseits sind sie stärker mit dem Bild verhaftet als Filmmusik im eigentlichen Sinn. Die geräuschhafte Materialität der UKOs scheint uns jedenfalls einen diegetischen Ursprung nahelegen zu wollen. *So gesehen ist das UKO ein Instrument zur gezielten Frustration des Rezipienten, das ein Gefühl von Ohnmacht und Angst erzeugt* (Flückiger 2001: 129), da es uns nach seiner Ursache vergeblich suchen lässt.

Die akustische Nahaufnahme dient zum Herausstellen einzelner Klangobjekte auf der Tonspur. Ziel dieser Technik ist eine akustische Vergrößerung oder Augmentation der materiellen Eigenschaften eines Objekts unabhängig von der visuellen Perspektive und damit eine geringere Typikalität (→ *Das System des Mehrwerts*). Die akustische Nahaufnahme gehört neben dem Aufeinander-schichten von Klängen, der Beschleunigung oder Verlangsamung und der rückläufigen Reproduktion zu den frühen Techniken der Präparierung klanglichen Materials:

> Der erste Schritt war die *Augmentation* des Klanges durch Annäherung des Mikrophons, die eine völlig andere Rolle spielte als die Annäherung der Kamera an das Objekt in der visuellen Schicht. Der an eine normale auditive Perzeption gewöhnte Hörer hält eine bestimmte Distanz des Ohrs von der Klangquelle für natürlich und muß größere Abweichungen von dieser Distanz als unnatürlich empfinden. Es handelt sich hier um Verfremdungseffekte. (Lissa 1965: 153)

Ergänzend kann gesagt werden, dass dies umso mehr gilt, wenn die akustische Repräsentation nicht mit der visuellen übereinstimmt, bzw. ihr widerspricht.

Nicht immer vollzieht sich die akustische Vergrößerung aber tatsächlich durch eine echte Nahaufnahme, bei der das Mikrofon möglichst nah am Objekt platziert wird. In vielen Fällen wird das Geräusch aus einer vollkommen anderen Quelle gewonnen. Ein Beispiel hierfür sind die aus vielen Filmen bekannten stereotypen Schlaggeräusche, für die Sound Designer wie Frank Warner auch schon mal ein Stück Fleisch bearbeiten und mit Hilfe von Messern klangliche Schärfe vermitteln.[292]

Für unsere Betrachtung ist es jedoch unerheblich aus welcher Quelle das Geräusch stammt. Allein die Tatsache, dass bestimmte Geräusche akustisch eine Nähe suggerieren und unnatürlich groß wirken, soll uns an dieser Stelle interessieren.

In *Mulholland Drive* finden sich einige bemerkenswerte akustische Vergrößerungen. So bekommt einer der Hintermänner (gespielt von Angelo Badalamenti) beim Treffen mit Kesher einen Espresso angeboten. Es ist bekannt, dass er höchste Ansprüche an seinen Espresso stellt. Sehr bedächtig nimmt er einen Schluck aus der Tasse und spuckt den Inhalt mit angewiderter Miene langsam in eine bereit gelegte Serviette. Dieser Vorgang, der für den Fortgang der Geschichte eigentlich nicht von Bedeutung ist, wird von Lynch in allen

---

[292] Warner (in LoBrutto 1994: 36) beschreibt seine Arbeit an den Geräuschen und deren mannigfaltige Variationen für die Kampfszenen in Martin Scorseses *Raging Bull* (USA 1980).

Einzelheiten sicht- und hörbar gemacht. Besondere Beachtung schenkt er dabei dem Geräusch des langsamen Ausspuckens, das bis ins Detail erfahrbar wird (ab 0.32.43). Es erklingt sehr nah und ohne jeden Raumanteil. Hierin spiegelt sich Lynchs Vorliebe für den Mikrokosmos körperlicher Vorgänge beim Menschen, die angefangen mit *Six Men Getting Sick* (USA 1967) über *The Alphabet* (USA 1968) und besonders *Eraserhead* (1976) ein Leitmotiv für seine Arbeit sind.[293]

In ähnlicher Weise wie die Spuckgeräusche vergrößert Lynch das Geräusch einer Kaffeemaschine (ab 2.01.33). Besonders prägnant wird die Einstellung durch die ihr vorausgehende Stille, in der Diane in der Küche ihres schäbigen Apartments – völlig auf sich allein zurückgeworfen – sekundenlang regungslos verharrt.

Auch hier dient die Technik dazu, den Dingen gewissermaßen auf den Grund zu gehen und die Materialität der Vorgänge sowie das Eigenleben der Objekte herauszustellen.

Wie die visuelle, so ist auch die akustische Nahaufnahme ein Mittel zur Vergrößerung kleinster Details; die Möglichkeit zum Eindringen in den Mikrokosmos unhörbarer Vorgänge; die Reise vom Außen zum Innen. Und nicht immer – so zeigen die Beispiele – muss diese Reise bei Lynch die Narration voranbringen. Vielmehr sind sie Verweis auf die mikroskopische Sichtweise, die eng mit seinem Werk verknüpft ist.

Tonperspektive und Subjektivierung

Die im Kapitel *Tonperspektive und Extension* grob skizzierten Möglichkeiten der Subjektivierung und der perspektivisch-emotional motivierten Mischung sollen anhand von zwei typischen Beispielsequenzen aus *Mulholland Drive* näher erläutert werden:

Im ersten Drittel des Films (0.12.02-0.16.59) findet sich eine Sequenz, in der zwei Nebenfiguren in die Handlung eingeführt werden. Der Psychiater Herb und sein Patient Dan sitzen im Schnellrestaurant *Winkie's* am Sunset Boulevard und nehmen ein Frühstück ein. Dan erzählt von zwei nahezu identischen Träumen, deren Handlungen in eben diesem Restaurant spielen. Er beschreibt seine ungeheure Angst vor einem Wesen, das sich hinter einer Mauer im Hinterhof des Restaurants verbirgt und dem er magische Kräfte zuschreibt. Er wünscht sich,

---

[293] In einigen Veröffentlichungen beschreibt Lynch seine Vorliebe für den Mikrokosmos, u.a. in *Lynch on Lynch* (Lynch/Rodley 1999: 10).

diesem Wesen niemals in der Realität begegnen zu müssen. Sein Therapeut schlägt vor, dass Dan sich von der (Nicht-)Existenz des Wesens überzeugen soll. Doch die Situation im Restaurant scheint sich annähernd mit Dans Visionen zu decken und seine Angst steht ihm ins Gesicht geschrieben. Zusammen gehen sie in den Hinterhof, sich langsam vortastend, bis Dan vor seiner real gewordenen Vision, die in einem Schreckmoment hinter der Mauer hervorspringt, zu Tode verängstigt zusammenbricht.

Von Anfang an ist die Szene begleitet von einer komplexen Schichtung aus Geräuschen und Musik. Während die Geräusche nur zum Teil der Diegese des Films zuzurechnen sind, bildet die Musik zusammen mit der verfremdeten Geräusch-wirklichkeit eine neue Einheit. Diese Einheit – und nicht etwa das gewohnte Nebeneinander von Dialog, Musik und Geräusch – baut eine intensive Form psychischer und physischer Konditionierung des Zuschauers auf. Dies geschieht mit Hilfe extremer Lautheit und Betonung tiefster Frequenzen, die mehr fühl- als hörbar sind und schafft dabei auch eine stark perspektivische Fokalisierung auf den Kern der Handlung: Dans Angst und sein Erschrecken vor dem unbekannten Wesen hinter der Mauer.

Um die genauen Transformationen in Bild- und Tonebene und ihre zeitliche Relation nachzuvollziehen, habe ich die einzelnen Elemente in einer Tabelle zusammengefasst:

Bespielsequenz Winkie's Restaurant (0.12.02-0.16.59)

Bild		Geräusch	Musik	Sprache
	Ort: Schnellrestaurant *Winkie's* am Sunset Boulevard	Polizeisirene kurz anschwellend, dann abnehmend mit Doppler-Effekt[294] von rechts nach links; Verkehrsgeräusche		
	Zwei Männer am Tisch: Der dunkelhaarige Dan (Bild) und der Psychiater Herb	Verkehr, etwas gedämpfter als zuvor; dezentes Klappern von Besteck; sehr leises bassiges Grummeln (UKO)		Dan (sehr schüchtern) will Psychiater von seinem Traum erzählen

---

[294] Der Doppler-Effekt entsteht, wenn ein Klangobjekt sich mit einer Geschwindigkeit auf den Hörer zubewegt, die einen Schallwellenstau verursacht (wodurch die Tonhöhe ansteigt), bzw. sich vom Hörer entfernt mit einer Geschwindigkeit, die eine Schallwellenverlängerung verursacht (wodurch die Tonhöhe abfällt). Bekanntestes

Psychiater Herb			Psychiater fordert ihn dazu auf
	Verkehrs- und Restaurantgeräusche verschwinden; bassiges Grummeln (UKO) wird lauter und bildet neuen Hintergrund	langsam einsetzende tiefe Streicher, lang gehaltene Töne, stark verhallt und verfremdet, verschwinden nach kurzer Zeit	Dan fängt zögerlich an von zwei identischen Träumen in diesem Restaurant zu erzählen
Blick zur Kasse		extrem tieffrequenter Bass, anschwellend (wahrscheinlich heruntertransponierter, mit Bogen gespielter Kontrabass)	Dan erzählt vom Traum: „Of all people you're standing over there..." (deutet zur Kasse hin)
	Grummeln laut (UKO); vereinzelt entfernte Verkehrsgeräusche	Kontrabass mit Streichgeräuschen moduliert einen nervösen Puls, wird lauter; leiser tiefer Streicherton; insgesamt stark verfremdet	Dan erzählt von seiner Angst vor einem Mann im Hinterhof des Restaurants
Der Psychiater Herb hört geduldig zu			Herb fordert Dan auf nachzugucken, ob es den Mann gibt
Herb steht auf und geht zur Kasse	Rauschen ähnlich Meeresbrandung (UKO), anschwellend, dann verschwindend	absteigende tiefe Töne, undefiniert, stark verfremdet und laut	
Dan hat Angst	UKOs bilden laute Geräuschcollage	wie zuvor; Schichtung aus bassigen Tönen	
Psychiater Herb			Psychiater fordert ihn dazu auf

Beispiel für diesen Effekt sind die Sirenen von fahrenden Polizei- und Feuerwehrwagen. Seinen Namen bekam der Effekt durch dessen Entdecker Johann Doppler (1803-1853).

<table>
<tr><td></td><td>Herb wartet auf Dan und fordert ihn auf zu kommen</td><td></td><td></td><td>„Come On"-Lippenbewegung von Herb ist zu sehen, aber nicht zu hören</td></tr>
<tr><td> </td><td>Herb öffnet die Tür</td><td>Verkehrgeräusche dringen herein und verschwimmen undefinierbar in langem Hall</td><td></td><td></td></tr>
<tr><td> </td><td>Außen</td><td>Verkehrsgeräusche laut und bassig;

tiefes Rumpeln (UKO)</td><td>tiefe Holzbläser, lang gehaltene Töne</td><td>Dan zeigt den Weg wo er den Mann vermutet: „It's there..."</td></tr>
<tr><td> 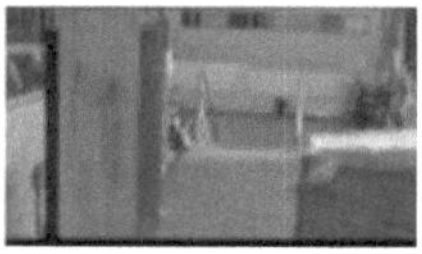</td><td>Der Weg in den Hof</td><td>Verkehrsgeräusche verschwinden;

weiterhin tiefes Grummeln (UKO);

Schrittgeräusche</td><td>wie zuvor</td><td></td></tr>
<tr><td> </td><td>Dan fürchtet sich</td><td>Grummeln, sehr laut; verhalltes bassiges Rauschen; insgesamt sehr dichte Klangatmosphäre</td><td>einsetzende hohe Geigen mit absteigendem Glissando ohne definierte Tonhöhe, nicht harmonisch</td><td></td></tr>
<tr><td> </td><td>Dan und Herb steigen die Treppe in den Innenhof hinunter</td><td>Schrittgeräusche vervielfachen sich (Delay-Effekt[295]), irreal</td><td></td><td></td></tr>
</table>

295

---

[295] Delay-Effekt: Ein- oder mehrmalige Wiederholung des ursprünglichen Signals durch analoge oder digitale Verzögerungsgeräte. Die Wiederholungen können zusätzlich verfremdet werden und werden dem ursprünglichen Signal in abnehmender Intensität hinzugefügt.

	Im Hof	Weiterhin Schrittgeräusche mit Delay-Effekt; dazu Geräusche rückwärts abgespielt	Geigen verschwinden; sehr tiefer Bass, pulsierend	
	Sie nähern sich einer Mauer		erneut absteigende Geigen-Glissandi	
	Plötzlich schiebt sich ein grauenhaft aussehendes Wesen ins Bild	extrem lautes breitbandiges Geräusch (anschwellend, kurz verklingend) parallel zum Erscheinen des Unbekannten, explosionsähnlich	leiser, undefinierbarer Ton (mittlere Tonlage)	
	Zu Tode erschreckt von seiner plötzlich realen Vision: Dan	einzelnes Herzgeräusch, sehr nah; gesamtes Obertonspektrum wird ausgeblendet; bassiges Rauschen und Grummeln		
	Herb fängt den ohnmächtigen Dan auf und versucht auf ihn einzureden	Bewegungsgeräusche durch Delay-Effekt wiederholt und verfremdet (ohne Obertöne)		„Dan...Dan...are you allright? Dan..."; Wörter schieben sich übereinander, wiederholen sich collagenartig (Delay-Effekt), irreal
	Das Wesen verschwindet wieder hinter der Mauer	Rauschen und Grummeln, etwas leiser		
	Dan ist bewusstlos	explosionsartiges Geräusch, langsam wieder anschwellend bis zum Ende der Sequenz, reißt abrupt ab		

Auffällig ist die sich langsam entwickelnde Aufmerksamkeitslenkung auf Dans psychische Verfassung. Am Anfang der Sequenz steht eine relativ gewöhnliche Etablierung des Ortes. Das Bild weist deutlich auf den Ort des Geschehens und der Ton vollzieht dieses Zeigen auf seine Art nach. Neben dem Gespräch von Dan und Herb hören wir anfangs Verkehr und die typischen Umgebungsgeräusche der Lautsphäre eines Restaurants. Eine Ausnahme bilden lediglich die Gespräche der anderen Gäste, die nicht zu hören sind. Bereits an dieser Stelle beginnt die selektive Abbildung einzelner Elemente, die sich nicht an einer äußeren Realität, sondern am emotionalen Gehalt des filmischen Moments orientiert.

Die aufnahmeseitige Extension engt sich im Verlauf des Gesprächs immer weiter ein und konzentriert sich auf den Dialog. Die Hintergrundgeräusche verschwinden weitestgehend und hinzu kommen verschiedene UKOs, wie bassig-moduliertes Rauschen und Grummeln sowie ergänzende musikalische Klänge (siehe Tabelle oben).

Die UKOs orientieren sich in typischer Filmmusik-Manier an Dans steigendem Unbehagen und vertiefen den emotionalen Gehalt der Situation, besonders deutlich zu erkennen beim Auftritt des Unbekannten. Gleichzeitig liefern sie eine große Projektionsfläche für das ebenfalls wachsende Unbehagen des Zuschauers: Um was geht es bei diesem Mann hinter der Mauer? Was steuert er? Wovor hat Dan Angst?

Obendrein werden ursprünglich diegetische Geräusche verfremdet, wie die Schrittgeräusche beim Betreten des Hofs. Die durch einen Delay-Effekt veränderten Schritte werden eingebettet in den geräuschhaften Kontext der gesamten Tonspur. Die Grenze zwischen diegetischem Ton und nicht-diegetischem Ton verwischt dabei zusehends. Die Wirkung ist eine stark modifizierte Wahrnehmung der Situation auf Seiten des Zuschauers und die Schaffung einer eigenen, filmisch mystifizierten Realität, wie sie typisch ist für *Mulholland Drive*.

Dabei ist besonders die Frage der Tonperspektive von Bedeutung. Wie oben dargestellt wurde, ist sie einer ständigen Veränderung unterworfen. Mit Dans Er-zählung beginnt der Wechsel von einer äußeren, eher realistisch orientierten Darstellung der Klangobjekte auf der Tonspur zu einer subjektiv-emotional orien-tierten Darstellung.

Schwierig zu beantworten ist die Frage, ob es sich um einen subjektiven Standpunkt der Wahrnehmung handelt – also die nachempfundene Hörperspektive eines Protagonisten, ähnlich des *Point of View Shots* in der Cinematographie. Auf der Ebene der Tonspur ist diese Frage vor allem theoretischer Natur, da selten eindeutig zu klären ist, ob es sich um eine emphatische Annäherung an die Figur von außen handelt, oder ob der physikalische oder emotionale Standpunkt dieser Figur eingenommen und durch den Ton repräsentiert wird.

Selten wird man von einem rein physikalischen Standpunkt sprechen können. Dieser würde nämlich beinhalten, dass beispielsweise die Stimme des Protagonisten als innerlich kenntlich gemacht wird – so wie wir unsere eigenen Stimmen beim Sprechen von außen und innen wahrnehmen. Ebenso ist es fraglich, ob der Standpunkt rein äußerlich-objektiv (dokumentarisch) eingenommen wird, oder ob die emotionale Verfassung und damit die willkürliche und unwillkürliche Aufmerksamkeitslenkung sich in der Mischung und damit in der Tonperspektive widerspiegeln.[296]

Man kann nicht davon ausgehen, dass Musik und nicht-diegetische Klangereignisse für die dargestellte Person hörbar sind, auch wenn sie ihren physisch-psychischen Zustand reflektieren und natürlich Bestandteil der vom Zuschauer wahrgenommenen Tonperspektive sind.

Eine mögliche Subjektivierung auf der Ebene der Tonperspektive lässt sich also nur annäherungsweise bestimmen. Für die dargestellte Sequenz lassen sich jedoch bestimmte Strategien der Subjektivierung festmachen:

Das Verschwinden der Geräusche ist eine der häufigsten Strategien zur Darstellung von auditiven Subjektivierungen und deutet auf einen Realitätsverlust hin. Dan erscheint im Moment, in dem er von seinen Träumen erzählt von der Realität abgekoppelt. Die Geräusche des Restaurants verschwinden und er versinkt hörbar in seiner Angst, dargestellt durch die vielen UKOs. Die aufnahmeseitige Extension reduziert sich auf die Darstellung des Dialogs. Diesen Prozess der Wahrnehmungsverschiebung bezeichnet man als *antinaturalistische Selektion*. Flückiger definiert, was darunter zu verstehen ist:

> Als *antinaturalistische Selektion* werden jene Verschiebungen der akustischen Aufbereitung verstanden, in denen sich die einzelnen Elemente der Tonspur graduell gegeneinander verschieben, indem einzelne hervorgehoben, andere hingegen zurückgedrängt werden. Dieses Selektionsverhalten simuliert die Aufmerksamkeitsverlagerungen einer wahrnehmenden Figur in Abhängigkeit von den spezifischen Interessen und Zielen, die sie verfolgt. (Flückiger 2001: 407)

Dies deckt sich mit dem, was Schneider (1997) unter der *emotionalen Mischung* versteht (→ *Tonperspektive und Extension*). Die auditive Wahrnehmung wird von psychischen Prozessen des Subjekts gesteuert.

---

[296] Das Ohr, bzw. unsere auditive Wahrnehmung funktioniert – anders als ein Mikrofon – sehr selektiv. Der so genannte *Cocktailparty-Effekt* beschreibt die Fähigkeit des Fokussierens auf bestimmte Klangereignisse in einer komplexen akustischen Umgebung. So ist es beispielsweise möglich, einem Gespräch selbst bei lautesten Umgebungsgeräuschen zu folgen.

Einen kleinen Höhepunkt in dieser Hinsicht bildet die Ausblendung des Dialogs, als Herb Dan auffordert mitzukommen (0.15.18). Deutlich zu sehen ist Herbs Lippenbewegung, die ein „Come on..." formt. Diese Mitteilung scheint den völlig verängstigten Dan nur noch visuell zu erreichen.

Eine weitere Strategie der Subjektivierung ist die Verfremdung von eigentlich diegetischen Geräuschen. Beim Öffnen der Tür dringen zunächst die Verkehrsgeräusche erwartungsgemäß von außen herein (0.15.27), um dann jedoch in einem langen Hall zu verschwimmen. Beim Betreten des Hofs vervielfachen sich zudem die Schrittgeräusch (ab 0.16.00) und hinterlassen so einen irrealen Eindruck. Hinzu kommt das Rückwärtsspielen von Geräuschen, das den Sog der subjektiven Kamera in Richtung Mauer zusätzlich verstärkt.

Die akustischen Ereignisse scheinen in Dans Kopf widerzuhallen und lassen so auf seine emotionale Verfassung schließen. Dies funktioniert, obwohl eine natürliche Entsprechung genau dieser Effekte nicht bekannt ist. Sie zielen vielmehr auf die Kenntlichmachung des halluzinogenen oder traumähnlichen Zustands von Dan – und stellen so eine Art akustische *Enunziationsmarkierung*[297] dar.

Besonders deutlich wird die Subjektivierung mit dem Auftreten des unbekannten Wesens, das sich in einer Schrecksekunde hinter der Mauer hervorschiebt (0.16.42). Akustisch wird die Erscheinung von einem explosionsartigen, breitbandigen UKO in extremer Lautstärke begleitet. Das laute Geräusch steht allerdings nur bedingt für das Auftreten des Wesens, sondern eher für die emotionale Erschütterung, die sein Auftreten bei Dan auslöst. Die Manipulation der Dynamik und die Geräuschsubstitution durch UKOs wird hier zur Subjektivierungsmaßnahme. Die Zuschreibung des Geräuschs zur Erscheinung funktioniert dabei allein nach dem Prinzip der Synchrese (→ *Synchrese und Akzentuierung*) – getrennt wahrgenommen erinnert das Geräusch keineswegs an das Hervortreten irgendeines Wesens. Eine physikalische Legitimation fehlt hier. Dem Geräusch folgt zusätzlich ein symbolischer Herzschlag, so als ob Dans Herz in diesem Moment auszusetzen droht.

---

[297] Unter *Enunziationsmarkierung* versteht man die Phänomene, in denen der Film direkt zu uns spricht, beispielsweise Schwarzblenden als Zeichen visueller Interpunktion.

Dass Dan tatsächlich ohnmächtig wird, erkennen wir an der Behandlung der gesamten Tonspur nach dem Moment des Erschreckens. Alle Frequenzen oberhalb von ca. 1000 Hertz werden konsequent ausgeblendet, was einen sehr gedämpften Klangeindruck zur Folge hat. Dieser Effekt hat seine Entsprechung in der natürlichen Wahrnehmungsmodifikation bei einem Hörsturz. Hörbar ist nur ein dumpfes Grummeln und mit dem Delay-Effekt verfremdete und leicht verzerrte Rufe von Herb, die sich seltsam irreal übereinander schieben. Die Ohnmacht wird für Dan zur partiellen Taubheit, dargestellt durch die Verfremdung aller Klangobjekte.

Eine weitere deutliche Subjektivierung durch den Ton findet sich an anderer Stelle. Direkt zu Beginn des Films sehen wir eine Szene, in der sich jemand schwer atmend auf ein Bett legt (0.02.10-0.02.42). Zu diesem Zeitpunkt ist unklar, um wen es sich handelt. Später wird jedoch deutlich, dass es Diane sein muss.

Visuell nimmt die Kamera die Position der Protagonistin ein. Zunächst noch unscharf erkennen wir ein Bett. Es folgt eine kurze silhouettenhafte Einblendung aus dem Tanzwettbewerb zuvor. Anschließend sinkt die Kamera langsam auf das Kopfkissen, um letztlich darin einzutauchen.

Die Subjektivität der Einstellung wird durch den Ton unterstrichen. Es finden sich drei Klangobjekte auf der Tonspur:

Den Hintergrund bildet ein Windgeräusch, das ich als *leise sausend grottenartig* mit starker wiedergabeseitiger Extension beschreibe. Die optische Einblendung wird akustisch von einem Geräusch parallelisiert, dessen Lautstärke sich proportional zur Stärke der Einblendung ändert und deutlich hervortritt. Das Geräusch setzt sich aus zwei Komponenten zusammen: einem mitteltiefen, langsam pulsierenden dumpfen Ton und einem modulierten Rauschen im mittelhohen Frequenzbereich (mit einer Spitze bei 4 kHz). Das dritte Klangobjekt ist ein sehr schweres, unregelmäßiges Atmen. Es ist die ganze Zeit vorhanden und tritt ebenfalls deutlich hervor. Es klingt sehr nah, ohne jeden Raumanteil und wird durch eine Anhebung der tiefen Frequenzen als *innerlich* kenntlich gemacht.

Wir hören und sehen diese Szene folglich aus einem *Innen*. Der Zuschauer nimmt damit gewissermaßen den physikalischen Standpunkt der Person ein. Dies ist von Bedeutung, da der auf diese Szene folgende Teil des Films als Dianes Traum gesehen werden kann (→ *Lesarten*). Die Subjektivierung von Ton und Bild hat die Aufgabe, uns mit dieser Sicht vertraut zu machen.

Optisch-akustische Enunziationsmarkierung

Wie ein roter Faden zieht sich eine Technik durch *Mulholland Drive*, die ich als optisch-akustische Enunziationsmarkierung bezeichne. Damit ist nicht die gewöhnliche Zuschreibung von Geräuschen zu visuellen Ereignissen gemeint, sondern eine audiovisuelle Markierung, die das Medium Film als solches sichtbar werden lässt. Das Geräusch bezieht sich dabei nicht auf ein Ereignis in der Diegese des Films, sondern auf eine optische Manipulation der Abbildung, die nicht subjektiv von einer Figur herrührt, sondern von einer schwer zu definierenden Erzählinstanz außerhalb der eigentlichen Narration zu kommen scheint. Die natürlich empfundene Wiedergabe transformiert in diesem Moment zu einer artifizielleren und macht dadurch auf sich aufmerksam.

Diese Form der Enunziationsmarkierung erscheint nicht nur aus klanglicher Sicht interessant, sondern ist darüber hinaus ein typisch filmisches Merkmal, das ich anhand dreier Beispielsequenzen veranschaulichen möchte:

Beispielsequenz Diane masturbiert (2.05.50-2.07.03)

#	*Bild*		*Ton*
1		Diane liegt auf dem Sofa ihres Apartments und masturbiert	sanftes Stöhnen und Schluchzen, unregelmäßig, sehr nah; langsam eingeblendete Musik im Stil der 50er Jahre (nicht-diegetisch)
2		wackelndes unscharfes Bild, fokussiert langsam, ca. 4 Sekunden	extrem bassiges Grummeln, unrhythmisch moduliert (ähnlich Herzschlag), starke Körnung, relativ dumpf und laut
3		Bild wird scharf und zeigt die Kamin-Mauer im Apartment, gegenüber des Sofas	Geräusch verschwindet mit scharfer Abbildung; Schluchzen wird lauter

4			Stampfen mit dem Fuss, hölzern; Musik (leise)
5		Bild zunächst scharf	lautes Schluchzen und Luftholen; Musik (leise)
6		unscharf	Geräusch parallelisiert optische Unschärfe wie in #2, kürzer
7			Schluchzen unregelmäßig, laut; Musik (leise)
8		Unschärfe sprunghaft, ca. 2-3 Sekunden	wie #2
9		Bild wieder scharf	Geräusch verschwindet
10		Blick aufs Telefon	Telefonklingeln

In dieser Sequenz finden sich gleich drei nahezu identische optisch-akustische Enunziationsmarkierungen. Während Diane auf dem Sofa in verzweifelten

Gedanken an Camilla masturbiert, werden unscharfe Bilder der steinernen Kamin-Wand eingeschoben.[298]

Die optische Unschärfe wird durch ein Geräusch exakt parallelisiert, das ich als *Grummeln bassig unrhythmisch moduliert* beschreibe (Abschnitt 2). Wird das Bild anschließend scharf, verschwindet das Geräusch. Es bezieht sich somit direkt auf das Fokussieren der Kamera. Dieses Phänomen wiederholt sich in kurzen Abständen noch zweimal. Beim zweiten Mal ist das Bild jedoch zunächst scharf (wir hören kein Geräusch) und wird dann zusammen mit einem anschwellenden Geräusch unscharf.

Beispielsequenz Pool Party I (2.12.34-2.12.49)

Zeit	Bild		Ton
0.00.00- 0.00.06		Die Gäste betreten das Haus	leise Swing-Musik (diegetisch)
0.00.06- 0.00.15		Bild der Tafelrunde ist unscharf, wackelig	lauter Trommelwirbel mit triolischer Bassbegleitung (fungiert als Intro für Swing-Musik); Unterhaltung: Diane: „I'm from Deep River, Ontario, a small town"
0.00.15- 0.00.16		Tafelrunde scharf	musikalischer Akzent

Sehr deutlich tritt die optisch-akustische Enunziationsmarkierung auch in dieser Sequenz auf. Die erste Einstellung zeigt, wie die Gäste einer Party im Haus des Regisseurs Adam Kesher sich zum Essen versammeln.

---

[298] Technisch gesehen ergibt sich die Unschärfe aus dem Losschrauben des Objektivs von der Kamera. Eine Technik, die Kameramann Peter Deming schon in *Lost Highway* benutzte.

Von drinnen hört man leise Swing-Musik. Die nächste Einstellung bleibt zunächst vollkommen unscharf. Über knapp acht Sekunden erstreckt sich dazu das Geräusch eines lauten Trommelwirbels, das zusammen mit einer triolischen Bassbegleitung als Einleitung für ein neues Stück fungiert. Der Moment, in dem das Bild Schärfe gewinnt, wird durch einen musikalischen Akzent und das Ende des Trommelwirbels hervorgehoben. In diesem Beispiel dient die Enunziationsmarkierung zusätzlich als Indikator dafür, dass zwischen den Einstellungen Zeit vergangen sein muss.

Beispielsequenz Pool Party II (2.14.29-2.14.39)

Zeit	Bild		Ton
0.00.00- 0.00.02		Adam Kesher und Camilla	leichte Jazz-Musik mit Hip-Hop-Rhythmus
0.00.02- 0.00.04		Überblendung mit unscharfem Bild der Tafelrunde	Musik; bassiges Grummeln, gleichmäßig
0.00.04- 0.00.05		Tafelrunde unscharf	Grummeln wird lauter
0.00.05- 0.00.07		Überblendung zu Dianes Kaffeetasse	Jazz-Musik vermischt sich mit düsteren Klängen von E-Gitarre und monotonem Drum-Computer-Beat; Grummeln wird leiser
0.00.07- 0.00.09			Düstere Industrial-Musik setzt sich fort

In ähnlicher Weise wie das vorangehende Beispiel verdeutlicht auch diese Sequenz mit einer Überblendung das Fortschreiten der Zeit. Zum optischen

Überblenden findet sich auf der Tonspur ein akustisches Pendant. Die leichte Jazz-Musik, die man der Diegese zurechnen kann, weicht einer sehr düsteren Art von Industrial-Musik. Die Stimmung scheint in diesem Moment völlig umzukippen. Ein tiefes gleichmäßiges Grummeln markiert den Übergang und parallelisiert die optische Überblendung.

Zudem findet ein bemerkenswerter Wechsel von diegetischer Hintergrundmusik zu einer Musik statt, die man vermutlich nicht als diegetisch bezeichnen kann, da sie einen starken Kontrast zum Rahmen der Party bildet. Dies könnte man auch als einen Wechsel von der äußeren Realität zu einer inneren interpretieren. Dabei rückt der emotionale Standpunkt von Diane in den Mittelpunkt, die plötzlich einsam und verlassen zu sein scheint.

Optisch-akustische Parallelisierung

Auf ähnliche Weise wie die optisch-akustische Enunziationsmarkierung funktioniert die Parallelisierung von optischen Effekten mit UKOs auf der Tonspur im Vorspann zu *Mulholland Drive*. In einer kunstvollen Montage wird hier der Jitterbug-Wettbewerb dargestellt, den Diane (Betty) im kanadischen Ontario gewonnen hatte, bevor sie nach Hollywood kam. Zu den schwungvollen Klängen einer im 50er-Jahre-Stil gehaltenen Jitterbugmusik schieben sich tanzende Paare vor- und hintereinander und vereinigen sich mit ihren eigenen Schattenrissen vor einem violetten Hintergrund. Diese Form des Vorspanns, der eigentlich einen Prolog darstellt und noch vor den Titeln steht, erinnert zumindest teilweise an die bekannten *James-Bond-Animationen*.

Diane taucht nicht unter den tanzenden Paaren auf, sondern wird als – im wahrsten Sinn des Wortes – strahlende Siegerin in überbelichteten und teilweise unscharfen Bildern zusammen mit einem älteren Paar eingeblendet.

Beispielsequenz Jitterbug-Wettbewerb (0.00.41-0.02.10)

Bild		**Ton**
	tanzende Paare beim Jitterbug-Wettbewerb; Montage isolierter Figuren vor violettem Hintergrund und Schattenrissen	Jitterbugmusik laut
	unscharfe Überlagerung, transparent, hell	Musik; Rauschen sausend, anschwellend, ansteigend in der Tonhöhe, moduliert parallel zur optischen Unschärfe
	Einblendung wird scharf: Diane mit altem Paar	Musik; Rauschen etwas lauter, moduliert
	Abblende	Rauschen und Musik verklingen

Die Technik besteht ähnlich wie in den oben beschriebenen Beispielen für Enunziationsmarkierungen darin, dem optischen Trick der Einblendung ein akustisches Äquivalent zur Seite zu stellen und so die Erscheinung zu betonen. Es handelt sich dabei um ein UKO, das sich als *Rauschen moduliert* beschreiben lässt und einen starken Bassanteil besitzt. Im Prozess der Synchrese (→ *Synchrese und Akzentuierung*) verbinden sich optischer und klanglicher Reiz so zu einer Erscheinung, als würde die Einblendung das Geräusch selbst verursachen.

Der Unterschied von diesem optisch-akustischen Phänomen zu einer Enunziationsmarkierung besteht lediglich darin, dass es im Kontext der visuellen Montage eher als Effekt wahrgenommen wird und einen weniger starken Einschnitt in den Wahrnehmungsprozess des Rezipienten darstellt.

Ein interessanter Effekt entsteht durch den nicht simultanen Einsatz von Ton ($\rightarrow$ *Raum und Zeit*). Diese Technik soll durch eine Beispielsequenz verdeutlicht werden, in der Betty mit ihrer Tante telefoniert und ihr berichtet, Rita im Bad vorgefunden zu haben.

Beispielsequenz Telefonat mit Tante Ruth (0.41.14-0.42.23)

Bild		Ton
	Betty telefoniert mit ihrer Tante Ruth	Betty, halbnah; Tante ist nicht zu hören
		Betty erzählt ihr dass Rita im Schlafzimmer ist; Geräusche des Ledersofas
	subjektive Kamera, bewegt sich langsam vom Wohnzimmer durch den Gang	tiefer Streicherton; Telefonat ist laut zu hören
	in den Flur zur Schlafzimmertür	Telefonat wird leiser, entfernt sich; tiefe Streicher werden lauter
	Tür öffnet sich	Streicher laut; Türklinke klappernd; Schrittgeräusche; Ende des Telefonats
	Betty steht bei Rita im Schlafzimmer	Streicherton verklingt langsam

Zunächst sehen und hören wir Betty telefonieren. Dann bewegt sich die Kamera durch den labyrinthischen Flur und es ist nicht klar, wessen Sicht hier gezeigt wird. Lediglich die Bewegung lässt uns vermuten, dass es sich um eine Subjektive handelt. Akustisch findet zunächst kein Bruch statt. Wir hören weiterhin Bettys Telefonat. Je weiter die Kamera jedoch durch den Gang schwebt, desto weiter entfernt sich akustisch das Telefonat. Es wird der Eindruck vermittelt, dass sich jemand anderes als Betty akustisch und optisch vom Ort des Geschehens entfernt. Dies stellt sich in der nächsten Einstellung allerdings als Täuschung heraus. Betty ist vom Wohnzimmer ins Schlafzimmer gegangen, während akustisch die Kontinuität des Gesprächs gewahrt wurde.

Diese Verschiebung oder Asynchronität optischer und akustischer Ereignisse bezeichnet man als so genannten *image flashforward*, da das Bild zeitlich bereits weiter fortgeschritten ist als der Ton. Es handelt sich um eine Art doppelte Narration, die einerseits den Inhalt des Telefonats als auch den zeitlich darauf folgenden Gang zu Rita vermittelt. Der Effekt ist eine ökonomische Nutzung der Filmzeit und die Überraschung des Zuschauers, die neue Aufmerksamkeit schafft.

Songs

Die Verwendung von Songs geht zurück bis in die Anfangszeit des Tonfilms. Im Film *The Jazz Singer* (USA 1927, Alan Crosland), der von vielen als erster kommerzieller Tonfilm überhaupt angesehen wird, spielen einzelne Musiktitel eine tragende Rolle. Martin Scorsese (in Romney/Wootton 1995: 1) erwähnt den Film *The Public Enemy* (USA 1931, William Wellman), in dem Wellman bereits Anfang der 30er Jahre gewaltsame Szenen durch die Verwendung populärer Melodien bitter ironisch und authentisch kommentiert – ein Verfahren, das Scorsese inspirierte und das heute alles andere als ausgestorben ist.[299]

David Lynch verwendete Musik in ähnlicher Weise. In *Blue Velvet* (USA 1986) wird der Protagonist Jeffrey von seinem Gegenspieler Frank brutal zusammengeschlagen während dieser ihm den Text zum zuvor bereits gehörten Roy-Orbison-Song *In Dreams* vorspricht.

---

[299] In Filmen wie *Mean Streets* (USA 1973) benutzte Scorsese Rocksongs zur Untermalung vieler Szenen.

Die Verwendung von Songs beschränkt sich natürlich nicht darauf zu ironisieren oder Gegensätzliches auszudrücken. Die erzielten Effekte sind ebenso vielfältig wie die Möglichkeiten von Filmmusik überhaupt.

Für eine ganze Generation von Filmemachern, die mit populären Musikstücken aufgewachsen sind, ist die Verwendung von Songs ein beliebtes Stilmittel und teilweise sogar ein Ersatz für den traditionellen Score – zu sehen beispielsweise in *Reservoir Dogs* (USA 1991, Quentin Tarantino).

Songs eignen sich in besonderer Weise einen Film doppelt zu kodieren. Zum einen können sie unabhängig vom Vorwissen des Zuschauers eine starke emotionale Wirkung im Zusammenspiel mit dem Bild entfalten. Der Regisseur Quentin Tarantino beschreibt diese Wirkung in begeisterten Worten so:

> That's one of the things about using music in movies that's so cool, is the fact that if you do it right, if you use the right song, in the right scene; really when you take songs and put them in a sequence in a movie right, it's about as cinematic a thing as you can do. You are really doing what movies do better than any other art form; it really works in this visceral, emotional, cinematic way that's just really special. And when you do it right and you hit right then the effect is you can never really hear this song again without thinking about that image from the movie. (Tarantino 1996)

Songs können das Bild emotional vertiefen oder neue Bedeutungen evozieren, sie können ironisieren oder unterschiedliche Stimmungen zum Ausdruck bringen. In dieser Weise eingesetzt schaffen sie eine Verknüpfung, die manchmal schwer wieder zu lösen ist. So erscheinen beim Hören eines Songs, der uns aus einer Filmszene bekannt ist oft die Bilder eben jener Szene vor unserem inneren Auge. Für David Lynch ist die Qualität der Verknüpfung von Bedeutung:

> What's cool to me is when the song is not only an overlay. It's gotta have some ingredients that are really digging in to be part of the story. It could be in an abstract way or it could be in a lyric way. Then it's really, like, you can't live without it. It just can't be another piece of music. (Lynch/Rodley 1999: 130)

Auf der anderen Seite verweist die Verwendung eines Songs im weitesten Sinne auch auf die Zeit seiner Entstehung. So kann ein Song in starkem Maße die Gegenwart reflektieren und einen Film in ihr festschreiben oder spielerisch eine Zeitreise in vergangene Jahrzehnte unternehmen und deren Zeitgeist erneut aufleben lassen. Dabei können speziellere Kontexte eine Rolle spielen, beispielsweise die bisherige Verwendung des Songs und subjektive Konnotationen des Regisseurs. Der Film öffnet Türen in vergangene Zeiten, spielt mit kulturellen Determinierungen und zeigt sich durch diese Zitierweise postmodern.

Für den Zuschauer bilden Songs eine geeignete Projektionsfläche, die je nach Interessenslage noch durch den außerfilmischen Kontext, d.h. durch Interviews, Veröffentlichungen und Ähnliches, erweitert werden kann.

Mehrwert durch Songtexte

Für David Lynch sind die Songs ein weiteres Mittel zur Verrätselung und Mehrfachkodierung seiner Filme. An dieser Stelle soll das spezielle Augenmerk auf die Songtexte gerichtet werden. Durch sie ist – je nach Stellung des Songs im filmischen Kontext – ein versteckter oder auch offener Kommentar der Handlung möglich, der einen Mehrwert (→ *Das System des Mehrwerts*) produziert und die Lesbarkeit des Films erweitert.

Der Song *Sixteen Reasons*[300], gesungen von Conny Stevens, bildet die alleinige Grundlage für eine Szene in der Betty, die gerade von einem Vorsprechen kommt, dem Star-Regisseur Adam Kesher vorgestellt werden soll. Dieser ist damit beschäftigt eine Hauptdarstellerin für seinen neuen Film zu finden. In Bettys Begleitung befinden sich die Casting-Agentin Sarah und deren Assistentin Nicki.

Die Szene spielt auf einem Filmset, dem Nachbau eines Tonstudios aus den 50er Jahren. Es wird gedreht. Eine dunkelhaarige Frau und ein Background-Chor, bestehend aus zwei Sängerinnen und zwei Sängern, singen den Song zum Playback.

Zunächst der Text der insgesamt vier Strophen und des Refrain (die Zeilen des Chors sind in Klammern gesetzt):

---

[300] *Sixteen Reason* (Bill Post/Doree Post), Erscheinungsjahr 1960

(Sixteen reasons)
Why I (why I) love you

(One) the way you hold my hand
(Two) your laughing eyes
(Three) the way you understand
(Four) your secret sighs

They're all part of sixteen reasons why I (why I) love you

(Five) the way you comb your hair
(Six) your freckled nose
(Seven) the way you say you care
(Eight) your crazy clothes

That's just half of sixteen reasons why I (why I) love you

(Nine) snuggling in the car
(Ten) your wish upon a star
(Eleven) whispering on the phone
(Twelve) your kiss when we're alone

(Thirteen) the way you thrill my heart
(Fourteen) your voice so neat
(Fifteen) you say we'll never part
(Sixteen) our love's complete

Those are all of sixteen reasons why I (why I) love you

(Sixteen reasons)
Why I (why I) love you

Interessant ist die Zuordnung der einzelnen Textzeilen zum Bild, die ich in 11 Abschnitte unterteilt und in einer Tabelle veranschaulicht habe:

Beispielsequenz Sixteen Reasons (1.22.34-1.24.25)

#	Bild	Songtext
1		(Sixteen reasons) Why I (why I) love you (One) the way you hold my hand (Two) your laughing eyes (Three) the way you understand
2		(Four) your secret sighs They're all part of sixteen reasons why I (why I) love you (Five) the way you comb your hair (Six) your freckled nose
3		(Seven) the way you say you care (Eight) your crazy clothes That's just half of sixteen reasons why I (why I) love you
4		(Nine) snuggling in the car (Ten) your wish upon a star (Eleven) whispering on the phone (Twelve) your kiss when we're alone

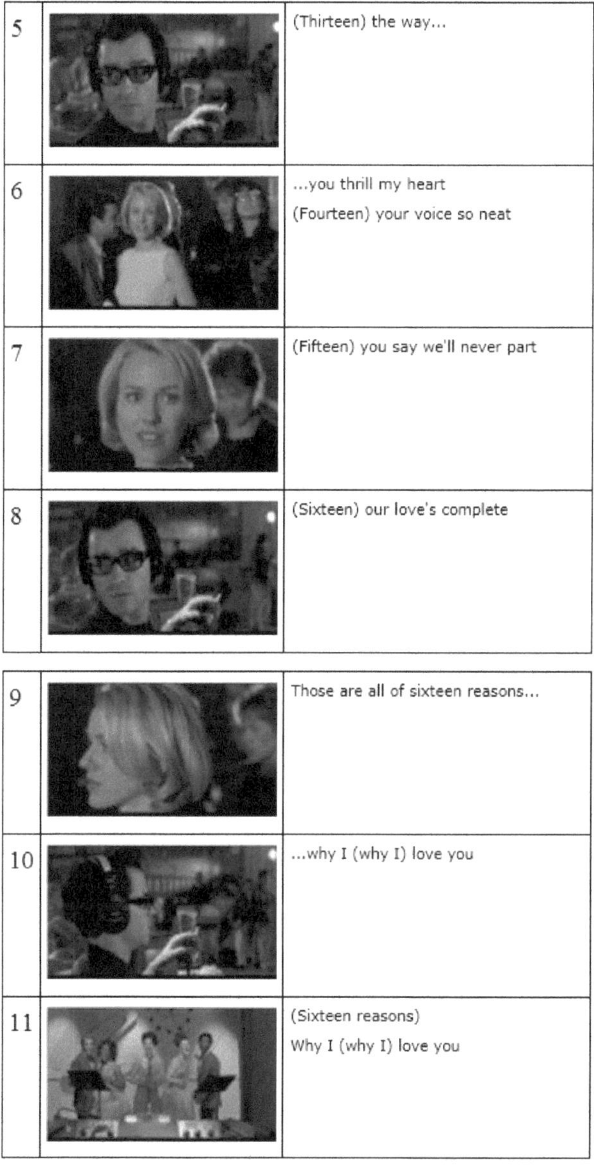

5		(Thirteen) the way...
6		...you thrill my heart (Fourteen) your voice so neat
7		(Fifteen) you say we'll never part
8		(Sixteen) our love's complete
9		Those are all of sixteen reasons...
10		...why I (why I) love you
11		(Sixteen reasons) Why I (why I) love you

Die Abschnitte 1 bis 3 schaffen die szenische Motivation für den Song und versetzen den Zuschauer zunächst in die 50er Jahre zurück. Anfangs ist nur die

Sängerin zu sehen (Abschnitt 1). Die Kamera fährt zurück und gibt den Blick auf die gesamte Band preis (Abschnitt 2) – noch ist das Bild der 50er komplett. Langsam wird jedoch das Filmset, das den Rahmen für diese Szene bildet sichtbar (Abschnitt 3) und damit auch die Illusion zerstört, man fände sich tatsächlich in eine andere Zeit zurückversetzt. In Abschnitt 4 trifft Betty mit ihrer Begleitung am Filmset ein.

In diesen Abschnitten war der Songtext nur von untergeordneter Bedeutung. Für eine Interpretation der Szene sind besonders die Abschnitte 5 bis 11, also die vierte Strophe und der Schluss des Liedtextes, von Interesse.

Die Blicke von Betty und Adam treffen sich erstmalig in den Abschnitten 5 und 6. Beide erscheinen von diesem Moment an wie verzaubert. Die Kamera bewegt sich auf Betty zu und man scheint ihr nun auch emotional nahe zu sein. Es folgt der Umschnitt auf Adam (Abschnitt 8). Die Einstellungen wechseln sich nun ab – mal ist Betty zu sehen, mal Adam. Dazu die Textzeilen:

> (Thirteen) the way you thrill my heart
> (Fourteen) your voice so neat
> (Fifteen) you say we'll never part
> (Sixteen) our love's complete
> Those are all of sixteen reasons why I (why I) love you

Zum Schluss ist wieder die Band zu sehen. Wie ein chorischer Kommentar zu dem eben Gesehenen wirkt diese Einstellung mit den letzten Textzeilen:

> (Sixteen reasons)
> Why I (why I) love you

Durch den Songtext wird hier über einen Umweg eine Botschaft vermittelt. Der Text, als Kommentar zum Bild, deutet eine Liebesbeziehung zwischen Dianes Alter Ego Betty und dem Regisseur Adam an, die keine Entsprechung im übrigen Film hat. Diese Beziehung ist für die übergeordnete Interpretation des gesamten Filmwerks insofern von Bedeutung, da sie als Teil von Dianes Wunschtraum gelesen werden kann (→ *Lesarten*). Sie träumt von der großen Rolle im Film und nebenbei von einer Beziehung zu Adam Kesher. Letzteres kann man als eifersüchtige Rachephantasie dafür verstehen, dass Adam ihr Camilla durch die angekündigte Hochzeit streitig macht.

Der Song erweitert neben seiner emotionalen Wirkung den Bedeutungsrahmen des Films durch den gesungenen Text und schafft so einen Mehrwert für die filmische Narration.

Unterstrichen wird die vermittelte Botschaft noch durch die anschließende Szene, in der eine weitere Sängerin namens Camilla Rhodes den Song *I've Told Every Little Star*[301] singt (1.25.29-1.27.48).

Betty wartet indes noch darauf Adam vorgestellt zu werden. Beim Blick auf die Uhr erschrickt sie und bedauert fortgehen zu müssen, da sie mit einer Freundin verabredet sei. Sie verlässt das Filmset mit einem sehnsüchtigen Blick auf Adam, der diesen erwidert. Kommentiert wird dieser wortlose Abschied durch die mit naivem Charme gesungenen Textzeilen:

> Maybe you may love me too
> Oh my darling if you do
> Why haven't you told me

Auch hier spielt Lynch mit der Bedeutung des Songtextes, der übertragen wird auf die Beziehung von Betty und Adam, die sich trennen müssen ohne miteinander zu reden.

Llorando – Eine Performance im Film

Eine Sonderstellung im Film nimmt die Peformance der spanischsprachigen Sängerin Rebekah Del Rio ein. Die Künstlerin tritt im Film unter ihrem wahren (Künstler-) Namen auf. Betty und Rita haben den Club ‚Silencio' betreten und werden Zeuge ihres Auftritts (1.49.05-1.52.48). Von einem Ansager angekündigt, betritt Rebekah Del Rio die Bühne und singt eine spanische Version des Roy-Orbison-Songs *Crying* ohne instrumentale Begleitung: *Llorando* – ein sehr trauriges Lied über eine unerwidete Liebe.

Ihre kraftvolle Stimme füllt den Raum gänzlich aus, hinzu kommt ein starker Hall-Effekt mit weiter wiedergabeseitiger Extension. Die Stimme erscheint stark vergrößert und nah, wirkt dabei aber auch sehr isoliert und einsam in dem großen akustischen Raum.

---

[301] *I've Told Every Little Star* (Oscar Hammerstein II/Jerome Kern) gesungen von Linda Scott. Epic Records

Der Auftritt dauert fast drei Minuten. Ihre Stimme ertönt auch noch, als sie ohnmächtig auf der Bühne zusammenbricht; das Playback läuft weiter.

Seeßlen schreibt zu dieser Art der Musik, die in anderen Lynch-Filmen in ähnlicher Weise auftaucht:

> Lynch lässt ein Instrument oder eine menschliche Stimme 'im Stich'; ganz allein muß sich die Musik behaupten [...] In der Isolation kommt der Musik ein Bedeutungswandel zu; so wie sich alle Objekte in Lynchs Bildern aus konventional-isierenden [sic] in bedeutende verwandeln, so verwandelt die Isolation die profane Melodie in eine 'sakrale', und es entsteht ein enormer akustischer Raum. (Seeßlen 2000: 214)

Von einem Sonderfall kann man sprechen, da die Performance in erster Linie für sich selbst steht. Die Handlung schreitet kaum fort und der Song verdichtet die Mehrdeutigkeit der filmischen Erzählung zu einem arienhaften Höhepunkt, der bei Betty und Rita tiefe Traurigkeit auslöst. (Nebenbei handelt es sich um eine Schlüsselszene für den weiteren Verlauf der Handlung: Betty findet im Anschluss an die Darbietung eine geheimnisvolle blaue Box, die das Vorangegangene noch einmal auf den Kopf zu stellen scheint.)

Es erscheint schwierig diese Art der Verwendung von Musik in die entwickelten Schemata einzuordnen. Im filmmusikalischen Sinn wird hier nicht paraphrasiert, kontrapunktiert oder polarisiert (→ *Die Frage des Kontrapunkts*), da die Musik lediglich auf sich selbst verweist.

Es handelt sich um eine isolierte musikalische Darbietung, die zu Spekulationen um ihre Bedeutung herausfordert. Der Song – unterstützt durch die starke Emotionalität und Expressivität der Vorstellung – dient zuallererst als Projektionsfläche für die Phantasien des Zuschauers, der das Filmbild mit Bedeutung auflädt. Rebekah Del Rios Auftritt ist kein Beiwerk für eine konventionelle Form der Erzählung. Vielmehr ist er als Reflektionspunkt für den ganzen Film zu verstehen. Er ist Teil einer übergeordneten Form von Montage – nicht die Montage, die einzelne Einstellungen miteinander verbindet, sondern eine Montage, die Themen, Ideen und Assoziationen miteinander verknüpft. Diese Form der Montage bildet auch in klanglicher Hinsicht den großen Rahmen für *Mulholland Drive*. Dem hierarchischen System von Narration, dem sich auditive und visuelle Elemente des Films unterordnen, stellt Lynch eine eigene Form von *erzählendem Film* gegenüber, in dem die Elemente keine feste Ordnung haben und prinzipiell gleichberechtigt behandelt werden. *So wie seine Helden als*

*Grunderfahrung die Isolation vermitteln, so isoliert Lynch auch die Elemente der
Narration* (Seeßlen 2000: 32).

Sprache

Auch die Sprache stellt in einer auditiven Filmanalyse einen interessanten
Untersuchungsgegenstand dar. Natürlich übernimmt sie im narrativen Kontext
eines Spielfilms in erster Instanz die Aufgabe eines semantischen
Bedeutungsträgers, der uns das Handeln und Denken der Personen vermittelt.
Neben der Semantik können aber auch die klanglichen Qualitäten einer Stimme,
die Tonhöhe, die Artikulation, die Sprechgeschwindigkeit und besondere
Effekte[302] eine tragende Rolle spielen. Neben der Sinnhaltigkeit können so die
Sinnlichkeit und der effektvolle oder musikalische Umgang mit Sprache in den
Vordergrund treten:

> And so you keep working for the way that is right for the character, right for the
> mood. You get into phrasing, loud and soft, and this and that. You could see
> dialogue as kind of a sound effect or musical effect. And yet it has all this stuff to
> do with the character. (Lynch in Lynch/Rodley 1999: 72)

Dabei kann die Sprache eine Bedeutungsvertiefung oder gar einen völligen
Bedeutungswandel erfahren. Lynch demonstriert diesen Bedeutungswandel in
einer Szene, in der Betty zusammen mit Rita für ein Vorsprechen probt (1.09.44-
1.11.06). Kurze Zeit später spielt sie die Szene mit einem professionellen
Schauspieler (1.16.52-1.20.00). Der Text taucht in fast identischer Form auf,
entfaltet jedoch eine vollkommen andere Wirkung.

Während die Bedeutung beim anfänglichen Proben nicht über das Gesprochene
hinausgeht und das Schauspiel eher laienhaft wirkt, ergibt sich beim Vorsprechen
eine erotische Situation, die den Text plötzlich in einem anderen Licht erscheinen
lässt. Betty spricht nun teilweise lasziv, macht lange Pausen, dehnt Sätze und
ändert Betonungen. Wenn sie ihren Partner auffordert zu verschwinden, geschieht
dies mit einer erotischen Komponente, die vermuten lässt, dass eher das Gegenteil
vom Gesagten gemeint ist. Die eigentliche Bedeutung wird durch die Situation ad
absurdum geführt. Die Sprache erscheint als Oberfläche und verdeckt den
darunter liegenden Subtext, das Unsagbare oder einfach nur den emotionalen Teil

---

[302] Für die „Red Room"-Szene aus der TV-Serie *Twin Peaks* (USA 1989) ließ Lynch Personen während des Drehs
rückwärts sprechen. In der Montage wurde die Szene entgegen der ursprünglichen Aufnahmerichtung abgespielt
und die Sprache wurde – versehen mit einem rätselhaften Effekt – wieder verständlich.

der Botschaft. Im Nebeneinander beider Szenen drückt sich Lynchs tiefes Misstrauen gegenüber der Sprache aus, das am deutlichsten im frühen Film *The Alphabet*[303] erkennbar ist. Ähnlich der in der Einleitung geschilderten Szene im Club ‚Silencio' und der Zurschaustellung des Tons, zeigt sich der Film auch an diesem Punkt analytisch und selbstreflexiv.

Zur Verrätselung und Bedeutungsvertiefung trägt auch die sorgsame klangliche Differenzierung der Sprache und die Modifikation durch elektronische Mittel, die ich nach Chion (1994) als On-the-Air bezeichne (→ *Raum und Zeit*), bei. Als Beispiel dient eine Szene mit dem mysteriösen Mr. Roque (0.35.05-0.36.36).

Nach einem Treffen mit den Castigliane-Brüdern und Adam Kesher, der es ablehnt sich die Hauptdarstellerin für seinen Film vorschreiben zu lassen, betritt der Chef der Filmproduktion namens Ray das Büro von Mr. Roque. Der Raum ist fensterlos und nur spärlich beleuchtet. Rundherum hängen dicke Samtvorhänge an den Wänden. Der Hauptteil des Raums ist vom Eingang durch eine Glaswand getrennt. Die Kommunikation erfolgt bei Sichtkontakt durch eine Sprechanlage. Mr. Roque sitzt in einer Art hölzernem Rollstuhl und hält ein kleines Mikrofon in seiner rechten Hand. Ray steht unsicher hinter der Glasscheibe und fragt, ob der rebellierende Regisseur (Adam Kesher) zu ersetzen sei. Er erhält jedoch keine Antwort von Mr. Roque, der ihn nur fortwährend anstarrt. Ray ist unschlüssig wie das Verhalten seines Gegenübers zu interpretieren sei. Er gerät ins Stammeln. Mr. Roque lässt ihn folgern und spricht lediglich ein lang gezogenes und heiseres „Then?" und „Yes?". Ray schließt daraus, dass die Arbeit am Film eingestellt werden soll und verabschiedet sich spürbar verunsichert.

Die Unnahbarkeit des Mr. Roque wird sowohl visuell als auch klanglich herausgestellt. Der Raum scheint keinen wirklichen Ort zu haben und wirkt seltsam entrückt – nicht zuletzt aufgrund der Charakterisierung durch einen sphärischen Raumton, der permanent wahrnehmbar ist. Die Glasscheibe ist die sichtbare und akustische Trennung zur Außenwelt. Es findet kein wirklicher Kontakt statt. Die Kommunikation erfolgt über den Umweg der Sprechanlage. Die Sprache ist somit auf zwei Arten zu hören:

---

[303] Der experimentelle Kurzfilm *The Alphabet* (USA 1968) schildert in verstörenden Bildern das Erlernen der Sprache als tief verletzenden Eingriff in den Prozess des Erwachsenwerdens.

- Direkt, in der Einstellung *Rays Spiegelbild* (Abb. 1)

- Gefiltert, bei *Mr. Roque halbnah* (Abb. 2) und *Eingang* (Abb. 3)

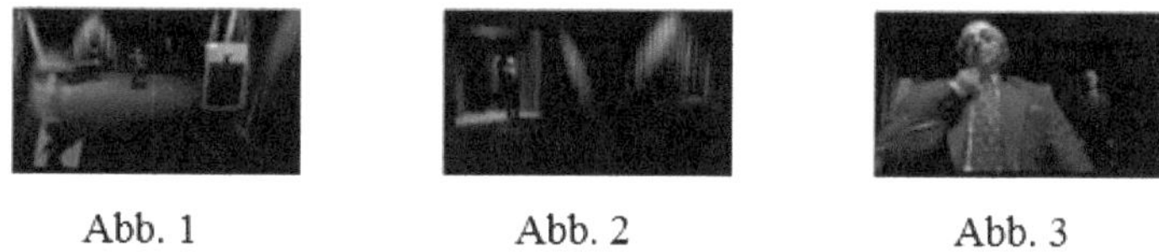

Abb. 1   Abb. 2   Abb. 3

Die Filterung entfernt hohe und tiefe Frequenzen aus dem Signal, fügt leichte Verzerrungen hinzu und transformiert den Klang ähnlich der Übertragung über kleine Lautsprecher.

In der Einstellung *Eingang* (Abb. 3) klingt Rays Stimme überdies weiter entfernt und ist mit einem leichten Nachhall versehen. Sie verliert sich in ihrer dünnen Klangqualität im Reich des Mr. Roque, dessen Stimme sich durch Sprechweise und Beschaffenheit deutlich von anderen Personen unterscheidet.

Natürlich ist diese Art der Klanggestaltung und die Einbeziehung von On-the-Air-Klängen im Film nicht ungewöhnlich. Gerade durch letztere ergeben sich unzählige Variationsmöglichkeiten im Umgang mit Sprache. In der besprochenen Szene hat sie darüber hinaus eine narrative Funktion: die Kenntlichmachung der Isolation und die Ohnmacht gegenüber dem scheinbar allmächtigen Mr. Roque, dessen Figur zum Zentrum der Macht stilisiert wird.

Schlussbetrachtung: Die souveräne Tonspur

David Lynchs *Mulholland Drive* entwickelt ein umfassendes Vokabular klanglicher Mittel um eine eigenständige Form der Erzählung zu schaffen. Der Ton steht dem Bild als gleichberechtigte, aber nicht gleichgestimmte Aussageform gegenüber und erreicht damit ein hohes Maß an Souveränität. Flückiger definiert, wie Souveränität in diesem Zusammenhang zu verstehen ist:

> Mit Souveränität ist gemeint, dass die Tonspur aus einer Position der Eigenständigkeit in einen Dialog mit den anderen Elementen des Films tritt. Sie formuliert einen eigenständigen kommunikativen und emotional wirksamen Output, der unter anderem dadurch zustande kommt, dass ausdifferenzierte klangliche Elemente in Beziehung treten. (Flückiger 2001: 133)

Über den Ton vermittelt sich eine parallele Erzählung, die neben der notwendigen Übereinstimmung auch gegenläufige Tendenzen enthält. Diese können als eine Art Kontrapunkt verstanden werden – nicht im Sinne einer Negation oder Kommentierung, sondern eher als ein in Frage stellen. Der Ton vermeidet an vielen Stellen die Eindeutigkeit und das Gewöhnliche wird zum Bedeutenden. Dazu tragen die in den Beispielsequenzen analysierten UKOs in besonderem Maße bei. Durch sie wird der Zuschauer zur Bedeutungssuche angeregt und die Lesbarkeit des Films erweitert.

Neben den UKOs ist die Verschmelzung verschiedener auditiver Wahrnehmungen zu beobachten. Der Übergang von Geräusch zu Musik und umgekehrt vollzieht sich fließend. Die Verwendung der Geräusche wird musikalisiert und die Musik ist in weiten Teilen – abgesehen von wenigen Hauptthemen – geräuschhaft.

Die enge Verwebung von Sound Design auf der einen Seite und filmmusikalischen Mitteln auf der anderen hat den Effekt einer stärkeren Verankerung im Bild. So lassen uns Geräusche ihren Ursprung zunächst eher in der filmischen Diegese vermuten, als die Konvention gewordene Verwendung von Musik als bildbegleitendes Element. Zwar wird auch diese nicht getrennt vom Bild rezipiert und zwangsläufig emotional damit verknüpft, jedoch bildet sie eher einen parallelen, übergeordneten Strang.

Das Geräusch erfährt bei Lynch eine Emanzipation. Es ist nicht mehr konventionalisierendes Zeichen für einen Vorgang im Bild, sondern individuelle, sensorisch erlebbare Gestalt. Gleichzeitig ist es Teil einer audiovisuellen Komposition, deren andere Komponenten wie Sprache, Musik und Songs ein nicht-hierarchisches System der Narration schaffen. Damit ist gemeint, dass nicht allein Bild und Sprache die Spitze der Erzählung bilden, der sich die anderen filmischen Elemente in gewohnter Weise unterordnen. Stattdessen kann ein Element wie der Song *Llorando* zu einem ebenso wichtigen Teil der Erzählung werden wie die ihm vorausgehende Handlung. Songtexte werden zu Sinnträgern und bauen neue Bedeutungsebenen auf.

Lynch malt mit Bildern wie mit Tönen. Er nutzt synchretische Effekte und die gegenseitige Befruchtung von Bild und Ton, indem er das Nebeneinander der Formen und (Klang-) Farben als Neuschöpfung begreift. Die Aussage entsteht dabei durch die Reibung von Bild und Ton. Wie ein Maler bringt Lynch Kontraste hervor und kreiert auch ungewöhnliche filmische Mittel wie optisch-akustische Enunziationsmarkierungen, die eigentlich eine Art Verfremdungseffekt darstellen. Die Wirkung ist allerdings nicht eine plötzliche Nicht-Identifikation und Positionierung außerhalb der Handlung (im Brechtschen Sinn), sondern paradoxerweise ein vermehrtes Hineinziehen in das projizierte Geschehen.

Dieses Hineinziehen ist auch die Folge einer sensorischen Qualität der Tonspur. Die Faszination der Körperlichkeit spiegelt sich in akustischen Nahaufnahmen. Individuelle Tonperspektiven und Subjektivierungen schaffen ein Äquivalent zur visuellen Perspektive und ein Mehr an Identifikation. Ausgeprägte Basseffekte, Rauschen, subtile Klangtransformationen und unterbewusst wirksame Raumtöne sind Teil eines einhüllenden Kinoerlebnisses, das in starkem Maße an sprachlich weniger zugängliche Teile des Bewusstseins appelliert.

Dabei sind die eingangs erwähnten technischen Entwicklungen auf dem Gebiet des Filmtons von entscheidender Bedeutung. Lynch will nicht erklären, sondern wirken. So kommt ihm die Qualität moderner Wiedergabesysteme sehr entgegen, die – durch großen Dynamikumfang und hohes Auflösungsvermögen – einen voluminösen Rahmen schaffen, der zwar nicht ständig ausgeschöpft wird, jedoch nichtsdestoweniger vorhanden ist.

Die auditive Filmanalyse kann helfen, eben diesen Rahmen zu erkunden. Auch wenn die sprachliche Beschreibung mancher Phänomene dabei schwierig bleibt, ergeben sich doch zahlreiche Erkenntnisse im Umgang mit dem Filmwerk.

Letztlich ist es auch eine Übungssache, bestimmte Strategien und Techniken der Klanggestaltung zu erkennen und sie in eine konventionelle Filmanalyse mit einfließen zu lassen. Je geschulter unsere Ohren werden, desto selbstverständlicher wird der Umgang mit der Tonspur, die ebenso reich an Möglichkeiten der Ausgestaltung ist wie das Bild.

Bibliographie

Altman, Rick. 1992. *Sound Theory/Sound Practise.* London: Routledge

Bordwell, David; Thompson, Kristin. *Film Art: An Introduction.* 5. Ausgabe. New York: McGraw-Hill (Erstausgabe 1979)

Bullerjahn, Claudia. *Grundlagen der Wirkung von Filmmusik.* Augsburg: Wißner

Chion, Michel. 1983. *Guide des objets sonores.* Paris: Buchet-Chastel/INA

Chion, Michel. 1994. *Audio-Vision: Sound on Screen.* New York: Columbia University Press (Original: *L'Audio-Vision: Son et image au cinéma.* Paris: Nathan. 1990)

Chion, Michel. 1994. *David Lynch.* London: British Film Institute. (Original: *David Lynch.* Paris: Editions de l'Etoile. 1992)

Dunn, Mike. 2001. *Mulholland Drive Pilot: The Screenplay.* (Drehbuch zum Pilotfilm) http://davidlynch.topcities.com/mdrive/mdscript.html (30.01.2002)

Eisenstein, Sergej M.; Pudowkin, Wsewolod; Alexandrow, Grigorij W. 1928. Manifest zum Tonfilm. In: Franz-Josef Albersmeier (Hg.): *Texte zur Theorie des Kinos.* Stuttgart: Reclam

Fischer, Robert. 1991. *David Lynch: Die dunkle Seite der Seele.* München: Heyne

Flückiger, Barbara. 2001. *Sound Design: Die virtuelle Klangwelt des Films.* Marburg: Schüren

Gorbman, Claudia. 1987. *Unheard Melodies: Narrative Film Music.* Bloomington; London: Indiana University Press

Jerslev, Anne. 1994. *David Lynch: Mentale Landschaften.* Wien: Passagen

Karlin, Fred. 1991. *Listening to Movies: The Film Lover's Guide to Film Music.* New York: Macmillan Publishing

Kloppenburg, Josef. 2000. *Musik multimedial: Filmmusik, Videoclip, Fernsehen.* Laaber: Laaber

Köhler, David. 1999. 1999   *Klänge der Nacht: David Lynch und die Musik in seinen Filmen.* Seminararbeit bei Dr. Claudia Bullerjahn. Universität Hildesheim

Lissa, Zofia. 1965. *Ästhetik der Filmmusik.* Berlin: Henschel

LoBrutto, Vincent. 1994. *Sound-on-Film: Interviews with Creators of Film Sound*. Westport: Praeger Publishers

Lynch, David; Rodley, Chris. 1999. *1999   Lynch on Lynch*. London: Faber and Faber

Maas, Georg; Schudack, Achim. 1994. *Musik und Film – Filmmusik*. Informationen und Modelle für die Unterrichtspraxis. Mainz: Schott Musik International

Martin, Jean. 1997. *Von Clair zu Cameron: Die Emanzipation der Geräusche im Film*. In: epd Film. 7/1998 (S. 26-33)

Monaco, James. 1994. *Film verstehen*. Erweiterte Ausgabe. Reinbek: Rowohlt (Original: *How to Read a Film*. London/New York: Oxford University Press. 1977)

Nochimson, Martha. 1994. *Passion of David Lynch: Wild at Heart in Hollywood*. Austin: University of Texas Press

Pabst, Eckhard (Hg.). 1997. *Strange World“: Das Universum des David Lynch*. Kiel: Ludwig

Pauli, Hansjörg. *Filmmusik: Ein historisch-kritischer Abriß*. In: H.-Chr. Schmidt (Hg.): *Musik in den Massenmedien Rundfunk und Fernsehen: Perspektiven und Materialien*. Mainz: Schott

Pauli, Hansjörg. 1981. *Filmmusik: Stummfilm*. Stuttgart: Klett-Cotta

Romney, Jonathan; Wootton, Adrian (Hg.). 1994. *celluloid jukebox: popular music and the movies since the 50s*. London: British Film Institute

Russell, Mark; Young, James. 2000. *Filmkünste: Filmmusik*. Hamburg: Reinbek.

Schaeffer, Pierre. 1965. *Traité des objets musicaux*. Essais interdisciplines. Paris

Schaeffer, Pierre. 1974. *Musique concrète*. Stuttgart: Ernst Klett Verlag

Schafer, R. Murray. 1988. *Klang und Krach: Eine Kulturgeschichte des Hörens*. Frankfurt/Main: Athenäum.

(Original: *The Tuning of the World*. Toronto: Canadian Publishers. 1977; Neuauflage in *The Soundscape: Our Sonic Environment and the Tuning of the World*. Rochester NY: Destiny Books. 1994)

Schneider, Norbert Jürgen. 1986. *Handbuch Filmmusik: Musikdramaturgie im Neuen Deutschen Film*. München: Ölschläger

Schneider, Norbert Jürgen. 1988. *Handbuch Filmmusik II: Musik im dokumentarischen Film.* München: Ölschläger

Schneider, Norbert Jürgen. 1997. *Komponieren für Film und Fernsehen.* Mainz: Schott.

Seeßlen, Georg. 2000. *David Lynch und seine Filme.* 4. erw. Ausgabe. Marburg: Schüren

Sonnenschein, David. 2000. *Sound Design: The Expressive Power of Music, Voice, and Sound Effects in Cinema.* Los Angeles: Michael Wiese Productions

Tarantino, Quentin. 1996. 1996*The Tarantino Connection.* MCA Records (CD) (Zitate auf der CD und im Booklet)

Toop, David. 1995. 1995*Ocean of Sound: Aether Talk, Ambient Sound and Imaginary Worlds.* London: Serpent's Tail

Türschmann, Jörg. 1991. *Film – Musik – Filmbeschreibung: Zur Grundlegung einer Filmsemiotik in der Wahrnehmung von Geräusch und Musik.* Münster: MAkS Publikationen

Wilckens, Peter. 1994. Abgründe der Gewalt – David Lynchs' Kino-Idyllen. In: Barg, Werner C.; Plöger, Thomas: *Kino der Grausamkeit.* Frankfurt/Main: BJF

Wolff, Harald. 1996. *Geräusch und Film: materialbezogene und darstellerische Aspekte eines Gestaltungsmittels.* Frankfurt am Main: Europäischer Verlag der Wissenschaften

Woods, Paul A. 1997. *Weirdsville USA: The Obsessive Universe of David Lynch.* London: Plexus

Wuss, Peter. 1986. *Die Tiefenstruktur des Filmkunstwerks: Zur Analyse von Spielfilmen mit offener Komposition.* Berlin: Henschelverlag

Wuss, Peter. 1993. *Filmanalyse und Psychologie: Strukturen des Films im Wahrnehmungsprozeß.* Berlin: Sigma

Filmkritiken

Everschor, Franz. 2000. *Die Frauen des David Lynch.* In: film-dienst. 01/02 (S. 48-49)

Fischer, Robert. 2000. *Der Rest ist Silencio.* In: epd Film. 1/2001 (S. 28-31)

Fuller, Graham. 2001. *Babes in Babylon.* In: Sight and Sound. 12/2001 (S. 14-17)

Göttler, Fritz. 2000. *Zwei Mädchen suchen eine Persona.* In: Süddeutsche Zeitung. Nr. 1 (S. 13)

Jenny, Urs. 2002. *Wer bin ich?.* In: Der Spiegel. 1/2002 (S. 159)

Suchsland, Rüdiger. 2002. *Mulholland Drive.* In: film-dienst. 01/02 (S. 28-29)

Worthmann, Merten. 2002. *Wetterleuchten des Lebens.* In: Die Zeit. Nr. 2 (S. 29)

Mulholland Drive

Alle Zeitangaben in dieser Arbeit beziehen sich auf die englischsprachige DVD von *Mulholland Drive* (Universal, 2002). Die Bilder sind ebenfalls dieser DVD entnommen.

Einzelbände

Sema Kara: Postmoderne Tendenzen in David Lynch's Film "Blue Velvet" (1986)

ISBN: 978-3-656-58211-3

Denis Pavlovic: Welcome to Lynchworld - Surrealismus in David Lynchs Filmen

ISBN: 978-3-640-37259-1

Josip Lasic: *Lost Highway, Mulholland Dr., Wild at Heart* – Der andere Zustand in den Filmen von David Lynch

ISBN: 978-3-640-99308-6

Sarah Blasberg: Nichts ist wie es scheint. Traumerzählung oder Wirklichkeit in David Lynchs *Mulholland Drive*

ISBN: 978-3-640-67583-8

Friederike Bernhard: David Lynch "Lost Highway" - Eine filmdramaturgische Analyse

ISBN: 978-3-638-79795-5

Roman Keller: Auditive Filmanalyse: Die Notwendigkeit bewusster Wahrnehmung von Filmton am Beispiel von David Lynchs "Mulholland Drive"

ISBN: 978-3-640-93107-1